KB238821

4대보험
반만 알자

4대보험 반만 알자

공인노무사 **권태훈** 지음

인간이 태어나면 출생신고를 하듯이 사업을 시작하거나 또는 다른 회사에 입사를 하는 순간부터 반드시 해야 하는 것이 있다. 바로 4대보험 관련 신고이다. 당연적용사업장의 경우 4대보험 신고는 강제적인 의무사항이기 때문에 예외 없이 적용이 되는 것이 원칙이다.

현업에서 일을 하면서 많은 질문을 받고 상담을 하고 있지만 사업장에서 가장 많이 질문을 받는 것 중의 하나가 4대보험 관련 사항이다. 4대보험은 방대한 양과 수시로 바뀌는 법조항으로 인해 실무 담당자뿐만 아니라 노무사, 세무사들도 어려움을 토로하고 있다. 4대보험은 그 범위도 넓을 뿐 아니라 복잡하게 구성되어 있어 전체 흐름을 제대로 알기가 힘들다. 고용보험법, 산업재해보상보험법, 국민연금법, 국민건강보험법, 고용보험 및 산업재해보상보험의 보험료징수 등에 관한 법, 노인장기요양보험법 등의 개별적인 법률로 구성되어 있지만 4대보험 신고와 관련해서는 전체가 하나처럼 맞물려 돌아간다고 봐야 할 것이다. 물론 위에서 열거한 모든 법들을 다 알고 있을 필요는 없다.

본서는 4대보험 신고와 관련된 업무를 담당하는 실무자들을 위하여 저술되었다. 기본적인 개념을 정립하고 신고하는 방법 및 절차 등을 중점적으로 다루고 있다. 특히 신고와 관련한 각종 서식을 첨부하여 입문하는 실무자도 쉽게 이해할 수 있도록 하였다. 그 외 4대보험과 관련하여 반드시 숙지하여야 할 사항들도 별도로 구성하여 이해를 도왔다.

본서는 사회보험관련 서적과 각 공단에서 발간하는 자료 및 관련 사이트를 참고하였고 기타 사업장에서 궁금해하는 내용을 중심으로 편재해 보았다. 저자가 나름대로 최선을 다해 준비를 했지만 책이 출간되면서 아쉬움을 느끼는 것은 어쩔 수 없나 보다.

부디 본서를 통해서 4대보험에 대한 이해를 높이고 실무에서 많은 도움이 되기를 바라는 바이다.

2013년 10월

공인노무사 권태훈

C O N T E N T S

C O N T E N T S

**제5장
보험료의
산정·부과
및 정산**

**제6장
벌칙**

C O N T E N T S

제 1 장

사회보험

1. 사회보험법이란

1. 개요

사회보험이란 국민에게 발생하는 사회적 위험(출산, 양육, 실업, 노령, 장애, 질병, 빈곤 및 사망 등)으로부터 국민을 보호하고 국민의 삶의 질을 향상시키기 위해서 보험의 방식을 이용하여 국민의 건강과 소득을 보장하는 제도를 말한다. 사회보험법은 사회보험제도의 운영과 그 실시에 관한 법으로서 보통 4대보험이라고도 하는데 대표적인 것으로는 고용보험, 산재보험, 국민연금, 건강보험 등이 있다.

고용보험은 실직근로자에게 실업급여를 지급하고 더 나아가 실업의 예방, 고용의 촉진 및 근로자의 직업능력의 개발과 향상을 꾀하고, 국가의 직업지도와 직업소개 기능을 강화하며, 근로자가 실업한 경우에 생활에 필요한 급여를 실시하여 근로자의 생활안정과 구직활동을 촉진함으로써 경제·사회 발전에 이바지하는 것을 목적으로 하는 공적인 사회보험제도이다.

산재보험은 근로자의 업무상의 재해를 신속하고 공정하게 보상하며, 재해근로자의 재활 및 사회 복귀를 촉진하기 위하여 이에 필요한 보험시설을 설치 운영하고, 재해 예방과 그밖의 근로자의 복지 증진을 위한 사업을 시행하여 근로자 보호에 이바지하는 것을 목적으로 한다. 산재보험은 산재근로자와 그 가족의 생활을 보장하기 위하여 국가가 책임을 지는 의무보험으로 원래 사용자의 근로기준법상 재해보상책임을 보장하기 위하여 국가가 사업주로부터 소정의 보험료를 징수하여 그 기금으로 사업주를 대신하여 산재근로자에게 보상을 해주는 제도이다. 산재보험은 근로자의 업무상 재해에 대하여 사용자에게 고의·과실의 유무를 불문하는 무과실 책임이라는 점이 일반 민사상의 손해배상과 다르다. 또한 보험료는 타 사회보험과 달리 사업주가 전액 부담하고, 재해발생에 따른 손해 전체를 보상하는 것이 아니라 평균임금을 기초로 하는 정률보상방식을 취하고 있다.

국민연금은 국민의 노령, 장애 또는 사망에 대하여 연금급여를 실시함으로써 국민의 생활 안정과 복지 증진에 이바지하는 것을 목적으로 하는 것으로 국민 개개인 혼자서 대비하기 어려운 생활의 위험을 모든 국민이 사회적으로 연대하여 공동으로 대처함으로써 소득이 있을 때 일정액의 보험료를 납부하도록 하고, 일정한 사유, 즉 노령, 장애, 사망으로 소득이 줄어들거나 없어졌을 때 연금을 지급하여 최소한의 소득을 보장하는 제도이다.

건강보험은 국민의 질병, 부상에 대한 예방, 진단, 치료, 재활과 출산, 사망 및 건강증진에 대하여 보험급여를 실시함으로써 국민보건을 향상시키고 사회보장을 증진함을 목적으로 한다. 건강보험에는 노인장기요양보험법에 따른 장기요양보험료를 통합하여 징수하고 있어서 양 보험료를 구분고지하거나 분리하여 납부하는 것이 불가능하다.

2. 4대보험의 종류

구분	고용보험	산재보험	국민연금	건강보험
대상	근로자	근로자	전 국민	전 국민
목적	실업, 고용안정	업무상 재해	노령, 장애, 사망	질병, 부상 노인장기요양
구분	사업	사업(장)	사업장/지역가입	직장/지역가입
관할부처	고용노동부		보건복지부	
운영기관	고용센터	근로복지공단	국민연금공단	건강보험공단
직장가입자 연령	없음(단, 65세 이후에 새롭게 고용된 자 실업급여 적용제외)	없음	18세 이상 60세 미만	없음
정산 여부	매년 3월 15일까지		없음	매년 2월 말까지
보험료 부과기준	보수	보수	소득	보수
보험료율	실업급여: 1.3% 고용안정·직업 능력개발: 0.25~0.85%	사업종류별로 고용노동부장관이 매년 결정·고시	9%	건강보험료: 5.89% 장기요양보험료: 6.55%
보험료 부담비율	실업급여만 사용자와 근로자가 각각 1/2씩 부담	사용자 전액 부담	사용자와 근로자가 각각 1/2씩 부담	사용자와 근로자가 각각 1/2씩 부담
보험료 납부방법	건설업, 벌목업 등을 제외하고 매월 부과		매월 부과	매월 부과
보험료 징수	● 건강보험공단에서 일괄 징수(고지, 수납, 체납관리 포함) (건설업, 벌목업 등은 근로복지공단에서 계속 수행 – 고용/산재보험만) ● 보험료 산정, 자격관리는 소관 공단에서 관리			
사업장적용 신고기한	보험관계 성립일로부터 14일 이내		해당 사유일의 다음 달 15일	사유 발생일로부터 14일 이내

국민/건강보험은 사업장(직장)과 지역가입제도가 나누어 있으나, 고용/산재보험은 근로자를 대상으로 함으로 사업장가입제도만 있고 지역가입제도가 없다. 다만 고용/산재보험은 근로자만을 대상으로 하는 것이 원칙이나 예외적으로 중소기업사업주와 자영업자는 산재보험과 고용보험에 각각 임의가입을 할 수 있다.

2. 관할기관

1. 고용/산재보험

고용/산재보험의 보험관계는 관리 주체인 고용노동부장관과 산재보상 보험 업무를 실제로 담당하는 근로복지공단, 고용보험 업무를 실제로 담당하는 고용센터가 있다. 고용노동부 고용센터에서는 고용보험 피보험자 관리, 고용안정·직업능력개발사업과 실업급여 지급업무를 하고, 산재보험 사업은 적용·보상 업무 일체를 근로복지공단에서 한다.

2. 국민/건강보험

국민연금과 건강보험은 보건복지부장관이 주관, 관장하고 있으며 실제 업무는 국민연금공단과 국민건강보험공단에서 각각 맡아서 하고 있다. 국민연금공단은 가입자에 대한 기록의 관리 및 유지, 연금 보험료의 부과, 급여의 결정 및 지급, 가입자와 가입자였던 자 및 수급권자를 위한 노후설계서비스 및 자금의 대여와 복지시설의 설치·운영 등 복지증진사업, 가입자 및 가입자였던 자에 대한 기금증식을 위한 자금 대여사업 등과 그밖에 국민연금사업에 관하여 보건복지부장관이 위탁하는 사항을 하고, 국민건강보험공단은 가입자 및 피부양자의 자격관리, 보험료 기타 징수금의 부과 징수, 보험급여의 관리, 가입자 및 피부양자의 건강의 유지 증진을 위한 필요한 예방사업, 보험급여비용의 지급, 의료시설의 운영, 국민연금법, 고용보험 및 산업재해보상보험의 보험료 징수 등에 관한 법률, 임금채권보장법, 석면피해구제법에 따라 위탁받은 업무 등을 맡아서 하고 있다.

2011.1.1.부터 고용/산재보험과 국민연금의 고지, 수납 및 체납처분업무를 건강보험공단에서 수행하고 있다. 고용/산재보험료 산정은 부과고지사업장(건설업과 벌목업을 제외한 전 사업장)의 경우 기존과 같이 근로복지공단에서 수행을 하되(국민연금 보험료의 경우 국민연금관리공단에서 보험료 산정·부과), 고지서 발송, 보험료 수납, 체납관리 등의 징수업무만 건강보험공단에서 수행하게 된다. 따라서 근로복지공단에서 정확한 월별보험료 산정을 위해서는 월별보수총액을 산정해야 하는데, 이를 위해서는 월평균보수를 포함하여 산재·고용정보 관련 근로자 정보가 있어야 한다. 즉, 정확한 산재보험 정보 파악을 위해 근로복지공단에 근로자 고용정보 신고 업무가 추가되었다. 건설업 및 벌목업의 자진신고 사업장은 예전과 같이 근로복지공단에서 담당하나 체납관리만 건강보험공단에서 담당하고 있다.

			징수통합대상	급여지급
고용보험	적용·가입	보험료 부과		급여지급
산재보험	적용·가입	보험료 부과	보험료 고지→납부·징수→체납관리	급여지급
국민연금	적용·가입	보험료 부과		급여지급
건강보험	적용·가입	보험료 부과		급여지급

제 2 장

4대보험의 적용

3. 4대보험 적용 사업장과 성립신고[1]

원칙적으로 1인 이상의 근로자를 사용하는 사업장이 적용대상이다. 단, 국민연금과 건강보험의 경우 대표이사 1인만 있는 법인사업장도 사업장 적용대상이다(근로자가 없는 개인사업장의 사업주는 적용대상이 아님). 보험관계가 성립되면 사업주는 보험료의 신고·납부의무가 발생하고 해당 공단은 보험급여의 지급의무가 발생하게 되며, 근로자는 보험급여청구권 등의 제반 권리의무가 발생하게 된다.

구분	신고기한	신고서류(공통서식)
고용보험	보험관계가 성립한 날부터 14일 이내	보험관계 성립신고서/ 피보험 자격취득신고서
산재보험	보험관계가 성립한 날부터 14일 이내	보험관계 성립신고서/ 근로자 고용신고서
국민연금	당연적용사업장에 해당하게 된 날이 속하는 달의 다음 달 15일까지	당연적용사업장 해당신고서/ 사업장가입자 자격취득신고서
건강보험	사유 발생일로부터 14일 이내	당연적용사업장 해당신고서/ 직장가입자 자격취득신고서

---

1) 공통서식은 4대보험 신고를 한 장의 서면으로 신고(이하 같음)

1. 고용/산재보험

근로자를 1인 이상 사용하는 사업장은 4대보험 당연적용대상이나 산업별 규모, 사업장소 등에 따라 적용이 제외되는 사업이 있다. 사업장 성립신고는 보험관계가 성립한 날부터 14일 이내에 한다. 단, 보험관계가 성립한 날부터 14일 이내 종료되는 경우는 해당 사업이 종료되는 날의 전날까지 신고해야 한다.

신고서류

- 보험관계 성립신고서(4대보험 공통서식)
- 피보험 자격취득신고서(고용보험, 4대보험 공통서식)
- 근로자 고용신고서(산재보험, 4대보험 공통서식)

■ 건설업과 벌목업의 경우
- 건설공사와 벌목업 보험관계 성립신고서
- 공사도급계약서(공사비 내역서 포함)
- 건축 또는 벌목 허가서
- 피보험 자격취득신고서(고용보험에 한함, 산재보험의 근로자 고용신고는 안 함)

---

2. 국민연금

근로자 1인 이상 사업장과 대표이사 1인만 있는 법인사업장도 가입대상이고 법인 이사, 기타 임원도 가입하여야 한다. 신고기한은 당연적용사업장에 해당하게 된 날이 속하는 달의 다음 달 15일까지이다.

신고서류

- 당연적용사업장 해당신고서(4대보험 공통서식)
- 사업장가입자 자격취득신고서(4대보험 공통서식)

3. 건강보험

　근로자 1인 이상 사업장과 대표자 1인만 있는 법인사업장도 가입대상이고 법인 이사, 기타 임원도 가입하여야 한다. 신고기한은 사유 발생일로부터 14일 이내이다.

신고서류

- 사업장적용신고서(4대보험 공통서식)
- 직장가입자 자격취득신고서(4대보험 공통서식)

■ 국민연금법 시행규칙 [별지 제3호서식] <개정 2012.6.29>

국민연금　　　　[ ]당연적용사업장 해당신고서
건강보험　　　　[ ]사업장(기관)적용신고서
고용보험　　　　([ ]보험관계성립신고서[ ]보험가입신청서)
산재보험　　　　([ ]보험관계성립신고서[ ]보험가입신청서)

※ 유의사항 및 작성방법은 제1쪽 뒷면을 참고하여 주시기 바라며, 색상이 어두운 란은 신청인이 적지 않습니다.　　(제1쪽 앞면)

접수번호		접수일		처리기간 건강보험·국민연금 3일 고용·산재보험 5일	

공통	사업장	사업장관리번호		명칭	사업장 형태	[ ]법인 [ ]개인
		소재지	우편번호(-)			
		우편물 수령지	우편번호(-)		전자우편주소	
		전화번호(유선)		(이동전화)	FAX번호	
		업태		종 목　(주생산품)	업종코드	
		사업자등록번호			법인등록번호	
		주거래 은행　(은행명)	(예금주명)	(계좌번호)		
	사용자 (대표자)	성명	주민(외국인)등록번호		전화번호	
		주소				
	보험료 자동이체신청	은행명		계좌번호		
		예금주명		예금주 주민등록번호		
	전자고지신청 [ ]전자우편 [ ]이동전화	수신처(전자우편주소 또는 이동전화번호)			우편고지서　[ ]수령 [ ]미수령	
		수신자 성명		수신자 주민등록번호		

국민연금/건강보험	건설현장사업장 [ ]해당 [ ]비해당	건설현장 사업기간　~

연금(고용)보험료 지원 신청	「국민연금법」제100조의3 또는 「고용보험 및 산업재해보상보험의 보험료징수 등에 관한 법률」제21조에 따라 아래와 같이 연금(고용)보험료 지원을 신청합니다(근로자 수가 10명 미만인 사업장만 해당합니다). 국민연금 [ ]　고용보험 [ ]

국민연금	근로자 수	가입대상자 수	적용연월일	
	분리적용 사업장 [ ]해당 [ ]비해당	본점사업장관리번호		

건강보험	적용대상자 수	본점사업장관리번호	적용 연월일			
	사업장 특성부호	회계종목(공무원 및 교직원기관만 작성)	1	2		3

고용보험	상시근로자 수		피보험자 수		성립일	
	보험사무대행기관	(명칭)		(번호)		
	주된 사업장	명 칭		사업자등록번호		
		총 상시근로자 수		총 피보험자 수	업종	
		우선지원 대상기업 [ ]해당 [ ]비해당		주된 사업장관리번호		

산재보험	상시근로자 수		성립일	사업종류코드	
	사업의 형태 [ ] 계속 [ ] 기간이 정하여져 있는 사업(사업기간:-)				
	성립신고(가입신청)일 현재　산업재해발생여부[ ]있음 [ ]없음				
	주된 사업장 여부 [ ]해당 [ ]비해당		주된 사업장 관리번호		

위와 같이 신고(신청)합니다.

년　　　월　　　일

신고인·신청인(사용자·대표자)　　　　　　　　　　　　　　　(서명 또는 인)

[ ]보험사무대행기관(고용·산재보험만 해당)　　　　　　　(서명 또는 인)

국민연금공단 이사장/국민건강보험공단 이사장/근로복지공단 지역본부장(지사장) 귀하

210mm×297mm[일반용지(재활용품) 60g/㎡]

(제1쪽 뒷면)

신고인(신청인) 제출서류	1. 근로자 과반수의 동의서 1부(고용보험 임의적용 가입신청의 경우에만 제출합니다) 2. 통장 사본 1부(자동이체 신청의 경우에만 제출합니다)	수수료 없음
담당 직원 확인사항	1. 사업자등록증 사본 1부 2. 주민등록표 등본 1통(고용·산재보험의 경우에만 제출합니다) 3. 법인 등기사항증명서	

행정정보 공동이용 동의서

본인은 이 건 업무처리와 관련하여 담당 직원이 「전자정부법」 제36조제2항에 따른 행정정보의 공동이용을 통하여 담당 직원 확인사항의 제1호 및 제2호의 행정정보를 확인하는 것에 동의합니다. *동의하지 않는 경우에는 신청인이 직접 관련 서류를 제출해야 합니다.

신고인(신청인)

(서명 또는 인)

유의사항

1. 국민연금, 건강보험의 건설현장사업장은 건설일용근로자만 가입된 사업장을 말하고, 건설현장사업장으로 적용받고자 하는 사업장이 일괄경정 고지신청서(해당 기관 서식)를 제출하고 사업장 자격관리 등을 위하여 해당 기관이 운영하는 정보통신망(EDI)에 가입하면 일괄경정고지를 받을 수 있습니다.
2. 연금(고용)보험료 지원 대상 사업장은 전년도의 월평균 근로자 수가 10명 미만이거나 신청 직전 3개월 동안(보험관계성립일 이후 3개월이 지나지 않은 경우에는 그 기간 동안) 연속하여 근로자 수가 10명 미만이고, 신청월 말일 기준으로 10명 미만이어야 합니다. 다만, 고용보험의 경우, 보수총액신고서를 제출하지 않은 사업장은 고용보험료 지원이 중단될 수 있습니다.
※ 법인사업장은 법인 단위로 10명 미만 여부를 판단하나, 아파트관리사무소의 경우 「고용보험 및 산업재해보상의 보험료 징수 등에 관한 법률 시행령」 제112조제2항에 따라 관리사무소 현장 별로 10명 미만 여부를 판단합니다.
3. 신청 연도의 근로자 수가 3개월 연속 10명 이상인 경우 4개월째부터 해당 연도 말까지 연금(고용)보험료 지원 대상에서 제외됩니다.
4. 연금(고용)보험료 지원은 국민연금 및 고용보험의 자격취득이 된 사람으로 한정하여 이루어지므로 현재까지 자격취득이 안 된 근로자는 반드시 해당 기관에 자격취득신고서 또는 근로내용확인신고서를 제출하여야 혜택을 받을 수 있습니다.(신고관련 문의: 국번없이 국민연금 1355, 고용보험 1350)
5. 연금(고용)보험료 지원 대상에 해당할 경우 신청 월부터 해당 연도 말까지 지원되며 매월 해당 월의 보험료가 납부기한 내에 모두 납부된 경우에만 보험료가 지원됩니다. 따라서 납부기한이 지나서 납부하거나 일부만 납부한 월에는 지원을 받을 수 없습니다.
6. 연금(고용)보험료는 근로자의 소득(월평균보수)에 따라 사용자와 근로자의 연금보험료와 고용보험료 부담분의 1/2 범위에서 지원됩니다.
7. 연금(고용)보험료를 지원받고 있는 사업장에 신규로 자격을 취득한 근로자가 있을 경우 연금(고용)보험료 지원신청이 없어도 해당 가입자가 보험료 지원요건을 충족할 경우 연금(고용)보험료를 지원받을 수 있습니다.
8. 연금(고용)보험료 지원 대상 요건에 해당되지 않음이 추후 확인된 경우에는 기 지원한 금액에 대하여 국가가 이를 환수할 수 있습니다.
9. 국민연금공단과 근로복지공단에서 국민연금과 고용보험의 지원 여부를 확인하여 처리 결과를 각각 통보합니다.
10. 국민연금의 경우 18세 미만의 근로자는 본인이 원하는 경우 사용자의 동의를 받아야 가입이 가능합니다.
11. 고용·산재보험 신고(신청) 시 "건설공사 및 임업 중 벌목업"의 경우에는 별도 서식을 이용하여 근로복지공단에 제출하여 주시기 바랍니다.
12. 자동이체 신청 시 고용·산재보험료의 처리 대상은 월별보험료 및 분할납부보험료(2~4기)이며, 일시납부하는 개산보험료와 분할납부보험료(1기)는 자동이체 처리되지 않습니다.
13. 산재보험 적용사업(장)은 「임금채권보장법」을 당연히 적용받게 됩니다.
14. 상시근로자 20명 이상의 산재보험 적용사업(장)은 「석면피해구제법」을 당연히 적용받게 됩니다.

작성방법

공통 사항	1. "사용자·대표자"란은 개인사업의 경우 개인사업주, 법인의 경우 대표자 인적사항을 적습니다. 2. "업태와 종목"란은 사업자등록증 상의 업태와 종목을 적습니다. 3. "주거래 은행"은 사업장이 거래하는 주거래 은행의 은행명, 계좌번호 등을 적습니다. 4. "자동이체신청"란의 예금주주민등록번호는 계좌개설 시 주민등록번호로 등록되었으면 그 주민등록번호를, 사업자등록번호로 등록되었으면 그 사업자등록번호를 적습니다.
국민 연금	1. "적용 연월일"란에는 사업장이 1명 이상의 근로자를 사용하게 된 날을 적습니다. 2. "근로자 수"란에는 법인의 대표자는 포함하고, 개인사업장의 사용자는 포함하지 마십시오. 3. "가입대상자 수"란에는 사업장의 18세 이상 60세 미만의 근로자와 사용자를 합하여 기재하되, 18세 미만 근로자의 경우에도 가입을 희망하는 경우에는 포함하십시오. 4. "분리적용 사업장"이란 이미 국민연금에 가입된 본점(모사업장)으로부터 분리하여 별개의 사업장으로 가입한 경우를 말하며, 이러한 분리적용 사업장으로 가입하려는 경우에만 본점 명세를 적습니다.
건강 보험	1. "적용 연월일"란에는 사업장이 1명 이상의 근로자를 사용하게 된 날을 적습니다. 2. "회계종목"란은 공무원 및 교직원사업장만 회계종목 사항을 적습니다. ※ 사업장 특성부호: 1. 공무원사업장 3. 사립학교교직원사업장 5. 군 기관 7. 일반근로자사업장 3. 관할 단위사업장 및 부서가 있을 때에는 제2쪽의 '단위사업장 현황' 및 '영업소 현황'을 적고, 고용보험의 경우 보험관계 성립사업장이 둘 이상일 때에는 제3쪽의'신고대상사업장 현황'을 계속 적습니다.
고용 보험	※ "(총)피보험자 수" 란은 「고용보험법」 제10조에 따른 적용제외 근로자를 제외한 근로자 수를 적습니다. 1. "상시근로자 수" 및 "피보험자 수"란은 신고대상 사업장의 내용을 적습니다. 2. "총 상시근로자 수" 및 "총 피보험자 수"란은 하나의 사업주가 운영하는 전체사업장에 근로하는 상시근로자 수 및 피보험자 수의 총계를 적습니다. 3. "우선지원 대상기업"란은 「고용보험법 시행령」 제12조에 따른 "우선지원 대상기업에 해당하지 않는 기업"인지 여부를 적습니다. 4. "주된 사업장관리번호"란은 주된 사업장의 보험관계가 이미 성립한 경우에만 적습니다. 5. 제출된 서식만으로 사실 여부의 확인이 곤란한 경우 관련 서류의 보완 요구가 있을 수 있습니다(산재보험 동일).
산재 보험	※ "원사업주 사업장관리번호 또는 사업개시번호"란은 사내하도급 근로자를 고용하여 사내하도급을 수행하는 수급사업주가 원사업주의 산재보험 사업장관리번호(원사업주가 일괄적용 사업장인 경우에는 원사업주의 사업개시번호)를 적습니다.(건설업은 제외) 1. "사내하도급"이란 원사업주로부터 업무를 도급받거나 업무의 처리를 수탁한 사업주가 자신의 의무를 이행하기 위해 원사업주의 사업장에서 해당 업무를 수행하는 것을 말합니다. 2. "수급사업주"란 업무를 도급받거나 업무의 처리를 위탁받은 사업주를 말합니다. 3. "원사업주"란 업무를 도급하거나 업무의 처리를 위탁한 사업주를 말한다. 사업이 수차의 도급에 의해 이루어지는 경우에는 최상위의 원사업주를 말합니다. 4. "사내하도급 근로자"란 수급사업주가 원사업주로부터 도급받거나 위탁 받은 일을 완성하거나 업무를 처리하기 위하여 고용한 근로자를 말합니다. 5. 원사업주가 다수 있는 경우에는 사내하도급 근로자가 가장 많은 사업장의 원사업주 원수급 사업장관리번호를 적습니다. 6. 제출된 서식만으로 사실 여부의 확인이 곤란한 경우 관련 서류의 보완 요구가 있을 수 있습니다.(원사업주는 수급사업주에게 사업장관리번호 제공에 협조하여야 합니다).

처리절차

신고서(신청서) 작성	→	접수 및 확인	→	신고서(신청서) 처리	→	사업장 해당(적용)·보험관계 성립 확인통지	→	수 령

공동대표자 현황

연번	성 명	주민(외국인) 등록번호	취임일	주 소	전화번호
				우편번호(-)	
				우편번호(-)	
				우편번호(-)	
				우편번호(-)	
				우편번호(-)	
				우편번호(-)	
				우편번호(-)	

단위사업장 현황(건강보험)

연번	단위사업장기호	단위사업장명	소재지	전화번호

영업소 현황(건강보험)

연번	영업소기호	영업소명	소재지	전화번호

유의사항 및 작성방법

1. 관할 단위사업장 및 부서가 있을 때에는 "단위사업장현황", "영업소현황"을 작성하십시오.
2. 영업소기호는 사업장에서 영업소별로 부여하여 관리하시기 바랍니다.
3. 색상이 어두운 란은 국민건강보험공단에서 작성하므로 신고인(신청인)은 작성하지 마십시오.

신고대상사업장현황(고용보험)

사업장(2)	명칭		전화번호					
	소재지							
	업태	종목 (주생산품)	업종코드					
	상시근로자 수 명	피보험자 수 명	사업자등록번호					
	고용보험성립일		보험사무대행기관번호					
	사업장관리번호							
사업장(3)	명칭		전화번호					
	소재지							
	업태	종목 (주생산품)	업종코드					
	상시근로자 수 명	피보험자 수 명	사업자등록번호					
	고용보험성립일		보험사무대행기관번호					
	사업장관리번호							
사업장(4)	명칭		전화번호					
	소재지							
	업태	종목 (주생산품)	업종코드					
	상시근로자 수 명	피보험자 수 명	사업자등록번호					
	고용보험성립일		보험사무대행기관번호					
	사업장관리번호							
사업장(5)	명칭		전화번호					
	소재지							
	업태	종목 (주생산품)	업종코드					
	상시근로자 수 명	피보험자 수 명	사업자등록번호					
	고용보험성립일		보험사무대행기관번호					
	사업장관리번호							

■ 고용보험 및 산업재해보상보험의 보험료징수 등에 관한 법률 시행규칙[별지 제3호서식] <개정 2012.6.29>

고용·산재보험 토탈서비스(http://total.kcomwel.or.kr)에서도 신고할 수 있습니다.

| 건설공사 및 벌목업 | [ ]고용보험 [ ]보험가입신청서 |
| | [ ]산재보험 [ ]보험관계 성립신고서 |

※ 유의사항 및 작성방법은 뒷면을 참고하여 주시기 바라며, 색상이 어두운 란은 신청인이 적지 않습니다.　　　(앞면)

접수번호	접수일	처리기한: 5일	
사업장관리번호	성립신고일 현재 산업재해 발생 여부	[ ]있음　　[ ]없음	
사업주 (대표자)	성명	주민(외국인)등록번호	
	자택 주소		전화번호
	E-mail	휴대전화	
사업(장) (본 사)	사업장명	사업장 형태	[ ]법인　　[ ]개인
	소재지		전화번호
	사업자등록번호	법인등록번호	
	우편물 수령지		

건설공사 (현장) 및 벌목업	공사명(사업명)		고용보험 업종코드		
	구분	[ ]도급　[ ]직영	산재보험 업종코드		
	소재지			전화번호	
	건설면허번호		계 약 일	년　　월　　일	
	건축허가(신고)사항				
	총공사금액	계약금총액 (부가세 제외)		계약서상 착공일	년　　월　　일
		재료 시가환산액		실제 착공일	년　　월　　일
		합계액 (벌목 재적량)	원(㎥)	준공 예정일	년　　월　　일
	발주자 성명		발주자 연락처		

보험료 지원사업장 확인신청	「고용보험 및 산업재해보상보험의 보험료징수 등에 관한 법률」 제21조에 따라 아래와 같이 고용보험료 지원대상사업장 확인을 신청합니다. (총 공사금액이 1억원 미만 공사 또는 벌목재적량 2,700㎥ 미만인 경우만 해당)　확인신청 [ ]

「고용보험 및 산업재해보상보험의 보험료징수 등에 관한 법률 시행규칙」 제3조제1항 또는 제7조제1항에 따라 위와 같이 신청(신고)합니다.

년　　　월　　　일

　　　　신청·신고인(사업주)　　　　　　　　　　　　　　　　(서명 또는 인)

　　　　보험사무대행기관　　　　　　　　　　　　　　　　　(서명 또는 인)

근로복지공단 ○○○○지역본부(지사)장　귀하

개인정보 수집 및 이용 동의서

본인은 이 건 민원사무처리에 대한 처리결과 안내, 캠페인(이벤트), 사업홍보물, 고객만족도조사 및 관련 제도개선에 필요한 의견조사를 위해 우편, 휴대전화 또는 이메일 등으로 수신·참여하는 것에 동의합니다.

년　　　월　　　일

　　　　　　　　　　　신고인(신청인)　　　　　　　　　　(서명 또는 인)

※ 처리 사항(아래 사항은 민원인이 적지 않습니다)

가입승인 여부	[ ]승 인 [ ]불승인	보험관계 성립일	고용보험	년　　월　　일
			산재보험	년　　월　　일

210mm×297mm[일반용지 60g/㎡(재활용품)]

신고(신청)인 제출서류	1. 공사도급계약서(공사비명세서 포함)와 건축 또는 용도변경 등에 관한 허가서 또는 신고확인증 사본 각 1부 2. 근로자 과반수의 동의를 받은 사실을 증명하는 서류 1부(고용보험 임의적용 가입신청의 경우에만 제출합니다) ※ 보험관계 승인과 인건비 명세 확인을 위하여 공사명세서 등 별도의 서류가 필요할 수 있습니다.	수수료 없음
담당 직원 확인 사항	1. 사업자등록증(사본 1부) 2. 주민등록표 등본(1부) 3. 법인 등기사항증명서	

행정정보 공동이용 동의서

본인은 이 건 업무처리와 관련하여 「전자정부법」 제36조제2항에 따른 행정정보의 공동이용을 통하여 담당 직원 확인사항의 제1호 및 제2호의 행정정보를 확인하는 것에 동의합니다. *동의하지 않는 경우에는 신고인이 직접 관련 서류를 제출해야 합니다.

신고(신청)인   (서명 또는 인)

유의사항

1. 산재보험 적용사업(장)은 「임금채권보장법」을 당연히 적용받게 됩니다.
2. 위 성립신고서는 보험관계 성립일(공사착공일)부터 14일 이내에 제출해야 하며, 사업주는 3월 말(연도 중에 보험관계가 성립한 경우에는 보험관계 성립일부터 70일 이내, 유기사업인 경우 공사 종료일 전날까지)까지 고용·산재보험료(「임금채권보장법」에 따른 부담금 및 「석면피해구제법」에 따른 분담금 포함)신고서를 작성, 정해진 보험료 및 부담금(분담금)을 자진납부 하셔야 합니다.
3. 위 기간이 경과할 때에는 관련 법 규정에 따른 불이익이 있을 수 있습니다.
4. 보험가입자께서는 사업장 소재지, 가입자 인적사항, 전화번호 등이 변경되거나 사업장이 휴업·폐업될 경우 우리 공단에 신고하셔야 합니다.
5. 보험가입을 신청하여 공단이 승인한 경우 그 접수일의 다음 날부터 적용됩니다.
6. 「고용보험 및 산업재해보상보험의 보험료 징수 등에 관한 법률」 제9조제1항 단서에 따라 하수급인을 사업주로 인정받게 하려는 원수급인은 하도급공사의 착공일부터 30일 이내에 하수급인 사업주 승인신청서를 우리 공단에 제출하셔야 합니다.
7. 고용보험의 보험료 지원은 총 공사금액 1억 원 미만 공사 또는 벌목 재적량 2,700㎥ 미만인 경우에 해당할 경우, 공사 기간 동안 근로자의 소득(월평균보수)에 따라 사업주와 근로자의 고용보험료 부담분의 1/2 범위 내에서 지원됩니다. 건설공사 또는 벌목작업의 종료일까지 개산보험료를 신고·납부 하여야 하고 피보험자격취득신고 및 근로내용확인신고도 기한 내에 한 근로자에 대해 보험료가 지원됩니다. 다만 취득신고의 경우 법정기한 이후에 신고하는 경우 신고한 날부터 지원됩니다.
8. 지원 대상으로 확인된 경우, 공사종료일이 속한 달의 다음 달 15일부터 말일까지 반드시 고용보험료 지원금 지급신청서를 제출하셔야 지원금이 지급됩니다.
9. 보험료 지원 대상 요건에 해당되지 않음이 추후 확인된 경우에는 기 지원한 금액에 대하여 국가가 이를 환수할 수 있습니다.

작성방법

1. 고용보험, 산재보험 중 신고(신청)하려는 란에 "✓" 표시를 하시기 바랍니다.
2. 보험관계 성립신고서란에는 당연적용, 보험가입신청서란에는 임의가입일 경우 "✓" 표시를 합니다.
3. 휴대전화 및 전화번호와 전자우편주소를 꼭 적기 바랍니다.
4. "성립신고일 현재 산업재해발생 여부"란은 제출일 현재 해당 건설공사에서 산업재해가 발생한 경우에는 [ ]있음에, 산업재해 발생 사실이 없다면 [ ]없음에 "✓" 로 표시합니다.
5. "우편물 수령자"란은 사업장 소재지와 별도의 주소로 우편물을 받을 경우에만 적습니다.
6. "건축허가(신고)사항"에는 건축허가(신고)에 따른 건축공사에 한하여 "건축허가기관"과 "건축허가번호"를 적습니다.

처리절차

신고(청)서 작성	→	접수 및 확인	→	신고(청)서 처리	→	처리결과 통지	→	수 령
신고인(신청인)				근로복지공단				

4. 사업장 관리기준

4대보험의 적용대상은 근로자를 사용하는 모든 사업이며 적용단위는 사업 또는 사업장이다. 여기서 사업이란 어떤 목적을 위하여 업(業)으로 행하여지는 계속적·사회적·경제적 활동 단위로서 그 목적은 영리성 여부와는 관계가 없으며, 사업장이란 사업이 행하여지고 있는 사람과 물건이 존재하는 장소적 범위를 말하는 개념이다.

산재보험에서 계속사업에 있어서 동일한 장소에 있는 것은 하나의 사업으로 하고 장소적으로 분리되어 있는 것은 별도의 사업으로 적용함을 원칙으로 한다. 국민연금에서도 사업장 상호 간에 본점과 지점, 대리점 또는 출장소 등의 관계에 있고, 그 사업경영이 일체로 되어 있는 경우에는 이를 하나의 사업장으로 보게 된다.

1. 고용보험

사업장별로 적용하는 산재보험과 달리 고용보험은 원칙적으로 모든 사업단위를 기준으로 적용하는데 본사·지사·공장 등이 동일 장소에 있는 경우는 분할하지 않고(각 단위 조직 간에 인사·노무·회계 등의 독립성이 인정되지 않는 경우가 대부분이므로) 하나의 사업으로 적용하고,

본사·지사·공장 등이 장소적으로 분리되어 있어서 인사·노무·회계 등이 독립성이 있는 경우는 별도의 사업장으로 보고, 그렇지 않고 독립성이 인정되지 않는 때에는 일괄하여 하나의 사업으로 본다. 다만, 일괄적용기준에 해당하더라도 사업주가 사업장별로 관리하고자 하는 경우에는 사업장 소재지 관할 지사에 보험관계 성립신고를 하여 각 사업장별로 관리번호를 별도 부여받아 사업장별로 관리할 수 있다.

2. 산재보험

산재보험은 사업장별로 적용하는 것이 원칙이다. 따라서 본사·지사·공장 등이 동일 장소에 있는 경우로서 동일 위험권 내 본사·지사·공장 등은 하나의 사업으로 적용하고 본사·지사·공장 등이 장소적으로 분리되어 동일 위험권 내에 있지 아니한 본사·지사·공장 등은 별개의 사업으로 분리적용 한다. 다만, 장소적으로 분리되어 있더라도 사업주와 사업종류가 동일한 때에는 임의일괄가입이 가능하다. 여기서 동일한 장소란 동일한 건물 또는 동일한 울타리 안에 있는지 여부로 판단한다.

3. 국민연금

국민연금은 고용보험의 기준과 동일하게 적용하는 것이 원칙이다. 국민연금법상 사업장이란 근로자를 사용하는 사업소 및 사무소를 말하는데, 사업장 상호 간에 본점과 지점·대리점·출장소 등의 관계가 있고 그 사업 경영이 일체로 되어 있는 경우에는 이를 하나의 사업장으로 본다. 다만, 필요에 따라서 본점과 지점을 다음과 같이 분리하여 적용할 수 있다.

(1) 사업장의 분리적용

　단일의 인사관리 조직체계이면서 사업경영이 일체되어 단일 관리되고 있는 법인 내의 여러 개의 사업장을 분리하여 각각의 사업장으로 가입하는 것을 말한다. 원칙적으로 동일한 법인 내에서 사업장이 본사·지사 등으로 분리되어 있더라도 하나의 사업장 관리번호로 관리하지만 필요에 따라 분리적용을 할 수 있는 것이다. 분리적용을 하는 이유는 여러 개의 사무소를 가진 사업장이나 규모가 큰 사업장이 국민연금 업무를 신속·용이하게 수행할 수 있도록 하기 위한 제도로서 사업장이 희망하는 경우에 그 신청에 의하여 분리하게 된다.

　적용대상은 동일한 법인 내에서 통합 관리되고 있는 본점과 지점, 대리점과 출장소 등의 관계에 있는 사업장들을 각각의 사업장별로 분리하여 관리할 필요가 있는 사업장이다. 이때 보험료를 사후 정산하는 건설현장사업으로 가입하는 경우를 포함한다. 신청은 분리적용을 희망하는 본점 사업장의 사용자가 한다. 다만, 법인격이 서로 다른 법인사업장이나 사업등록번호가 다른 개인사업장은 분리적용대상에 해당되지 않는다.

■ **신청방법**
① 본점 또는 지점 모두 신규로 가입하는 경우
- 당연적용사업장 해당신고서 각각 1부
　: 지점은 분리적용 해당 체크 및 본점(모사업장) 내역 기재
- 사업장가입자 자격취득신고서 각각 1부
② 본점은 이미 가입되어 있고 지점이 신규로 가입하는 경우
- 당연적용사업장 해당신고서(분리적용 내용 등 기재) 1부(지점사업장 성립)
- 분리적용 사업장가입자 전입신고서 1부(본·지점 간 근로자 이동 시)
- 사업장가입자 자격취득신고서 1부(지점 근로자 신규 채용 시)
③ 본점과 지점이 모두 가입되어 있는 경우
- 분리적용 사업장 신청서 1부
- 분리적용 사업장가입자 전입신고서 1부(본·지점 간 근로자 이동 시)

---

(2) 분리적용 사업장 간 전출·입 신고

분리적용을 받는 본점과 지점 간의 인사이동으로 전출·입이 있는 경우 전출 사업장에서의 자격상실신고와 전입 사업장에서의 자격취득신고 없이 전입일이 속하는 달의 다음 달 15일까지 '분리적용 사업장가입자 전입신고서'의 작성 및 제출로 간편 신고할 수 있다. 분리적용 사업장이 아닌 경우는 사업장 내의 인사이동에 불과하므로 별도의 신고절차가 필요 없다.

(3) 분리적용의 해지

분리적용을 해지하려는 경우 본점 사업장은 '분리적용 사업장가입자 전입신고서'를 제출하고, 분리적용을 해지하는 지점 사업장은 '분리적용 해지신청서'에 '국민연금사업장 탈퇴신고서'를 첨부하여 관할지사에 제출하면 분리적용이 해지되는 지점 사업장의 가입자는 본점 사업장으로 전입 처리된다.

4. 건강보험

건강보험도 고용보험과 같이 하나의 사업장으로 처리하는 것이 원칙이나, 여러 개의 사업장을 두고 있는 법인의 경우 직원 간 인사이동이 빈번하거나, 사업장별로 보험료 고지서를 별도로 받고자 하는 경우, 사업장 내 지점 및 영업소 등이 본사와 원거리에 소재함 인하여 직장 건강검진에 불편함이 있어 근거리 요양기관을 이용하고자 하는 경우에 모사업장·단위사업장·영업소 지정·폐쇄 신청을 통하여 효과적으로 사업장을 관리할 수 있다.

(1) 모사업장 지정신고

모사업장 지정신고는 각각의 사업장관리번호를 가지고 있는 법인(같은 계열사 내)에 있어서 직원 간 인사이동이 빈번한 경우에는 주된 사업장을 모사업장으로 지정하여 신청하면, 건강보험 자격 취득·상실신고 및 퇴직정산 없이 '직장가입자 (근무처, 근무내역)변동신고서'로 직장가입자의 근무사업장 변경이 가능하다.

(2) 단위사업장 지정신고

여러 개의 사업장을 두고 있는 법인의 경우에 대리점, 지사, 지점, 공장 등을 사업장별로 보험료를 구분하여 별도로 납부하고자 할 때 단위사업장을 지정하여 신청할 수 있다.

(3) 영업소 지정신고

사업장 내 지점 및 영업소 등이 본사와 원거리에 소재함으로 인하여 직장 건강검진 시 불편함이 있어 근거리 요양기관을 이용하고자 하는 경우 영업소 지정신고를 신청할 수 있다.

신고서류
● 모사업장·단위사업장·영업소 지정·폐쇄 신청서

<table>
<tr><td colspan="2">☐ 모사업장
☐ 단위사업장
☐ 영업소</td><td colspan="2">☐ 지정
☐ 폐쇄</td><td>신청서</td></tr>
</table>

주사업장	사업장관리번호		명칭		소속지사명	
	소재지			(우편번호: -)		
	사용자명		전화번호	( ) - (FAX:( ) -)		
	사업자등록번호	- -		법인등록번호		-
	총개별사업장수			E-mail 주소		

세 부 사 항

구분	*기호	명칭	사용자명	소재지	인원	최초성립일	(지정·폐쇄)일	비고
지정대상								
폐쇄대상								

자동이체 (신청.해지)	*기호	명칭	은행명	예금주	예금주주민번호 (사업자등록번호)	계좌번호

기타사항	

국민건강보험법 제6조 제2항에 의한 적용사업장으로 위와 같이 신청합니다.

단, 모사업장 지정 또는 폐쇄신청 결과, 보험료 정산 시에 근무처 변동처리된 가입자에 대한 정산금은 일체의 이의없이 최종사업장에서 부담하거나 환불 받을 것을 확약합니다.

20 . . .
사용자(기관장): (서명 또는 ⑭)

국민건강보험공단 이사장 귀하

안내사항	■ 신청 항목과 지정·폐쇄의 유형별 신청여부에 "Ⓥ" 표시 하십시오.
	■ 총개별사업장 수는 모사업장 지정신청시 모사업장 지정대상 사업장 수를 기재하십시오.
	■ 모사업장 지정신청의 경우 주사업장은 법인대표자가 있는 주된 사업장이며 모사업장 지정대상 및 폐쇄대상 사업장의 소속지사 명칭은 비고란에 직접 기재하시기 바랍니다.
	■ 단위사업장지정 신청 시 *기호는 공단에서 자동부여(3자리)하므로 기재하지 마십시오.
	  (단, 단위사업장 폐쇄신청 시 *기호란은 공단에서 기부여한 단위사업장 기호를 기재하십시오)
	■ 단위사업장지정 시 해당 단위사업장의 최초성립일을 표기하시고 건설현장 단위사업장인 경우는 비고란에 "건설현장"으로 기재하십시오.
	■ 모사업장 지정·폐쇄 신청 시 *기호는 사업장기호(8자리)를 기재하십시오.
	■ 영업소지정·폐쇄 신청 시 *기호는 사업장에서 자체 부여한 일련번호(6자리)를 기재하십시오.
	  (※예시: 000001, 000002, ……)
	■ 단위사업장 지정·폐쇄 시 해당 단위사업장의 자동이체 신청·해지 사항을 기재하십시오.
	■ 단위사업장 및 영업소 지정신청 시 첨부서류: 소속 가입자 명단 1부(성명, 주민등록번호 기재)
	■ 기타사항은 단위사업장 등 신청항목 관리에 참고사항을 기재하십시오.

5. 적용제외 사업장

1. 고용/산재보험

(1) 당연적용사업

당연적용사업장은 법정요건을 충족한 경우 사업주의 가입의사와 관계없이 자동적으로 보험관계가 성립하는 사업을 말하며, 적용제외 사업을 제외한 근로자를 1인 이상 사용하는 모든 사업 또는 사업장은 당연적용 대상이다. 즉, 당연적용사업장은 사업주의 보험관계 성립신고 여부와 상관없이 적용이 된다.

(2) 임의적용사업

당연적용대상 사업이 아닌 사업으로서 보험가입 여부가 사업주의 의사에 일임되어 있는 사업으로 이에 해당하는 사업의 사업주는 근로복지공단의 승인을 얻어 보험에 가입할 수 있으며, 특히 고용보험의 경우 근로자 과반수(적용제외 근로자 제외)의 동의를 얻어 실업급여, 고용안정·직업능력개발사업 등 사업 전부에 가입할 수 있으며 실업급여에만 가입할 수 없다.

- 고용/산재보험 보험가입신청서

■ 별정직 · 계약직 공무원 고용보험 임의가입제도
별정직 · 계약직 공무원도 본인의 의사에 따라 고용보험 중 실업급여에 한하여 가입할 수 있다. 가입신청 기한은 해당 소속기관에 최초로 임용된 날부터 3개월 내이며, 보험료 부담은 실업급여 보험요율을 소속기관과 공무원이 1/2씩 부담한다.

---

(3) 고용/산재 적용제외 사업장

고용보험	산재보험
농업 · 임업 · 어업 및 수렵업 중 법인이 아닌 자가 상시 4명 이하의 근로자를 사용하는 사업	농업 · 임업(벌목업 제외) · 어업 · 수렵업 중 법인이 아닌 자의 사업으로서 상시근로자 수가 5명 미만인 사업
가사서비스업	가구 내 고용활동

- 「건설산업기본법」에 따른 건설업자
- 「주택법」에 따른 주택건설사업자
- 「전기공사업법」에 따른 공사업자
- 「정보통신공사업법」에 따른 공사업자
- 「소방시설공사업법」에 따른 소방시설업자
- 「문화재수리 등에 관한 법률」에 따른 문화재수리업자가 아닌 자가 시공하는 공사로 다음 각 호에 해당하는 공사
① 「고용보험 및 산업재해보상보험의 보험료 징수 등에 관한 법률 시행령」에 따른 제2조제1항제2호에 따른 총공사금액이 2천만 원 미만인 공사
② 연면적이 100제곱미터 이하인 건축물의 건축 또는 연면적이 200제곱미터 이하인 건축물의 대수선에 관한 공사

—	- 「공무원연금법」 또는 「군인연금법」에 따라 재해보상이 되는 사업 - 「선원법」, 「어선원 및 어선재해보상보험법」 또는 「사립학교교직원연금법」에 따라 재해보상이 되는 사업 - 위 사업 외의 사업으로서 상시근로자 수가 1명 미만인 사업

- ■ 총공사금액＝계약상의 도급금액＋발주자로부터 따로 제공받은 재료의 시간환산액 (관급・사급 자재대)
  * 부가세는 제외

- ■ 총공사금액 산정원칙
  총공사금액을 산정함에 있어 위탁 그밖의 명칭 여하를 불문하고 최종목적물의 완성을 위하여 행하는 동일한 건설공사를 2 이상으로 분할하여 도급(발주자가 공사의 일부를 직접 행하는 경우를 포함)하는 경우에는 각 도급금액을 합산하여 산정하나, 도급단위별 공사가 시간적 또는 장소적으로 분리되고 독립적으로 행하여지는 경우에는 그러하지 아니한다.

2. 국민/건강보험

직장가입자 대상 근로자가 1인 이상 있는 모든 사업장은 적용대상 사업장이다. 법인사업장의 경우에는 대표자 1인만 있어도 의무가입대상이 된다.

6. 사업의 일괄적용(고용/산재)

1. 의의

일정요건을 구비할 경우 2개 이상의 당해 사업 전부를 하나의 사업으로 보아 보험관계를 일괄적용함으로써 사업장별로 신고하는 각종 절차의 업무 부담을 줄여 사업주의 업무편의를 도모하고 근로자보호를 강화하기 위한 제도이다. 고용/산재보험에서만 해당되는 제도이다.

2. 당연일괄적용

① 사업주가 동일인일 것

② 각각의 사업은 기간이 정해져 있는 사업일 것

③ 건설산업기본법의 건설업자, 주택법의 주택사업자, 전기공사업법의 전기공사업자, 정보통신공사업법의 정보통신공사업자, 소방시설공사업법에 의한 소방시설업자, 문화재보호법에 의한 문화재수리업자가 행하는 사업일 것

3. 임의일괄적용

건설업이 아닌 경우에도 사업주가 동일인이고, 사업종류가 동일한 경

우(매년 고용노동부장관이 고시하는 산재보험료율표상의 사업종류 세 자리수가 동일한 경우)에는 근로복지공단의 승인을 얻어 일괄적용을 받을 수 있다. 임의일괄적용을 받고자 하는 경우에는 연도 중 언제라도 일괄적용 승인신청서를 관할 지사에 제출하면(이때 공단이 그 사업주로부터 일괄적용관계 승인신청서를 접수한 날의 다음 날부터 일괄적용을 받는다) 되고 해지는 다음 보험연도 개시 7일 전까지 일괄적용 해지신청서를 제출하여야 하고 당해 보험연도 중에 해지를 신청하면 당해 보험연도 말에 해지가 된다.

- 고용보험/산재보험 일괄적용 승인신청서
- 고용보험/산재보험 일괄적용 해지신청서

4. 사업 개시신고 및 종료신고

일괄적용사업의 사업주는 각각의 사업에 대하여 당해 사업 개시일 및 종료일로부터 각각 14일 이내에 사업 개시 또는 종료신고를 공단에 해야 한다. 다만 사업의 개시일로부터 14일 이내에 종료되는 사업의 경우에는 그 종료일 전일까지, 사업 개시 당일 종료되는 사업의 경우에는 그 사업의 개시일 당일에 사업 개시신고를 해야 한다.

- 일괄적용 고용·산재보험 사업개시·사업종료 신고서

■ 고용보험 및 산업재해보상보험의 보험료징수 등에 관한 법률 시행규칙[별지 제6호서식] <개정 2012.6.29>

고용·산재보험 토탈서비스(http://total.kcomwel.or.kr)에서도 신고할 수 있습니다.

<table>
<tr><td>[　]고용보험
[　]산재보험</td><td>일괄적용</td><td>[　]승인신청서
[　]성립신고서</td></tr>
</table>

※ 유의사항 및 작성방법은 뒷면을 참고하여 주시기 바라며, 색상이 어두운 란은 신청인이 적지 않습니다.　　　(앞면)

접수번호		접수일	처리기한: 7일
사업장관리번호(일괄적용)			

대표자	성명	주민(외국인)등록번호	
	주소		전화번호

본사 사업장	상호·법인명	대규모기업	[　]해당　[　]비해당
	소재지		전화번호
	우편물 수령지		전화번호
	E-mail	팩스번호	휴대전화
	사업자등록번호	법인등록번호	
	사업종류	(주생산품명·제공되는 서비스명)	
	총 상시근로자 수	총 피보험자 수	
	주된(본사)사업우편물 수령지		

건설업	건설업면허관련	면허종류	면허번호	등록일자
	공사현장			
	공사기간	(실제착공일)	공사금액	

일반사업	사업장관리번호	지점·지사·공장명	소재지	사업종류

일괄적용 현황	총 상시근로자 수		총 피보험자 수	
고용보험 성립일(일괄적용)		**고용업종코드**		
산재보험 성립일(일괄적용)		**산재업종코드**		

「고용보험 및 산업재해보상보험의 보험료징수 등에 관한 법률 시행령」 제6조제2항 및 같은 법 시행규칙 제4조, 제7조제3항에 따라 위와 같이 신청(신고)합니다.

년　　　월　　　일

신청·신고인(사업주)　　　　　　　　　　　　　　　　(서명 또는 인)

보험사무대행기관　　　　　　　　　　　　　　　　(서명 또는 인)

근로복지공단 ○○○○지역본부(지사)장　귀하

210mm×297mm[일반용지 60g/㎡(재활용품)]

신고(신청)인 제출서류	공사도급계약서 사본, 건설업면허 사본 각 1부 (일괄적용 성립신고의 경우에만 해당합니다)	수수료 없음
담당 직원 확인 사항	법인 등기사항증명서(일괄적용 성립신고의 경우에만 해당합니다)	

유의사항

1. 일괄적용승인 사업장은 매 보험연도 시작 7일 전까지 해지승인 신청이 없으면 그 이후 보험연도에도 계속 일괄적용됩니다.
2. 일괄적용 사업주는 그 각각의 사업에 대한 사업 개시신고서를 사업개시일부터 14일 이내에 산재보험의 경우 공사현장 또는 지점·지사·공장 관할 지역본부(지사)에 제출하고, 고용보험의 경우 주된 사업장 관할 지역본부(지사)에 제출해야 합니다.
3. 산재보험 일괄적용 승인신청의 경우 각각의 사업이 「고용보험 및 산업재해보상보험의 보험료징수 등에 관한 법률 시행령」 제13조에 따라 고용노동부장관이 정하는 사업종류에 있어서 동일한 사업에 속해야 합니다.
4. 산재보험 적용사업장은 「임금채권보장법」 및 「석면피해구제법」을 당연히 적용받게 됩니다.
5. 「고용보험 및 산업재해보상보험의 보험료 징수 등에 관한 법률」 제9조제1항 단서에 따라 하수급인을 사업주로 인정받게 하려는 원수급인은 하도급공사의 착공일부터 30일 이내에 하수급인 사업주 승인신청서를 우리 공단에 제출하셔야 합니다.

작성방법

1. 고용보험, 산재보험 중 신고(신청)하려는 란에 "√" 표시를 하시기 바랍니다.
2. '주된(본사)사업장의 사업장관리번호'는 주된(본사)사업장이 이미 성립되어 있는 경우, 그 주된(본사) 사업장의 사업장관리번호를 적습니다.
3. '건설업'란에는 건설업 관련 면허사항과 면허 등록 후 최초로 시행한 공사명세를 적어 주시기 바랍니다.
4. '일반사업'란은 산재보험 일반사업 일괄적용 승인신청의 경우로, 동일한 사업종류에 속하는 일괄적용 대상 사업장을 적습니다(신고 내용이 많을 때에는 별지로 신고할 수 있습니다).
5. '일괄적용 현황'란에는 일괄적용을 받는 총 상시근로자 수 및 총 피보험자 수를 적습니다.

처리절차

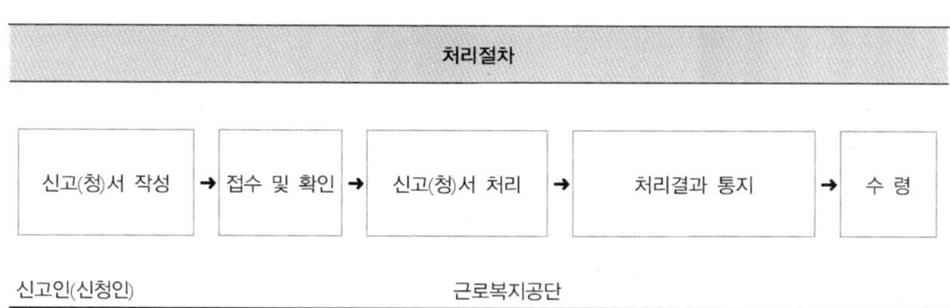

210mm×297mm[일반용지 60g/㎡(재활용품)]

■ 고용보험 및 산업재해보상보험의 보험료징수 등에 관한 법률 시행규칙[별지 제7호서식] <개정 2010.12.22>
고용·산재보험 토탈서비스(http://total.kcomwel.or.kr)에서도 신고(신청)할 수 있습니다.

[ ]고용보험 [ ]산재보험	일괄적용 해지신청서

※ 작성방법은 뒷면을 참고하여 주시기 바라며, 색상이 어두운 란은 신청인이 적지 않습니다.　　　　　(앞면)

접수번호	접수일	처리기한: 5일
사업장관리번호		

사업장	상호·법인명		
	소재지		전화번호
	대표자		

일괄적용 해지신청	해지 사유	
	해지 사유 발생일	

「고용보험 및 산업재해보상보험의 보험료징수 등에 관한 법률 시행령」 제6조제3항 및 같은 법 시행규칙 제5조
에 따라 위와 같이 신청합니다.

　　　　　　　　　　　　　　　　　　　　　　　　　　　　　년　　　월　　　일
　　　　　　　　　　　신고·신청인(사업주)　　　　　　　　　　(서명 또는 인)
　　　　　　　　　　　보험사무대행기관　　　　　　　　　　　(서명 또는 인)
근로복지공단 ○○○○지역본부(지사)장　귀하

※ 처리 사항(아래 사항은 민원인이 적지 않습니다)

산재보험 소멸일		고용보험 소멸일	
불승인 사유			

210mm×297mm[일반용지 60g/㎡(재활용품)]

첨부서류 없음 | 수수료 없음

작성방법

1. "사업장관리번호"란에는 사업일괄적용관리번호를 적습니다.
2. "해지 사유"와 "해지 사유 발생일"란에는 규모 축소 등의 이유로 동종사업 일괄적용관계를 해지신청하는 경우에 해지사유와 해지사유가 발생한 일자를 적습니다.

■ 고용보험 및 산업재해보상보험의 보험료징수 등에 관한 법률 시행규칙[별지 제10호서식] <개정 2012.6.29>

고용 · 산재보험 토탈서비스(http://total.kcomwel.or.kr)에서도 신고할 수 있습니다.

일괄적용   [ ]고용보험 [ ]산재보험
[ ]사업 개시 [ ]사업 종료   신고서

※ 뒷면의 유의사항과 작성방법을 읽고 작성하여 주시기 바라며, [ ]에는 해당되는 곳에 "√" 표를 합니다. (앞면)

	접수번호	접수일	
신고 사업장	상호(법인명)		대표자
	일괄적용 사업장관리번호		전화번호
건설공사 사업 개시 신고	공사명		
	총공사금액(재료 시가환산액 포함)		
	공사기간		
	현장 소재지		
	건축허가사항	공동도급공사 [ ]해당 [ ]비해당	
	발주자명		
	발주자 주소	전화번호	
벌목업 사업 개시 신고	벌목 현장명	전화번호	
	현장 소재지		
	벌목 재적량	벌목기간	
	인원	발주자명	
일반사업 사업 개시 신고	지점 · 지사 · 공장명	전화번호	
	소재지		
	사업종류	사업 개시일	
	사업자등록번호	인원	
사업 종료 신고	사업개시번호		
	공사명		
	공사 종료일		
보험료 지원사업장 확인신청	「고용보험 및 산업재해보상보험의 보험료징수 등에 관한 법률」 제21조에 따라 아래와 같이 고용보험료 지원대상사업장 확인을 신청합니다. (총 공사금액이 1억원 미만 공사 또는 벌목 재적량 2,700㎥ 미만인 경우만 해당) 확인신청 [ ]		

「고용보험 및 산업재해보상보험의 보험료징수 등에 관한 법률」 제11조제3항 및 같은 법 시행규칙 제8조에 따라 위와 같이 신고합니다.

년   월   일

신고인(사업주)   (서명 또는 인)

[ ]보험사무대행기관   (서명 또는 인)

근로복지공단 ○○지역본부(지사)장 귀하

신고인 제출서류	1. 공사도급계약서 사본 1부(건설공사 사업 개시신고의 경우에만 제출합니다) 2. 벌목허가서 사본 1부(벌목업 개시신고의 경우에만 제출합니다)	수수료 없음
담당직원 확인사항	사업자등록증 사본 1부 (산재보험에 대하여 일반사업 사업 개시신고의 경우에만 제출합니다)	

동의서

본인은 이 건 업무처리와 관련하여 「전자정부법」 제36조제2항에 따른 행정정보의 공동이용을 통하여 담당 직원이 아래 담당 직원 확인사항을 확인하는 것에 동의합니다.

* 동의하지 않는 경우에는 신청인이 직접 관련 서류를 제출해야 합니다.

신청인(위임한 사람)   (서명 또는 인)

210mm×297mm[일반용지 60g/㎡(재활용품)]

유의사항

1. 사업 개시신고는 일괄적용을 받는 사업과 동일한 사업종류에 대해서만 할 수 있습니다. 예를 들어, 건설업으로 일괄적용 받은 경우. 건설업 외의 사업에 대해서는 사업 개시신고서를 제출할 수 없으므로 별도의 성립신고서를 제출해야 합니다.
2. 사업 개시신고서 및 사업 종료신고서는 건설공사 또는 일반사업 현장 관할 지역본부(지사)로 제출해야 합니다.
3. 고용보험의 보험료지원 신청은 총 공사금액 1억 원 미만 공사 또는 벌목 재적량 2,700㎥ 미만인 경우에 해당할 경우, 공사기간 동안 근로자의 소득(월평균보수)에 따라 사업주와 근로자의 고용보험료 부담분의 1/2 범위 내에서 지원됩니다. 건설공사 또는 벌목작업의 종료일까지 개산보험료를 신고·납부하여야 하고 피보험자격취득신고 및 근로내용확인신고도 기한 내에 한 근로자에 대해 고용보험료를 지원합니다. 다만 취득신고의 경우 법정기한 이후에 신고하는 경우 신고한 날부터 지원됩니다.
4. 지원 대상으로 확인된 경우, 공사종료일이 속한 달의 다음 달 15일부터 말일까지 반드시 고용보험료 지원금 지급신청서를 제출하셔야 지원금이 지급됩니다.
5. 보험료 지원 대상 요건에 해당되지 않음이 추후 확인된 경우에는 기 지원한 금액에 대하여 국가가 이를 환수할 수 있습니다.

작성방법

1. "신고사업장"란은 일괄적용 사업장(본사) 명세를 적습니다.
2. "건설공사"란은 건설업의 사업 개시의 경우 그 명세를 적습니다.
3. "일반사업"란은 산재보험의 경우에만 해당되며 일반사업의 사업 개시의 경우 그 명세를 적습니다.
4. "사업 종료신고"란은 고용보험의 경우에만 작성하며 일괄적용 사업 개시신고를 한 건설공사의 기간이 종료되는 경우 그 사실을 적습니다.
5. 신고하려는 사업 개시의 명세가 많을 경우 별지로 첨부하셔도 됩니다.
6. "건축허가(신고)사항"에는 건축허가(신고)에 따른 건축공사에 한하여 "건축허가기관"과 "건축허가번호"를 적습니다.

210mm×297mm[일반용지 60g/㎡(재활용품)]

7. 건설업이 수차의 도급사업으로 하는 경우

1. 고용/산재보험

(1) 의의

건설업에 있어서 민법에 의한 도급계약 형식으로 수차의 하도급이 이루어지는 경우 원칙적으로 원수급인이 보험가입자가 된다. 다만 원수급인이 서면계약으로 하수급인에게 보험료의 납부를 인수하게 하는 경우에는 원수급인의 신청에 의하여 근로복지공단의 승인을 얻은 때에 그 하수급인이 보험가입자가 되며 또한 국내 건설사가 국내에 소재하지 않는 외국건설사로부터 하도급을 받아 시행하는 경우에는 그 최초 하수급인이 보험가입자가 된다.

(2) 하수급인이 보험가입자로 승인을 얻기 위한 요건 및 절차

① 승인요건
㉠ 건설업자 등
하수급인인 사업주가 건설산업기본법의 건설업자, 주택법의 주택사업

자, 전기공사업법의 전기공사업자, 정보통신공사업법의 정보통신공사업
자, 소방시설공사업법에 의한 소방시설업자, 문화재보호법에 의한 문화재
수리업자이어야 한다.

  ⓛ 서면계약

원수급인과 하수급인 간에 보험료 납부의 인수에 관한 서면계약을 체
결하여야 한다.

  ② 신청절차

하도급공사의 착공일부터 30일 이내에 원수급인이 '하수급인 사업주
승인신청서' 1부를 작성하여 공단에 제출하여야 한다. 다만, 착공일 15일
부터 30일 이내 재해 발생 시 승인신청 불가이다. 구비서류는 도급계약
서 사본 1부, 보험료 납부인수에 관한 서면계약서 사본 1부 등이 있다.

신고서류
- 고용/산재보험 하수급인 사업주 승인신청서

2. 국민/건강보험

건설 일용직 근로자는 원수급업체는 물론 하도급업체 본사와 구분하
여 별도로 신고하고 관리한다. 건설현장의 일용직만을 대상으로 하여 사
업장을 분리 적용하는데 원수급인, 하도급 사업장별 건설일용직을 별도
고용하는 경우 각 사업장별 현장단위로 사업장을 분리 적용한다. 즉, 원
수급인, 하도급인 각각의 사업장을 적용하되, 동 건설 현장은 본사와 분
리하여 별도의 사업장으로 적용한다(정규직 근로자는 본사의 사업장에,
건설 일용직은 건설현장 사업장으로 적용).

■ 고용보험 및 산업재해보상보험의 보험료징수 등에 관한 법률 시행규칙[별지 제8호서식] <개정 2012.1.3>
　고용·산재보험 토탈서비스(http://total.kcomwel.or.kr)에서도　신고할 수 있습니다.

[ ]고용보험 [ ]산재보험 하수급인 사업주 승인신청서

※ 유의사항 및 작성방법은 뒷면을 참고하여 주시기 바라며, 색상이 어두운 란은 신청인이 적지 않습니다.　　(앞면)

접수번호			접수일		처리기간 5일	
원수급인 (신청인)	본사	상호·법인명칭		대표자		
		소재지				
		전호번호		팩스	전자우편주소	
		우편물 수령지		수취인		
	원수급 사업	사업장관리번호 (사업개시번호)		사업장명 (현장명)		
		소재지			전화번호	
하수급인	본사	상호·법인명칭		대표자		
		사업자등록번호		법인등록번호		
		소재지				
		전화번호		팩스	전자우편주소	
		우편물 수령지		수취인		
		고용보험 업종코드				
	하수급 사업	사업장명(현장명)				
		건설업면허관련	면허종류	면허번호	등록일자	
		하수급(공사)금액 (재료 시가환산액 포함)		공사기간	(실제착공일:　　　　)	
		소재지			전화번호	
		상시근로자 수		총피보험자 수		
		업무상 재해 발생 여부	[ ]없음 [ ]있음 ([ ]착공 후 14일 이내, [ ]착공 후 15일~신청일)			
		사업장관리번호 (사업개시번호)				

「고용보험 및 산업재해보상보험의 보험료징수 등에 관한 법률 시행령」 제7조제3항 및 같은 법 시행규칙 제6조제1항에 따라 위와 같이 신청합니다.

년　　월　　일

　　　　　　신청인(원수급인)　　　　　　　　　　　　　　　　　　　(서명 또는 인)

　　　　　　　□　보험사무대행기관　　　　　　　　　　　　　　　　(서명 또는 인)

근로복지공단 ○○ 지역본부(지사)장　귀하

개인정보 수집 및 이용 동의서

본인은 이 건 민원사무처리에 대한 처리결과 안내, 캠페인(이벤트), 사업홍보물, 고객만족도조사 및 관련 제도개선에 필요한 의견조사를 위해 우편, 휴대전화 또는 이메일 등으로 수신·참여하는 것에 동의합니다.

년　　월　　일

　　　　　　신고인(신청인)　　　　　　　　　(서명 또는 인)

※ 처리 사항(아래 사항은 민원인이 적지 않습니다)

결정사항	[ ]승인 [ ]불승인	하수급인 보험관계 성립일(사업 개시일)	년　　월　　일
불승인 사유			

210mm×297mm(일반용지 60g/㎡(재활용품))

신고(청)인 제출서류	1. 도급계약서 사본 1부 2. 보험료 납부인수에 관한 서면계약서 사본 1부	수수료 없음

유의사항

1. 산재보험 적용사업장(건설업)은 「임금채권보장법」 및 「석면피해구제법」을 당연히 적용받게 됩니다.
2. 하수급인이 「고용보험 및 산업재해보상보험의 보험료 징수 등에 관한 법률」 시행령 제6조에 따른 건설업자 등에 해당하는 경우에만 승인대상에 해당합니다.

작성방법

1. 고용보험, 산재보험 중 신청하려는 란에 "√" 표시를 하시기 바랍니다.
2. "원수급인(신청인)"의 "본사"란은 원수급인의 본사사업장 명세와 대표자 성명에 대한 명세를 적습니다.
3. "원수급인(신청인)"의 "원수급사업"란은 원수급인의 사업장(공사현장) 명칭과 소재지를 적습니다.
4. "하수급인"의 "본사"란은 하수급인의 본사사업장 명세와 대표자 성명을 적습니다.
5. "하수급인"의 "하수급사업"란은 하수급인 사업주 승인 신청의 대상이 되는 하수급사업(공사현장)에 대한 명세를 적습니다.
6. "업무상 재해발생 여부"란은 신청일 현재까지 하수급인 사업주 인정승인 신청의 대상이 되는 하수급사업(공사현장)에서 업무상 재해가 있었는지 여부를 적습니다.

처리절차

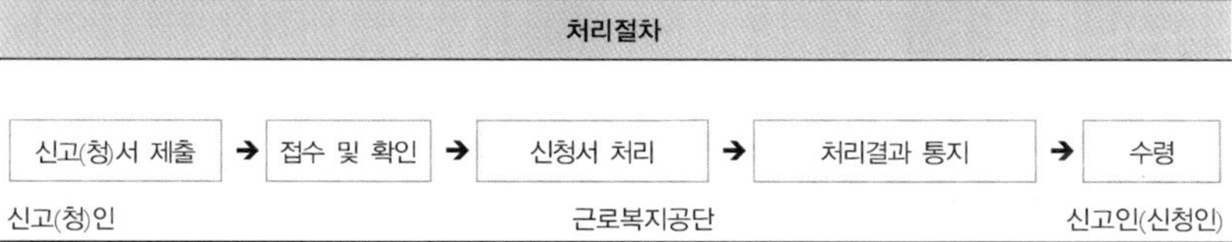

210mm×297mm(일반용지 60g/㎡(재활용품))

8. 사업장 변경신고

사업장 변경신고는 크게 내용변경과 내용정정으로 나눌 수 있는데, 내용변경은 신고된 사실이 다르게 변경되는 것(명칭, 주소, 사업자등록번호 등)을 말하고, 내용정정은 착오로 사실과 다르게 신고된 것을 바르게 정정하는 것으로서 착오 사항이 발견된 즉시 정정하여야 한다. 4대보험 공통서식을 이용하여 한 기관에서 처리 가능하고 필요시 입증할 수 있는 자료를 첨부하여야 한다.

구분	신고기한	신고서류(공통서식)
고용보험	변경된 날부터 14일 이내	보험관계 변경신고서
산재보험	변경된 날부터 14일 이내	보험관계 변경신고서
국민연금	변경된 날이 속하는 달의 다음 달 15일까지	사업장 내용변경신고서
건강보험	변경사유 발생일부터 14일 이내	사업장(기관) 변경신고서

1. 고용/산재보험

사업주 이름, 주민번호, 사업의 명칭 및 소재지, 사업의 종류, 사업자등록번호(법인등록번호), 사업의 기간, 상시근로자 수 등의 변경이 있는 경우 변경된 날부터 14일 이내에 보험관계 변경신고서를 제출해야 한다.

단, 사업의 종류 또는 상시근로자의 변경으로 고용보험법상 우선지원 대상기업의 해당 여부에 변경이 있는 경우에는 다음 보험연도의 초일부터 14일 이내에 '우선지원 대상기업 신고서'를 공단에 제출하여야 한다.

● 보험관계 변경신고서(4대보험 공통서식)

2. 국민연금

사업장 명칭, 주소, 사업의 종류, 사업자번호, 법인등록번호, 사업의 기간, 전화번호, 우편물 수령지 등의 변경이 있는 경우 변경된 날이 속하는 달의 다음 달 15일까지 제출한다. 다만, 내용정정의 경우에는 착오사항을 발견한 즉시 정정 신고를 해야 한다. 개인사업장의 사용자가 변경된 경우는 사업장 내용변경 대상이 아니라 기존 사업장 탈퇴 후 사업장을 신규로 적용해야 한다.

● 사업장 내용변경신고서(4대보험 공통서식)

3. 건강보험

사업장 명칭, 주소, 사업의 종류, 사업자번호, 법인등록번호, 사업의 기간, 전화번호, 우편물 수령지 등의 변경이 있는 경우 변경사유 발생일부터 14일 이내에 신고해야 한다.

- 사업장(기관) 변경신고서(4대보험 공통서식)

■ 형태변경(개인사업장 ⇔ 법인사업장)
개인사업장에서 법인사업장으로 변경된 사업장 또는 이와 반대의 경우에는 변경 전 사업장은 탈퇴 처리하고 변경 후 사업장을 신규 적용한다(직원변동 없이 형태만 변경하는 경우 변경 후 사업장은 탈퇴일자로 소급 적용 처리함).

■ 사용자 변경(개인사업장) 또는 법인등록번호 변경(법인사업장)
사용자 변경(개인사업장) 또는 법인등록번호 변경(법인사업장)은 변경 전 사업장을 탈퇴 조치하고 변경 후 사업장을 신규 적용 처리하며, 직원변동이 없을 경우 양도양수일로 탈퇴·신규 적용 처리한다. 다만 개인사업장의 사용자 변경(친족, 부부 등)이 상속·증여에 의한 경우(이때 사업자등록번호는 동일해야 함)와 법인사업장의 법인등록번호 변경이 법률상 경과조치(법에 명시)가 있는 경우에 한하여 예외적으로 기재사항을 변경 처리한다.

■ 고용보험 및 산업재해보상보험의 보험료징수 등에 관한 법률 시행규칙[별지 제13호서식] <개정 2010.12.22>

국민연금　　[ ]사업장 내용변경신고서
건강보험　　[ ]사업장(기관) 변경신고서

고용보험　　[ ]보험관계 변경신고서
산재보험　　[ ]보험관계 변경신고서

※ 유의사항 및 작성방법은 뒷면을 참고하여 주시기 바라며, 색상이 어두운 란은 신청인이 적지 않습니다.　　(앞면)

접수번호		접수일자	처리기간 3일
사업개시번호	고용보험	산재보험	

사업장	사업장관리번호	전화번호(유선/이동전화)	
	명칭		
	소재지		

보험사무 대행기관 (고용·산재)	명칭	번호	

사용자(대표자)	성명	주민(외국인)등록번호	

	변경항목	변 경 일	변 경 전	변 경 후
사용자 (대표자/ 공동대표자)	성명			
	주민(외국인)등록번호			
	주소			
	전화번호			

	변경항목	변 경 일	변 경 내 용	
사업장	명칭			
	전화번호			
	FAX번호			
	전자우편주소			
	소재지			
	우편물 수령지			
	사업자등록번호			
	법인등록번호			
	종류(업종)			
	사업의 기간			
	그 밖의 사항			

건강보험증 수령지	[ ]사업장 주소지　[ ]해당 직장가입자 주민등록표 등본의 주소지

위와 같이 신고합니다.

　　　　　　　　　　　　　　　　　　　　　　　　　　　　　년　　　　월　　　　일

　　　　　　신청인(가입자)　　　　　　　　　　　　　　　　　　(서명 또는 인)

　　　[ ]보험사무대행기관(고용·산재보험만 해당)　　　　　　　(서명 또는 인)

국민연금공단 이사장/국민건강보험공단 이사장/근로복지공단 지역본부(지사장) 귀하

210mm×297mm[일반용지(재활용품) 60g/㎡]

(뒷면)

신고인 제출서류	없음	수수료 없음
담당 직원 확인사항	1. 사업자등록증 사본 1부(사업장이 변경되는 경우에만 제출합니다) 2. 주민등록표 등본 1통(고용·산재보험의 사용자가 변경된 경우에만 제출합니다) 3. 법인 등기사항증명서	

행정정보 공동이용 동의서

본인은 이 건 업무처리와 관련하여 담당 직원이 「전자정부법」 제36조제2항에 따른 행정정보의 공동이용을 통하여 담당 직원 확인사항란의 제1호 및 제2호의 행정정보를 확인하는 것에 동의합니다. *동의하지 않는 경우에는 신고인이 직접 관련 서류를 제출해야 합니다.

신고인 (서명 또는 인)

유의사항

1. 사업자등록번호 변경 시 사업장관리번호가 변경될 수 있습니다.
2. 건강보험의 경우 관할 단위사업장 및 부서가 있을 때에는 "단위사업장 현황, 영업소 현황"을 관할지사로 별도 제출하시기 바랍니다.
3. 고용보험의 경우 상시근로자 수의 변동으로 우선지원 대상기업의 해당 여부가 변경된 경우에만 별도의 "우선지원 대상기업 해당(비해당)신고서"를 제출하시기 바랍니다.
4. 변경된 사용자(대표자/공동대표자)가 가입대상일 경우에는 사업장(직장)가입자 자격취득신고서를 제출해야 합니다.

작성방법

1. "사업개시번호"란은 고용보험·산재보험의 사업 일괄적용의 경우만 적습니다.
2. 사용자(대표자/공동대표자)의 성명 및 주민(외국인)등록번호는 개인사업의 경우 개인사업주, 법인의 경우 대표자 인적사항을 주민등록표 등본(외국인등록증 또는 국내거소신고증)상의 성명 및 주민등록번호(외국인등록번호 또는 국내거소신고번호)를 적습니다.
3. 사용자(대표자/공동대표자) 및 사업장의 변경내용에 해당되는 부분에 변경일자를 적습니다.
4. 변경 전 내용과 변경 후 내용을 적습니다.
   예) 명칭변경: ○○○주식회사(변경 전)→□□□□주식회사(변경 후)
5. "종류(업종)"란에는 해당 사업장의 사업내용이 무엇인지 구체적으로 적습니다.
6. "사업의 기간"은 고용·산재보험의 경우에만 적으며, 신고서는 근로복지공단에 제출해 주시기 바랍니다.
7. "그 밖의 사항"란은 각 보험의 고유 신고사항의 변경이 있는 경우에만 적으며, 신고서는 해당 기관에 제출해 주시기 바랍니다.
※ 고용·산재보험의 건설공사 적용사업장으로 공사금액·발주처 등이 변경된 경우
※ 국민연금·건강보험의 건설현장 사업장 사업기간이 변경된 경우 등

처리절차

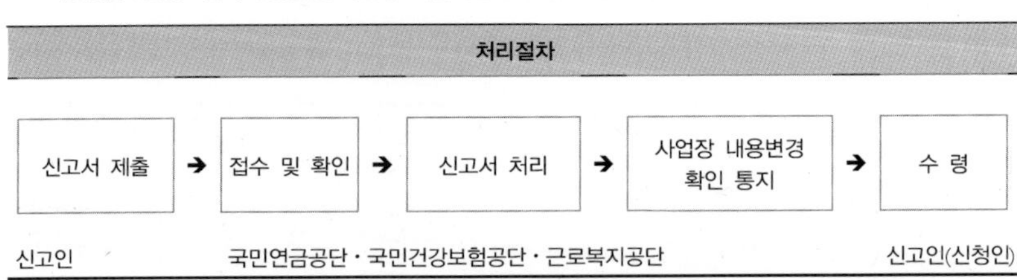

210mm×297mm[일반용지(재활용품) 60g/㎡]

9. 사업장 탈퇴신고

사업이 폐지, 종료 등의 사유가 발생한 경우 보험관계가 소멸한 날부터 14일 이내(국민연금은 사유가 발생한 날이 속하는 달의 다음 달 15일까지) 사업장 탈퇴신고를 하여야 한다.

구 분	신고기한	신고서류(공통서식)
고용보험	보험관계가 소멸한 날부터 14일 이내	보험관계 소멸신고서
산재보험	보험관계가 소멸한 날부터 14일 이내	보험관계 소멸신고서
국민연금	사유가 발생한 날이 속하는 달의 다음 달 15일까지	사업장 탈퇴신고서
건강보험	사유가 발생한 날로부터 14일 이내	사업장 탈퇴신고서

1. 고용/산재보험

사업주는 사업의 폐지, 종료 등으로 인하여 보험관계가 소멸한 경우에는 그 보험관계가 소멸한 날부터 14일 이내에 '보험관계 소멸신고서'를 제출하여야 한다. 다만, 임의가입 사업주가 보험계약을 해지하는 경우에는 그 보험계약이 성립한 보험연도가 종료된 이후에 하여야 하며 근로자 과반수의 동의를 얻은 사실을 증명하는 서류를 첨부하여야 한다. 근로자를 사용하지 아니할 경우에는 근로자를 사용하지 아니한 최초의 날부터 1년이 되는 날의 다음 날 보험관계는 소멸한다.

- 보험관계 소멸신고서(4대보험 공통서식)

2. 국민연금

사업이 폐업, 휴업, 근로자가 없는 경우는 사유가 발생한 날이 속하는 달의 다음 달 15일까지 신고한다. 이때 근로자의 일부라도 휴업수당이 지급되는 경우, 노동쟁의로 인한 파업 또는 직장폐쇄는 탈퇴대상에서 제외한다.

- 사업장 탈퇴신고서(4대보험 공통서식)

3. 건강보험

사업장의 휴업, 폐업 또는 부도, 도산으로 폐쇄된 사업장이나 사업장의 합병·통합으로 소멸한 사업장, 근로자가 없는 경우 등에는 사유가 발생한 날로부터 14일까지 신고한다.

- 사업장 탈퇴신고서(4대보험 공통서식)

■ 고용보험 및 산업재해보상보험의 보험료징수 등에 관한 법률 시행규칙[별지 제4호서식] <개정 2010.12.22>

국민연금   [   ]사업장 탈퇴신고서
건강보험   [   ]사업장 탈퇴신고서

고용보험   보험관계 ([   ]소멸신고서 [   ]해지신청서)
산재보험   보험관계 ([   ]소멸신고서 [   ]해지신청서)

※ 유의사항 및 작성방법은 뒷면을 참고하여 주시기 바라며, 색상이 어두운 란은 신청인이 적지 않습니다.   (앞면)

접수번호		접수일	처리기간 3일

사업장	사업장관리번호		
	명칭		전화번호
	사업자등록번호		법인등록번호
	소재지		
보험사무 대행기관 (고용·산재)	명칭		번호
사용자(대표자)	성명		주민(외국인)등록번호
	주소 (ㅡ)		전화번호(유선/이동전화)
신고(신청)사유	공통사항 [ ]폐업 [ ]통폐합 [ ]사업 종료 [ ]그밖의 사유		
	국민연금·건강보험 [ ]휴업 [ ]근로자 없음		
	고용·산재보험 [ ]근로자 없이 1년 경과		

사유 발생일자

탈퇴(소멸) 후 우편물 수령지

국민연금	휴업기간		탈퇴일
	통폐합 시 흡수하는 사업장	명칭	사업장관리번호
		소재지	
건강보험	근로자 수		탈퇴일
고용/산재	산재보험	근로자 수	소멸일
	고용보험	근로자 수	소멸일
	거래은행 계좌번호 신고서	은행명	보험료 정산 결과 반환금액이 발생할 경우 입금될 계좌입니다. (통장 사본을 별도로 요청할 수 있습니다).
		계좌번호	

위와 같이 신고(신청)합니다.

	년 월 일
신청인(가입자)	(서명 또는 인)
[ ]보험사무대행기관(고용·산재보험만 해당)	(서명 또는 인)

국민연금공단 이사장/국민건강보험공단 이사장/근로복지공단 지역본부(지사장) 귀하

210mm×297mm[일반용지(재활용품) 60g/㎡]

신고인 (신청인) 제출서류	1. 사업장 탈퇴 사실을 증명할 수 있는 서류 1부(국민연금·건강보험만 해당합니다) 2. 임의적용사업장 해지 신청 시 근로자 과반수의 동의서 1부(고용보험만 해당합니다)	수수료 없음
담당 직원 확인사항	1. 휴업·폐업사실 증명원(사업장이 휴업·폐업하는 경우에만 제출합니다) 2. 법인 등기사항증명서	

행정정보 공동이용 동의서

본인은 이 건 업무처리와 관련하여 담당 직원이 「전자정부법」 제36조제2항에 따른 행정정보의 공동이용을 통하여 휴·폐업사실 증명원을 확인하는 것에 동의합니다.   *동의하지 않는 경우에는 신고인이 직접 관련 서류를 제출해야 합니다.

신고인(신청인) (서명 또는 인)

유의사항

공통사항	가입자가 있는 경우 사업장(직장)가입자 자격상실신고서를 같이 제출해야 합니다.
국민연금	"통폐합"으로 탈퇴하는 경우에는 "흡수하는 사업장"의 사용자가 흡수하는 근로자의 "사업장가입자 자격취득신고서"를 제출해야 합니다.
건강보험	사업장의 합병 또는 분할의 경우에는 가까운 관할지사에 사업장명단 등 필요한 서류를 제출하시기 바랍니다.
고용보험 산재보험	1. 고용·산재보험 신고(신청) 시 "건설업(건설장비 운영업 제외) 및 임업 중 벌목업"의 경우에는 별도 서식을 이용하여 근로복지공단에 제출해 주시기 바랍니다. 2. 고용보험의 경우, 근로자 동의로 보험관계 해지를 신청하려면 근로자 과반수의 동의서를 첨부해야 합니다. 3. 제출된 서식만으로 사실 여부의 확인이 곤란한 경우 관련 서류의 보완 요구가 있을 수 있습니다. 4. 사업주는 사업의 폐지·종료 등으로 보험관계가 소멸한 경우에는 그 보험관계가 소멸한 날부터 14일 이내에 근로자에게 지급한 보수총액 등(보수총액신고서)을 공단에 신고해야 합니다. 5. 「산업재해보상보험법」 제6조 및 「고용보험 및 산업재해보상보험의 보험료징수 등에 관한 법률」 제5조제3항·제4항에 따른 "적용사업(장)"이 보험관계가 소멸되면 「임금채권보장법」 및 「석면피해구제법」에 따른 적용관계도 소멸하게 됩니다.

작성방법

공통사항	1. 각 사회보험 해당 신고(신청) 여부를 "√" 표시 하십시오 2. "신고(신청) 사유"란은 해당 사유 한 가지만 표시 후 사유 발생일자를 적습니다. 3. 신고인(신청인)의 경우 반드시 사용자(대표자)의 서명 또는 날인이 있어야 합니다.
국민연금	사업장이 "휴업"인 경우 휴업기간을 적습니다.

처리절차

신고서(신청서) 제출 → 접수 및 확인 → 신고서(신청서) 처리 → 사업장 내용변경 확인 통지 → 수 령

신고인(신청인)　　　　　　　국민연금공단·국민건강보험공단·근로복지공단　　　　　　　신고인(신청인)

10. 신규입사자의 4대보험 취득신고

1. 개요

구분	고용보험	산재보험	국민연금	건강보험
적용 대상자	근로자	근로자	18세 이상 60세 미만의 근로자 및 사용자	모든 사업장의 근로자 및 사용자와 공무원, 교직원
적용 제외자	• 65세 이후에 새롭게 고용된 자는 실업급여 적용 제외 • 월 60시간 (1주 15시간) 미만자 • 공무원, 교직원 • 별정우체국직원 • 외국인근로자 등	• 공무원연금법 등 타 법령에 의하여 보상을 받는 자 • 건설업자 등이 아닌 자로서 일정 공사금액 미만의 사업장에 근로하는 자 • 가구 내 고용 활동자 등	• 1개월 미만의 일용근로자 • 월 60시간(1주 15시간) 미만의 단시간 근로자 • 법인의 이사 중 과세대상 소득이 없는 자 • 공무원연금법 등 타 법령에 의한 수급자 등	• 1개월 미만의 일용 근로자 • 비상근 근로자·교직원 또는 1개월간의 소정근로시간이 월 60시간 미만인 단시간 근로자, 시간제공무원, 교직원 등 • 의료급여법에 따른 의료급여를 받는 자 등
보수(소득) 월액	계약기간의 총보수액÷근무월수		(계약기간의 총소득(보수)액÷그 기간의 총일수) ×30일	
보험료 부과	근무개시일이 속하는 달부터 부과·징수. 단, 월의 중간에 입사 시 근무일수에 따라 일할 계산하여 부과·징수		자격 취득 월의 다음 달부터 부과·징수. 단, 매월 1일에 자격취득 시 취득 월부터 부과·징수	

2. 취득신고

(1) 신고기한

구분	취득신고기한	신고서류(공통서식)
고용보험	자격을 취득한 달의 다음 달 15일까지	피보험 자격취득신고서
산재보험	고용한 날이 속하는 달의 다음 달 15일까지	근로자 고용신고서
국민연금	자격을 취득한 달의 다음 달 15일까지	사업장가입자 자격취득신고서
건강보험	자격취득일부터 14일 이내	직장가입자 자격취득신고서

(2) 신고방법

4대보험 공통서식을 활용하여 각 공단 또는 고용지원센터에 서면신고를 하거나 정보통신망을 통해 신고할 수 있는데, 신고 대상 근로자 수가 10인 이상인 경우에는 정보통신망을 이용하여야 한다. 4대보험의 사업장 관리번호가 동일한 경우에는 하나의 공통서식으로 작성하여 신고할 수 있으나, 사업장 관리번호가 각각 다른 경우에는 각각 사업장 관리번호별로 작성하여 신고하여야 한다.

3. 고용보험

상시근로자 1인 이상이 있는 사업장은 원칙적으로 고용보험에 가입하여야 한다. 사업주는 입사일의 다음 달 15일까지 공단에 근로자의 성명, 주민등록번호 등을 신고하여야 하는데 예외적으로 월 소정근로시간이 60시간 미만인 자(주 15시간 미만인 자 포함), 공무원, 사립학교교직원, 별정우체국직원, 외국인(임의가입대상 근로자) 등은 신고를 하지 않아도 된다. 부과고지 사업자는 보험료가 월별 부과되기 때문에 산재보험과 같이 월평균보수월액(계약기간의 총보수액 ÷ 근무 개월 수)을 산정하여 가입하여야 한다.

● 피보험 자격취득신고서(4대보험 공통서식)

4. 산재보험

사업주가 근로자를 새로 고용한 경우 그 근로자의 성명 및 주민등록번호 등을 그 근로자를 고용한 날이 속하는 달의 다음 달 15일까지 공단에 신고하여야 한다. 이때 1개월간 소정근로시간이 60시간 미만인 자, 외국인근로자(고용보험 임의가입대상 근로자)에 대하여는 신고하지 않을 수 있다[동 근로자에 대하여 사업주가 별도의 고용정보를 신고하는 경우에는 월별보험료를 산정하고 부과하나, 별도의 신고가 없을 경우 전년도 근로자 고용정보 신고 제외자(그밖의 근로자)에게 지급한 전체 보수총액을 기준으로 보수총액의 1/12를 매월의 기타 근로자 월평균보수로 보아 월별보험료를 산정·부과 함]. 산재보험에만 적용되는 근로자도 고용보험 피보험자격 항목(학력, 직종, 주소정근로시간, 계약직 여부)이 누락되지 않도록 기재하여야 한다. 근로자를 새로 고용한 경우 외에 근로자 고용정보가 보험료 산정의 기초자료가 되므로 다음의 경우에도 공단에 그 고용일에 해당하는 날을 기준으로 '근로자 고용신고서'를 제출하여야 한다.

<사유별 고용일>

사 유	고용일
사업주가 근로자를 새로 고용한 경우	고용한 날
산재보험 적용제외근로자가 산재보험 적용을 받게 되는 경우	적용을 받게 된 날
사업종류 변경으로 자진신고 대상 사업에서 부과고지 대상 사업으로 변경된 경우	변경된 날
해외파견자가 국내 성립된 부과고지 사업장으로 복귀하는 경우	복귀한 날
특수형태근로종사자가 고용관계가 변동되어 일반 근로자가 되는 경우	일반근로자가 된 날
고용정보 신고 제외자가 고용관계가 변동되어 신고 대상이 되는 경우	신고 대상이 된 날
적용제외 사업장이 적용사업장으로 변경되는 경우	보험관계가 성립한 날

최초로 보험이 적용되는 사업장의 '보험관계 성립신고서'의 신고기한은 성립일로부터 14일이고, '근로자 고용신고서'의 신고기한은 다음 달 15일까지로 서로 상이하나, '보험관계 성립신고서'와 '근로자 고용신고서'를 동시에 제출하여야 성립일이 속하는 달의 보험료를 조기에 산정·부과가 가능하다(고용보험 동일). 또한 산재보험과 고용보험의 사업장관리번호가 서로 다른 사업장은 고용보험 '피보험 자격취득신고서'와 산재보험 '근로자 고용신고서'를 각각 작성하여 신고하고, 둘 이상의 사업장에서 각각 근무하는 근로자는 각각의 사업장에서 '근로자 고용신고서'를 제출하여야 한다. 월평균보수는 고용일로부터 1년간(1년 이내의 근로계약기간을 정한 경우에는 그 기간) 지급하기로 정한 보수총액을 해당 근무 개월 수로 나눈 금액으로 한다.

신고서류

● 근로자 고용신고서(4대보험 공통서식)

5. 국민연금

사업장에 1인 이상의 근로자를 사용하게 되면 국민연금 사업장 가입신고를 하여야 한다. 신고 대상인 근로자를 보면 18세 이상 60세 미만의 사용자 및 근로자, 1개월 이상의 일용근로자 또는 월 60시간(주 15시간) 이상 일하는 자, 조기노령연금 수급권자로서 소득 있는 업무에 종사하는 것으로 확인되어 연금지급이 정지된 자 등이 포함되는데, 고용/산재보험과 달리 법인의 이사, 임원 등도 대상자에 포함된다. 보험료 부과는 취득월의 다음 달부터 부과되는데 매월 1일에 자격이 취득되면 그달부터 부과한다.

- 사업장가입자 자격취득신고서(4대보험 공통서식)

6. 건강보험

건강보험의 직장가입자는 모든 사업장의 근로자 및 사용자와 공무원, 교직원이다. 1인 이상의 근로자를 사용하는 사업장은 원칙적으로 직장가입자 신고를 하여야 하나, 1개월 미만 고용된 일용근로자, 월 60시간 미만인 단시간 근로자 등은 대상에서 제외된다. 다른 사회보험과 달리 자격취득일로부터 14일 이내에 신고를 하여야 한다.

직장가입자 자격취득신고서(4대보험 공통서식)

■ 국민연금/건강보험의 단시간 근로자 자격취득시기

사례 1
근로자가 2012.5.10.에 입사하여 만 1개월이 되는 날인 6.9.까지 60시간 이상을 근로하였다면 근로자의 자격취득일은 2012.5.10.이 된다.

사례 2
근로자가 2012.5.4.에 입사하여 5.4.~6.3.까지 월 60시간 미만을 근로하다가 6.4.부터 월 60시간 이상을 근로하게 되면 근로자의 자격취득일은 2012.6.4.이 된다.

■ 국민건강보험법 시행규칙 [별지 제6호서식]

국민연금   [ ]사업장가입자 자격취득신고서
건강보험   [ ]직장가입자 자격취득신고서
고용보험   [ ]피보험 자격취득신고서
산재보험   [ ]근로자 고용신고서

※ 유의사항 및 작성방법은 제1쪽 뒷면을 참고하시기 바라며, 바탕색이 어두운 란은 신고인이 적지 않습니다.   (제1쪽 앞면)

접수번호		접수일		처리기간 3일(고용보험은 5일)	

사업장	사업장 관리번호	명칭	단위사업장 명칭	영업소 명칭
	소재지			우편번호(–)
	전화번호 (유선)	(휴대전화)	FAX번호	
보험사무 대행기관	번호	명칭	하수급인 관리번호(건설공사 등의 미승인 하수급인만 해당함)	

	성명	국적	대표자 여부	[ ]국민연금([ ] 취득월 납부 희망)				[ ]건강 보험	([ ]피부양자 신청) ([ ]사업장으로 건강보험증 발송 희망)					[ ]고용보험(계약직 여부: [ ]예, [ ]아니오) [ ]산재보험						
1	주민등록 번호(외국인 등록번호)	체류 자격	[ ]예 [ ]아니오	소득 월액 (원)	자격취 득부호	자격취 득일	특수직 종부호	보수 월액 (원)	자격 취득 부호	자격 취득일	보험료 / 감면부호	공무원·교직원 회계명/부호	공무원·교직원 직종명/부호	월평균 보수 (원)	직종	자격취 득일	주소정근 로시간	계약종료 연월(계약직 만작성)	비고	보험료 부과 구분 (해당자만) 부호 / 사유
2			[ ]예 [ ]아니오	[ ]국민연금([ ] 취득월 납부 희망)				[ ]건강 보험	([ ]피부양자 신청) ([ ]건강보험증 사업장으로 발송 희망)					[ ]고용보험(계약직 여부: [ ]예, [ ]아니오) [ ]산재보험						
3			[ ]예 [ ]아니오	[ ]국민연금([ ] 취득월 납부 희망)				[ ]건강 보험	([ ]피부양자 신청) ([ ]건강보험증 사업장으로 발송 희망)					[ ]고용보험(계약직 여부: [ ]예, [ ]아니오) [ ]산재보험						
4			[ ]예 [ ]아니오	[ ]국민연금([ ] 취득월 납부 희망)				[ ]건강 보험	([ ]피부양자 신청) ([ ]건강보험증 사업장으로 발송 희망)					[ ]고용보험(계약직 여부: [ ]예, [ ]아니오) [ ]산재보험						

위와 같이 자격취득을 신고합니다.

신고인(사용자·대표자)
[ ]보험사무대행기관

국민연금공단 이사장/국민건강보험공단 이사장/근로복지공단 이사장/○○지방고용노동청장(○○○○지청장) 귀하

년   월   일
(서명 또는 인)
(서명 또는 인)

297mm× 210mm[백상지 80g/㎡]

첨부서류	국민연금	임금대장 사본 또는 선원수첩 사본 등 특수직종근로자임을 증명할 수 있는 서류 1부	수수료 없음
	건강보험	직장가입자의 자격을 얻으려는 사람이 재외국민 또는 외국인인 경우에는 다음의 구분에 따른 서류 가. 재외국민: 국내거소신고증 사본 또는 국내거소신고 사실증명 1부 나. 외국인: 외국인등록증 사본, 외국인등록사실증명, 국내거소신고증 사본(「재외동포의 출입국과 법적지위에 관한 법률」 제2조제2호에 따른 외국국적동포의 경우에만 제출합니다) 또는 국내거소신고사실증명(「재외동포의 출입국과 법적지위에 관한 법률」 제2조제2호에 따른 외국국적동포의 경우에만 제출합니다) 1부	

유의사항

건강보험	피부양자가 있을 때에는 제3쪽의 직장가입자 자격취득신고서(피부양자가 있는 경우)를 작성하시기 바랍니다.
고용보험	임의가입대상 외국인근로자는 "고용보험 외국인 가입·가입탈퇴·피보험자격취득 신청서"로 신청하시기 바랍니다.

작성방법

공통사항	1. 성명 및 주민등록번호(외국인등록번호)란에는 주민등록표(외국인등록증 또는 국내거소신고증)상의 성명 및 주민등록번호(외국인등록번호 또는 국내거소신고번호)를 적습니다. 2. 자격취득일란에는 해당 사업장의 채용일 등을 적습니다. 다만, 국민연금의 경우 자격취득 사유가 사업장 전입인 경우에는 상대 사업장에서의 전출일과 같은 날짜를 적습니다. 3. 신고대상 가입자 또는 근로자별 해당 사회보험(국민연금·건강보험·고용보험·산재보험) 취득 및 고용 여부를 "[ ]"에 "[√]" 표시를 합니다. 4. 외국인의 경우에는 국적, 체류자격(외국인등록증 기재내용)을 적습니다. ※ 건강보험의 경우 재외국민의 "체류자격"은 "C0(유학생의 경우 C9)", "국적"은 이주국가명을 적습니다.
국민연금	1. 특수직종부호는 해당 근로자가 「광업법」 제4조에 따른 광업종사자인 경우 "광원" 또는 「선원법」 제2조에 따른 선박 중 어선에서 직접 어로작업에 종사하는 "부원"인 경우에 해당 부호를 적습니다. 2. 18세 미만의 근로자는 본인이 가입을 희망하고 사용자가 동의한 경우에 사업장가입자로 가입할 수 있습니다. 3. 취득일이 1일인 경우를 제외하고, 취득월의 보험료 납부를 희망하는 경우에는 "[ ]취득월 납부 희망"의 "[ ]"에 [√] 표시를 합니다.
건강보험	공무원·교직원의 경우에만 회계명, 회계부호, 직종명, 직종부호를 적습니다.
고용보험 산재보험	1. 산재보험 관리번호와 고용보험 관리번호가 다른 경우에는 별도 서식에 작성하시기 바랍니다. 2. "월평균보수액"은 연도 중에 월별로 지급이 예상되는 평균보수액을 적습니다(입사 이후 연도 중에 지급이 예상되는 보수 총액을 예상 근무 개월 수로 나눈 금액을 적습니다). 3. 주 소정 근로시간은 주간의 소정 근로시간을 달리하는 경우에는 평균 주 소정 근로시간을 적습니다. 4. 피보험자의 계약직 근로자 여부에 대해 "[ ]"에 "[√]" 표시를 하고, 계약직 근로자인 경우에는 예정된 계약 종료 연도와 달을 적습니다. 근로계약기간이 정해져 있다면 근로(고용)계약 만료일이 속한 달을, 건설공사기간으로 계약을 체결하였다면 예상 공사종료일이 속한 달을, 사업이나 특정업무를 완성하는 것으로 계약을 체결하였다면 예상 완성일이 속한 달을 적습니다. 5. 비고부호와 보험료부과구분은 해당자만 적습니다.

자격취득 부호 등

국민연금	[자격취득 부호] 1. 18세 이상 당연취득(1개월 이상 계속 사용하는 일용직·기한부근로자, 1개월 동안 소정 근로시간이 60시간 이상인 단시간 근로자 등을 포함합니다) 3. 18세 미만 신청 취득(근로자 본인이 원하고 사용자가 동의하는 경우에 적으시기 바랍니다) 9. 전입(사업장 통폐합) 11. 대학시간강사 12. 60시간 미만 신청 취득(근로자 본인이 원하고 사용자가 동의하는 경우에 적으시기 바랍니다) [특수직종 부호] 1. 광원 2. 부원
건강보험	[자격취득 사유] 00. 최초취득 04. 의료급여 수급권자등에서 제외 05. 직장가입자 변경 06. 직장피부양자 상실 07. 지역가입자에서 변경 10. 유공자 등 건강보험 적용 신청 13. 기타 14. 거주불명 등록 후 재등록 29. 직장가입자 이중가입 [보험료 감면부호] 11. 해외근무(전액) 12. 해외근무(반액) 21. 현역 군 입대 22. 상근예비역(현역 입대) 24. 상근예비역(근무) 31.시설 수용(교도소) 32. 시설수용(기타) 41. 섬·벽지(사업장) 42. 섬·벽지(거주지) 81. 휴직

[직종 부호]별지[한국고용직업분류 중 소분류(139개) 직종 현황]를 참고하여 적습니다.
[비고 부호] 01. 대학시간강사 02. 자활근로종사자(「국민기초생활 보장법」 제5조제1항에 따른 수급권자 03. 자활근로종사자(급여특례·차상위계층)
[보험료부과구분 부호]

부호	부과범위				대상근로자	부호	부과범위				대상근로자
	산재보험		고용보험				산재보험		고용보험		
	산재	임채	실업급여	고안직능			산재	임채	실업급여	고안직능	
51	O	O	x	x	09. 고용보험 미가입·외국인근로자 10. 월 60시간 미만 근로자 11. 항운노조원(임채부과대상)	55	x	x	O	O	05. 국가기관에서 근무하는 청원경찰 06. 「선원법」 및 「어선원 및 어선 재해보상보험법」 적용자 07. 해외파견자
52	O	x	x	x	13. 항운노조원(임채소송 승소)	56	x	x	O	x	01. 별정직·계약직 공무원 16. 노조전임자(노동조합 등 금품 지급)
						57	O	x	O	x	14. 시간제·계약직 공무원
54	O	x	O	O	02. 자활근로종사자(급여특례·차상위계층) 03. 현장실습생	58	O	x	x	O	15. 자활근로종사자(국민기초생활보장수급권자)

01. 관리직

011 고위공무원 및 기업 고위임원
012 경영지원, 행정 및 금융 관련 관리자
013 사회서비스 관련 관리자
　　(교육, 법률, 보건 등)
014 문화, 예술, 디자인, 영상 관련 관리자
015 건설 및 생산 관련 관리자
016 정보통신 관련 관리자
017 영업, 판매 및 운송 관련 관리자
018 음식, 숙박, 여행, 오락 및 스포츠 관련 관리자
019 환경, 청소 및 경비 관련 관리자

02. 경영, 회계, 사무 관련직

021 경영 및 행정 관련 전문가
022 회계, 세무 및 감정평가 관련 전문가
023 광고, 홍보, 조사, 행사기획 관련 전문가
024 경영지원 ‥ 행정 관련 사무원
025 생산 관련 ‥사무원
026 무역 및 운송 관련 사무원
027 회계 및 겨리 관련 사무원
028 안내·접　　고객응대, 통계조사 관련 사무원
029 비서 및 사무보조원

03. 금융, 보험 관련직

031 금융, 보험 관련 전문가
032 금융 및 보험 관련 사무원
033 보험 관련 영업원

04. 교육 및 자연과학, 사회과학 연구관련직

041 대학교수(시간강사 포함)
042 장학관 및 교육 관련 전문가
043 자연과학, 생명과학 관련 전문가
044 인문사회과학 관련 전문가
045 자연과학, 생명과학 관련 시험원
046 학교교사
047 유치원교사
048 학원강사 및 학습지 교사

05. 법률·경찰·소방·교도 관련직

051 법률전문가
052 법률 관련 사무원
053 경찰, 소방, 교도 관련 종사자

06. 보건·의료 관련직

061 의사
062 수의사
063 약사
064 간호사 및 치과위생사
065 치료사

066 의료장비 및 치과 관련 기술 종사자
067 의료 및 보건 서비스 관련 종사자
068 의료복지 관련 단순 종사자

07. 사회복지 및 종교 관련직

071 사회복지 및 상담 전문가
072 보육교사, 육아도우미 및 생활지도원
073 성직자 및 종교 관련 종사자

08. 문화, 예술, 디자인, 방송 관련직

081 작가 및 출판 전문가
082 학예사, 사서 및 기록물관리사
083 기자
084 창작 및 공연 관련 전문가
085 디자이너
086 영화, 연극 및 방송 관련 전문가
087 영화, 연극 및 방송 관련 기술 종사자
088 연예인 매니저 및 기타 문화/예술 관련 종사자

09. 운전 및 운송 관련직

091 선박, 항공기 조종 및 관제 관련 종사자
092 철도, 지하철 기관사 및 관련 종사자
093 자동차 운전원
094 물품이동장비 조작원
095 배달원 및 운송 관련 단순 종사자

10. 영업 및 판매 관련직

101 영업원 및 상품중개인
102 부동산 중개인
103 판매원 및 상품대여원
104 계산원 및 매표원
105 노점·이동·방문 판매원 및 판매 관련 및 단순
　　종사원

11. 경비 및 청소 관련직

114 세탁원 및 다림질원
115 계기검침, 수금 및 주차관리 관련 단순 종사자

12. 미용, 숙박, 여행, 오락, 스포츠 관련직

121 이, 미용 및 관련 서비스 종사자
122 결혼 및 장례 관련 서비스 종사자
123 여행 서비스 관련 종사자
124 승무원
125 숙박시설 서비스 관련 종사자
126 오락시설 서비스 관련 종사자
127 스포츠 및 레크레이션 관련 종사자

13. 음식 서비스 관련직

131 주방장 및 조리사
132 식당 서비스 관련 종사자

14. 건설 관련직

141 건축 및 토목 관련 기술자 및 시험원
142 건설구조 관련 기능 종사자
143 건설마감 관련 기능 종사자
144 배관공
145 건설 및 채굴기계 운전원
146 토목 및 채굴 관련 종사자
147 건설 및 광업 관련 단순 종사자

15. 기계 관련직

151 기계공학 기술자·연구원 및 시험원
152 기계장비 설치 및 정비원
153 운송장비 정비원(자동차 제외)
154 자동차정비원
155 금형 및 공작기계 조작원
156 냉난방 관련 설비 조작원
157 자동조립라인 및 산업용 로봇 조작원
158 자동차 및 자동차 부분품 조립원
159 운송차량 및 기계 관련 조립원

16. 재료 관련직

161 금속 및 재료공학 기술자·연구원 및 시험원
162 판금, 제관 및 섀시 관련 종사자
163 단조원 및 주조원
164 용접원
165 도장기 및 도금기 조작원
166 금속가공 관련 장치 및 기계 조작원
167 비금속제조 관련 장치 및 기계 조작원(유리/점토
　　/시멘트/석제품)

17. 화학 관련직

171 화학공학 기술자·연구원 및 시험원
172 석유 및 화학물 가공장치 조작원
173 화학·고무 및 플라스틱 제품 생산기 조작원

18. 섬유 및 의복 관련직

181 섬유공학 기술자·연구원 및 시험원
182 섬유제조기계 조작원
183 섬유가공 관련 조작원
184 의복 제조원 및 수선원
185 재단, 재봉 및 관련 기능 종사자
186 제화 및 기타 직물 관련 기계조작원 및 조립원

19. 전기·전자 관련직

191 전기 및 전자공학 기술자·연구원 및 시험원
192 전공
193 전기, 전자기기 설치 및 수리원
194 발전 및 배전장치 조작원
195 전기 및 전자설비 조작원
196 전기·전자 부품 및 제품 제조 기계 조작원
197 전기·전자 부품 및 제품 조립원

20. 정보통신 관련직

201 컴퓨터 하드웨어 및 통신공학 기술자·연구원
202 컴퓨터 시스템 설계 전문가
203 소프트웨어 개발 전문가
204 웹 전문가
205 데이터베이스 및 정보시스템 운영 전문가
206 통신·방송 장비기사, 설치 및 수리원

21. 식품가공 관련직

211 식품공학 기술자·연구원 및 시험원
212 제과·제빵원 및 떡 제조원
213 식품가공 관련 기능 종사자
214 식품제조 기계 조작원

22. 환경, 인쇄, 목재, 가구, 공예 및 생산단순직

221 환경공학 기술자·연구원 및 관련 시험원
222 산업안전 및 에너지, 기타 공학 기술자·연구원 및 시험원
223 환경 관련 장치 조작원(상하수, 소각)
224 인쇄 및 사진현상 관련 조작원
225 목재, 펄프, 종이가공 및 제조 관련 조작원
226 가구, 목제품 조립 및 제조 관련 종사자
227 공예원, 세공원 및 악기제조원, 기타 기능 종사자
228 간판 제작·설치 및 기타 제조 관련 기계 조작원
229 제조 관련 단순 종사자

23. 농림어업 관련직

231 작물재배 종사자
232 낙농 및 사육 관련 종사자
233 임업 관련 종사자
234 어업 관련 종사자
235 농림어업 관련 단순 종사자

직장가입자 자격취득신고서(피부양자가 있는 경우)

※ 국민건강보험의 피부양자가 있는 경우에 작성하며, 바탕색이 어두운 란은 신고인이 적지 않습니다.

(제3쪽)

| 가입자 성명 | | | | 주민등록번호
(외국인등록번호) | | | |

| | 관계 | 성명 | 주민등록번호
(외국인등록번호) | 장애인 · 국가유공자 | | | | 외국인 | | 추가발급
코드 | 첨부서류
유무 |
				종류부호	등급	등록일	국적	체류자격	체류기간		
피부양자											

위와 같이 직장가입자자격 취득 사항을 신고합니다.

신고인(사용자)

년   월   일

(서명 또는 인)

국민건강보험공단 이사장 귀하

| 첨부
서류 | 1. 가족관계등록부의 증명서 등 가입자와의 관계를 확인할 수 있는 서류 1부.
2. 「장애인복지법」에 따라 등록된 장애인, 「국가유공자 등 예우 및 지원에 관한 법률」 제4조·제73조 및 제74조에 따른 국가유공자 등(법률 제11041호로 개정되기 전의 「국가유공자 등 예우 및 지원에 관한 법률」 제73조의2에 따른 국가유공자 등을 포함한다)으로서 같은 법 제6조의4에 따른 상이등급 판정을 받은 사람과 「보훈보상대상자 지원에 관한 법률」 제2조에 따른 보훈보상대상자로서 같은 법 제6조에 따른 상이등급 판정을 받은 사람임을 증명할 수 있는 서류 1부(해당사항이 있는 경우에만 제출합니다)
3. 피부양자의 자격을 취득하려는 사람이 재외국민 또는 외국인인 경우에는 다음의 구분에 따른 서류
  가. 재외국민: 국내거소신고증 사본 또는 국내거소신고 사실증명 1부
  나. 외국인: 외국인등록증 사본, 외국인등록사실증명, 국내거소신고증 사본(「재외동포의 출입국과 법적지위에 관한 법률」 제2조제2호에 따른 외국국적동포의 경우에만 제출합니다) 또는 국내거소신고사실증명(「재외동포의 출입국과 법적지위에 관한 법률」 제2조제2호에 따른 외국국적동포의 경우에만 제출합니다) 1부 | 수수료
없음 |

작성방법

※ **가입자 신고는 "건강보험직장가입자 자격취득신고서"에 적어야 하며, 추가발급코드는 적지 않습니다.**
1. "관계"는 가입자와의 관계를 적습니다. …… 배우자, 부모, 조부모, 자녀, 손자·손녀 이하, 형제자매, 처부모, 시부모, 사위, 며느리, 증조부모 등
2. "성명 및 주민등록번호"는 피부양자의 성명, 주민등록번호를 적습니다(외국인은 외국인등록번호, 「재외동포의 출입국과 법적 지위에 관한 법률」에 따른 재외국민 및 재외동포는 국내거소신고번호를 적습니다).
3. 장애인 또는 국가유공자인 경우에는 장애 종류 부호 및 등급, 등록일을 적습니다.
   [장애종류 및 국가유공자 등 부호]1. 지체장애인 2. 뇌병변장애인 3. 시각장애인 4. 청각장애인 5. 언어장애인 6. 지적장애인 7. 자폐성장애인 8. 정신장애인 9. 신장장애인 10. 심장장애인 11. 호흡기장애인 12. 간 장애인 13. 안면장애인 14. 장루·요루장애인 15. 간질장애인 19. 국가유공자 등
4. 피부양자가 외국인인 경우에는 국적, 체류자격(외국인등록증 기재내용), 체류기간(외국인등록증 발급일부터 출국 예정일까지)을 적습니다.
   ※ 재외국민의 경우 체류자격은 C0(유학생의 경우에는 C9), 국적은 이주국가명을 적고, 체류기간은 적지 않습니다.
5. 첨부서류가 있는 경우 첨부서류 유무란에 "O"표시를 합니다.

11. 건강보험의 피부양자

1. 피부양자

(1) 대상

직장가입자의 배우자, 직계존속(배우자의 직계존속 포함), 직계비속(배우자의 직계비속 포함) 및 그 배우자, 형제·자매 중 직장가입자에 의하여 주로 생계를 유지하는 자로서 보수 또는 소득이 없는 자를 직장가입자의 피부양자로 한다.

(2) 인정요건

다음의 부양요건과 소득요건을 동시에 충족하는 경우에 피부양자 인정한다.

부양요건	소득요건
• 직장가입자의 배우자, 부모, 자녀 및 형제·자매 −동거와 비동거에 따른 차이 있음(아래표 참조). • 재산세 과세표준액 합이 9억 원(형제·자매 3억)을 초과하지 않는 경우(재산종류: 토지, 주택, 건물, 선박, 항공기) −단, 장애인, 국가유공자로 상이등급을 받은 자, 보훈대상자로 상이등급을 받은 자는 인정	• 사업자등록이 있고 사업소득이 없는 경우(장애인, 국가유공상이자는 500만 원 이하인 경우) • 사업자등록이 없고 사업소득의 연간합계액이 500만 원 이하인 경우 • 이자, 배당소득이 연간합계액이 4,000만 원 이하인 경우

〈구체적인 부양요건〉

가입자와의 관계	부양요건	
	동거 시	비동거 시
1. 배우자	○ 부양 인정	○ 부양 인정
2. 부모인 직계존속 가. 부모(아버지 또는 어머니와 재혼한 배우자 포함)	○ 부양 인정	○ 부모(아버지 또는 어머니와 재혼한 배우자 포함)와 동거하고 있는 형제자매가 없거나, 있어도 보수 또는 소득이 없는 경우 부양 인정
나. 법률상의 부모가 아닌 친생부모(이하 '친생부모'라 한다)	○ 부양 인정	○ 친생부모의 배우자 또는 동거하고 있는 직계비속이 없거나, 있어도 보수 또는 소득이 없는 경우 부양 인정
3. 자녀(법률상의 자녀가 아닌 친생자녀 포함)인 직계비속	○ 부양 인정	○ 미혼인 경우 부양 인정
4. 조부모·외조부모 이상인 직계존속	○ 부양 인정	○ 조부모·외조부모 이상인 직계존속과 동거하고 있는 직계비속이 없거나, 있어도 보수 또는 소득이 없는 경우 부양 인정
5. 손·외손 이하인 직계비속	○ 부모가 없거나, 아버지 또는 어머니가 있어도 보수 또는 소득이 없는 경우 부양 인정	○ 미혼으로서 부모가 없는 경우 부양 인정
6. 직계비속의 배우자	○ 부양 인정	○ 부양 불인정
7. 배우자의 부모인 직계존속	○ 부양 인정	○ 배우자의 형제자매가 없거나, 있어도 동거하고 있는 배우자의 형제자매가 보수 또는 소득이 없는 경우 부양 인정
8. 배우자의 조부모·외조부모 이상인 직계존속	○ 부양 인정	○ 배우자의 조부모·외조부모 이상인 직계존속과 동거하고 있는 직계비속이 없거나, 있어도 보수 또는 소득이 없는 경우 부양 인정
9. 배우자의 직계비속	○ 미혼인 경우 부양 인정	○ 부양 불인정
10. 형제자매	○ 미혼으로 부모가 없거나, 있어도 부모가 보수 또는 소득이 없는 경우 부양 인정	○ 미혼으로 부모 및 형제자매가 없거나, 있어도 부모 및 동거하고 있는 형제자매가 보수 또는 소득이 없는 경우 부양 인정

2. 피부양자 자격취득

(1) 자격취득시기

- 신생아의 경우에는 출생한 날
- 직장가입자의 자격취득일이나 가입자의 자격변동일로부터 90일 이내에 피부양자의 자격취득신고를 한 경우에는 직장가입자의 자격취득일 또는 가입자의 자격변동일
- 직장가입자의 자격취득일 또는 가입자의 자격변동일로부터 90일을 초과하여 피부양자의 자격취득신고를 한 경우에는 법 제12조의 규정에 의해 국민건강보험공단에 피부양자 자격취득신고서를 제출한 날. 다만, 공단이 정하는 본인의 책임이 없는 부득이한 사유로 90일을 초과하여 피부양자 자격취득신고를 한 경우에는 직장가입자의 자격취득일 또는 가입자의 자격변동일

(2) 자격취득신고

자격취득신고 의무자는 직장가입자(사용자 경유 가능)이고 피부양자 인정요건에 해당하게 된 때 지체 없이 신고하여야 한다. 가입자와 동시 신고할 경우는 '직장가입자 자격취득신고서'(피부양자가 있는 경우)를 제출하고, 가입자와 별도 신고할 경우는 '피부양자자격취득·상실신고서'를 제출하면 된다. 이때 주민등록등본만으로 가입자와 피부양자의 관계를 확인할 수 없는 경우 가족관계등록부의 증명서 1부를 별도로 제출하여야 한다.

3. 피부양자 자격상실

(1) 자격상실시기

- 사망한 날의 다음 날
- 의료급여수급권자가 된 날
- 건강보험의 적용을 받고 있는 자로서 '유공자 등 의료보호대상자'가 된 경우에는 건강보험의 적용배제신청을 한 날의 다음 날
- 직장가입자 또는 다른 직장가입자의 피부양자 자격을 취득한 경우에는 그 자격을 취득한 날
- 대한민국의 국적을 잃은 날의 다음 날
- 피부양자 인정기준에 해당되지 아니하는 경우에는 공단이 그 인정기준에 해당되지 아니함을 확인한 날의 다음 날
- 외국인 또는 재외국인으로서 국내에 거주하지 아니하게 된 날의 다음 날
- 피부양자 자격을 취득한 자가 본인의 신고에 의하여 피부양자 자격상실신고를 한 경우에는 신고한 날의 다음 날('06.1.1.부터 적용)

(2) 자격상실신고

직장가입자(사용자 경유 가능)는 피부양자 인정요건에서 제외된 때에는 지체 없이 '피부양자 자격취득·상실신고서'를 제출하여야 한다.

신고서류

- 피부양자 자격취득·상실신고서(직원이 입사 시나 사업장 신규 적용 시는 동시 신고)

■ 국민건강보험법 시행규칙 [별지 제1호서식]

피부양자 자격(취득·상실) 신고서

※ 작성방법은 뒤쪽을 참고하시기 바라며, 바탕색이 어두운 란은 신고인이 적지 않습니다.　(앞쪽)

접수번호	접수일	처리기간	즉시

사업장 (기관)	① 사업장 관리번호	② 사업장 명칭	③ 전화번호

가입자	④ 성명	⑤ 주민등록번호(외국인등록번호)	⑥ 전화번호

	⑦ 관계	⑧ 성명	⑨ 주민등록번호 (외국인등록번호)	⑩ 취득 (상실)년월일	⑪ 취득 (상실) 부호	⑫ 장애인·국가유공자		⑬ 외국인			추가발급 코드
						종류부호 등급	등록일	국적	체류자격	체류기간	
피부양자											

「국민건강보험법 시행규칙」 제2조에 따라 위와 같이 피부양자 자격 취득(상실) 사항을 신고합니다.

　　　　　　　년　　　월　　　일

신고인　　　　　(서명 또는 인)

국민건강보험공단 이사장 귀하

297㎜× 210㎜[백상지 80g/㎡]

| 첨부서류 | 1. 가족관계등록부의 증명서 등 가입자와의 관계를 확인할 수 있는 서류 1부(주민등록표 등본으로 해당 직장가입자와의 관계를 확인할 수 없는 경우에만 제출합니다)
2. 「장애인복지법」 제32조에 따라 등록된 장애인, 「국가유공자 등 예우 및 지원에 관한 법률」 제4조·제73조 및 제74조에 따른 국가유공자 등(법률 제11041호로 개정되기 전의 「국가유공자 등 예우 및 지원에 관한 법률」 제73조의2에 따른 국가유공자 등을 포함한다)으로서 같은 법 제6조의4에 따른 상이등급 판정을 받은 사람과 「보훈보상대상자 지원에 관한 법률」 제2조에 따른 보훈보상대상자로서 같은 법 제6조에 따른 상이등급 판정을 받은 사람임을 증명할 수 있는 서류 1부(해당 사항이 있는 경우에만 제출합니다)
3. 피부양자의 자격을 취득하려는 사람 또는 피부양자의 자격을 상실한 피부양자가 재외국민 또는 외국인인 경우에는 다음의 구분에 따른 서류
　가. 재외국민: 국내거소신고증 사본 또는 국내거소신고 사실증명 1부
　나. 외국인: 외국인등록증 사본, 외국인등록사실증명, 국내거소신고증 사본(「재외동포의 출입국과 법적 지위에 관한 법률」 제2조제2호에 따른 외국국적동포만 해당합니다) 또는 국내거소신고사실증명(「재외동포의 출입국과 법적 지위에 관한 법률」 제2조제2호에 따른 외국국적동포의 경우에만 제출합니다) 1부 | 수수료없음 |

작성방법

① ~ ③: 사업장 및 기관(학교)의 사업장관리번호, 명칭, 사업장 전화번호를 적습니다. 다만, 종전 직장의료보험조합에서 발급한 구 의료보험증을 소지한 경우에는 '①사업장 관리번호'란에 '조합기호' 및 '구 의료보험증 번호'를 적습니다.
　※ 「국민건강보험법」 제110조에 따른 임의계속가입자의 피부양자인 경우에는 작성하지 않습니다.
④ ~ ⑥: 직장가입자의 성명, 주민등록번호(외국인등록번호), 전화번호를 적습니다.(외국인은 외국인등록번호, 「재외동포의 출입국과 법적 지위에 관한 법률」에 따른 재외국민 및 재외동포는 국내거소신고번호를 적습니다).
⑦ : 가입자와의 관계를 적습니다(단, 상실의 경우에는 적지 마십시오).
　※ 배우자, 부모, 조부모, 자녀, 손자·손녀 이하, 형제자매, 처부모, 시부모, 사위·며느리, 증조부모, 계자(繼子), 친생자녀, 친생부모, 시조부모, 처조부모, 손녀사위, 손자며느리 등
⑧ ~ ⑩: 신고 대상 피부양자의 성명, 주민등록번호(외국인등록번호), 취득(상실) 연월일을 적습니다(외국인의 경우 외국인등록번호, 재외국민은 국내거소신고번호를 적습니다).
⑪ : 취득(상실) 부호를 적습니다.
　※ 취득 사유<부호>: 출생<03>, 의료급여수급권자등에서 제외<04>, 직장가입자 변경<05>, 피부양자 상실<06>, 지역가입자에서 변경<07>
　※ 상실 사유<부호>: 사망<02>, 의료급여수급권자로 책정<04>, 유공자 등 건강보험 배제신청<10>, 거주불명 등록<14>, 국적 상실<17>, 외국인(재외국민)으로서 출국<18>, 이민출국<19>, 행방불명<21>, 기타<13>
⑫ : 장애인 또는 국가유공자(6·18자유상이자 포함)인 경우 장애 종류부호 및 등급, 등록일을 적습니다. 다만, 상실의 경우에는 적지 마십시오
　※ 장애 종류 및 국가유공자 등<부호>: 지체장애인<1>, 뇌병변장애인<2>, 시각장애인<3>, 청각장애인<4>, 언어장애인<5>, 지적장애인<6>, 자폐성장애인<7>, 정신장애인<8>, 신장장애인<9>, 심장장애인<10>, 호흡기장애인<11>, 간장애인<12>, 안면장애인<13>, 장루·요루장애인<14>, 간질장애인<15>, 국가유공자 등<19>
⑬ : 외국인의 경우에는 국적, 체류자격(외국인등록증 기재내용), 체류기간(외국인등록증 발급일부터 출국예정일까지)을 적습니다.
　※ 재외국민의 경우 체류자격은 C0(유학생의 경우에는 C9), 국적은 이주국가명을 적고, 체류기간은 적지 않습니다(단, 상실의 경우에는 적지 마십시오).

처리 절차

신고서 작성	→	접수 및 확인	→	신고서 처리	→	자격변경 확인 통지	→	수령
신고인		국민건강보험공단		국민건강보험공단		국민건강보험공단		신고인

12. 4대보험 적용대상 근로자와 적용제외 근로자

근로자의 개념에 관해서는 법률(노동관계법)의 규율목적에 따라 정의가 다르나 산업재해보상보험법과 고용보험법에서는 근로기준법에 규정된 근로자로서 "직업의 종류를 불문하고 사업 또는 사업장에서 임금을 목적으로 근로를 제공하는 자"를 말한다.

1. 고용보험

사업장에 종사하는 모든 근로자가 적용대상이나 다음의 근로자는 적용 제외된다.

(1) 65세 이후에 새롭게 고용된 자

65세 이후에 고용보험 적용사업장에 신규로 취업한 자는 실업급여 적용이 제외된다. 기존에는 65세 이상인 자는 모두가 실업급여가 적용제외되었으나 65세 이상의 장년층 경제활동 참가율과 취업자 비중이 꾸준히 증가하여 실업급여 지급을 통한 재취업 지원의 필요성이 과거보다 커졌기 때문이다. 다만, 65세 이전부터 고용보험에 가입한 근로자가 65세가 넘어 비자발적으로 일을 그만둔 경우에만 실업급여 지급 대상이 된다.

따라서 기존에는 만 64세가 되면 고용보험료 징수가 면제 되었으나 앞으로는 64세가 넘더라도 고용보험료를 계속 납부하여야 한다.

(2) 소정근로시간이 대통령령이 정하는 시간 미만인 자

1월간 소정근로시간이 60시간 미만인 자(1주간 소정근로시간이 15시간 미만인 자 포함). 다만, 생업을 목적으로 근로를 제공하는 자 중 3월 이상 계속하여 근로를 제공하는 자와 1개월 미만의 기간에 고용된 일용근로자는 가입대상 근로자이다.

(3) 특정직종에 따른 적용제외 근로자

① 「국가공무원법」 및 「지방공무원법」에 의한 공무원. 다만, 대통령령으로 정하는 바에 따라 별정직 및 계약직 공무원의 경우는 본인의 의사에 따라 고용보험(실업급여에 한함)에 가입할 수 있다.

■ 「공무원연금법」을 적용받더라도 「국가공무원법」 및 「지방공무원법」에 의한 공무원이 아닌 다음의 자는 적용대상이 된다.
① 「청원경찰법」에 의하여 국가 또는 지방자치단체에 근무하는 청원경찰
② 「청원산림보호직원 배치에 관한 법률」에 의하여 국가 또는 지방자치단체에 근무하는 청원산림보호직원
③ 국가 또는 지방자치단체의 위원회 등의 상임위원과 전임직원으로서 매월 정액의 보수 또는 이에 준하는 급여를 받는 자
④ 기타 국가 또는 지방자치단체의 정규공무원 외의 직원으로서 수행업무의 계속성과 매월 정액의 보수지급 여부 등을 참작하여 안전행정부장관이 인정하는 자

---

② 「사립학교교직원연금법」의 적용을 받는 자

「사립학교교직원연금법」을 적용받는 자는 교직원을 말한다. 다만, 임시로 임명된 자, 조건부로 임명된 자 및 보수를 받지 아니하는 자는 「사립학교교직원연금법」을 적용받지 아니하므로 고용보험 적용대상이다.

(4) 「별정우체국법」에 의한 별정우체국 직원

별정우체국은 정보통신부장관의 위임을 받아 일반우체국과 동일한 업무를 수행하고 이들 사업장에 종사하는 근로자는 공무원연금제도와 유사한 혜택을 받고 있어 적용제외 근로자에 해당된다.

(5) 외국인근로자

원칙적으로 적용제외 근로자이다. 그러나 체류자격이 거주(F-2), 영주(F-5), 결혼이민(F-6)은 강제가입이고, 나머지는 임의가입(일정한 요건의 체류자격을 가진 자가 고용노동부령이 정하는 바에 따라 보험가입을 신청한 자만 해당)과 국가 간 상호주의(법에 따른 고용보험에 상응하는 보험료 및 급여에 관하여 당해 외국인의 본국법이 대한민국 국민에게 적용되는 경우: 주재(D-7), 기업투자(D-8), 무역경영(D-9) 체류 자격에 한함)에 따라 달라진다.

■ 해외파견 근로자의 고용보험

국내사업장(본사)과의 고용관계가 유지된다면 출장이나 주재근무에 관계없이 적용되나, 해외현지법인에서 임금이 전액 지급된다면 기준기간 연장사유에 해당되어 그 기간만큼 기준기간이 연장되며, 독립채산제로 운영되고 있는 해외지점에서 직접 채용되어 근무하는 해외근로자의 경우에는 적용이 제외된다(산재보험은 해외파견자 특례에 의함).

■ 노조전임자

노조전임자란 단체협약 또는 사용자의 동의를 얻어 근로계약에 따른 소정의 근로를 제공하지 않고 노동조합의 업무에만 종사하는 자를 의미하므로 근로자가 노조전임자로 활동하는 기간의 경우 사용자의 지휘·감독을 받지 않고 근로제공의 의무도 없어 고용관계는 유지되나 휴직 중인 상태에 준하는 것으로 보아 산재보험은 원칙적으로 적용이 제외되고 고용보험은 적용대상이다. 산재보험은 근로자휴직신고서를 별도 제출하여야 하나 고용보험은 별도 신고 없이 계속 부과한다. 노조전임자에 대한 급여 부담 주체는 노동조합이므로 4대보험의 원천징수 및 부담 주체도 노동조합이 원칙이다.

---

2. 산재보험

모든 사업장에 종사하는 근로자가 적용대상이나 다음의 근로자는 적용 제외된다.

(1) 「공무원연금법」에 의하여 재해보상이 행하여지는 자

「청원경찰법」에 의하여 국가 또는 지방자치단체에 근무하는 청원경찰은 공무원의 신분은 아니지만 「공무원연금법」을 적용받기 때문에 적용 제외되나 국가 또는 지방자치단체가 아닌 공공단체와 그 관리하에 있는 중요시설 또는 사업장에 근무하는 청원경찰은 「공무원연금법」을 적용받지 못하므로 적용된다.

(2) 「군인연금법」에 의하여 재해보상이 행하여지는 자

(3) 「선원법」 또는 「어선원 및 어선재해보상보험법」에 의하여 재해보상이 행하여지는 자

(4) 「사립학교교직원연금법」의 적용을 받는 자

「사립학교교직원연금법」을 적용받는 자는 교직원을 말한다. 다만, 임시로 임명된 자, 조건부로 임명된 자 및 보수를 받지 아니하는 자는 「사립학교교직원연금법」을 적용받지 아니하므로 산재보험 적용대상이다.

■ 친족

사업주와 동거하고 있는 친족은 임금 및 고용상태의 파악이 어렵고 사회통념상 사업주와 동업관계 또는 생계를 같이하는 관계에 있다고 볼 수 있으므로 원칙적으로 고용 및 산재를 적용하지 않는다. 다만, 그 친족이 같은 사업장에 근무하는 일반 근로자와 동일하게 사업주의 지휘·감독 아래에서 상시 근로를 제공하고 그 대가로 임금형태의 금품을 지급받는 자임이 사실관계를 통해 명확하게 확인된 경우에는 예외적으로 고용 및 산재보험을 적용한다. 따라서 사업주와 동거하지 않는 친족의 경우는 일반적으로 근로자성이 인정되므로 원칙적으로 고용·산재보험이 적용된다.

3. 국민연금

1인 이상의 근로자를 사용하는 사업장은 국민연금 가입대상이나 다음의 근로자는 적용이 제외된다.

(1) 18세 미만 또는 60세 이상의 자

다만, 18세 미만자로서 사용자의 동의를 얻은 경우와 60세 이상이더라도 국민연금 가입 기간이 20년 미만인 자는 65세에 달할 때까지 가입 가능하다.

(2) 1개월 미만의 일용근로자(1개월 이상 계속 사용되는 경우에 적용함)

(3) 월 60시간 미만의 단시간 근로자

다만, 생업을 목적으로 3개월 이상 근로하는 대학교의 시간강사와 사용자의 동의를 받아 근로자로 적용되기를 희망하는 사람은 가입대상이다.

(4) 법인의 이사 중 과세대상 소득이 없는 자

(5) 국민기초생활 보장법에 따른 수급자(당연적용대상으로 변경되었으나 본인이 희망하는 경우 적용제외 가능함)

(6) 공무원, 군인, 사립학교교직원

(7) 노령연금의 수급권을 취득한 자 중 60세 미만의 특수 직종 근로자

(8) 조기노령연금의 수급권을 취득한 자

(9) 소재지가 일정하지 아니한 사업장에 종사하는 자

4. 건강보험

직장가입자는 모든 사업장의 근로자 및 사용자와 공무원, 교직원이 포함되지만 다음의 근로자는 적용이 제외된다.

(1) 1월 미만의 기간에 고용되는 일용근로자

(2) 현역병, 전환복무 된 사람 및 무관후보생

(3) 선거에 의해 취임하는 공무원으로서 매월 보수 또는 이에 준하는 급료를 받지 아니하는 자

(4) 비상근 근로자 또는 1개월간의 소정근로시간이 60시간 미만인 단시간 근로자

(5) 비상근 교직원 또는 1개월간의 소정근로시간이 60시간 미만인 시간제공무원 및 교직원

(6) 소재지가 일정하지 아니한 사업자의 근로자 및 사용자

(7) 근로자가 없거나 비상근 근로자 또는 1개월간의 소정근로시간이 60시간 미만인 단시간근로자만을 고용하고 있는 사업장의 사업주

(8) 의료급여법에 따라 의료급여를 받는 자

(9) 독립유공자예우에 관한 법률 및 국가유공자 등 예우 및 지원에 관
    한 법률에 의하여 의료 보호를 받는 자

■ 아르바이트 학생

통상 학생은 생업을 목적으로 한다고 볼 수 없으나, 휴학을 하고 근로제공에만 전념하거나 근로제공을 주업으로 하고 학업을 병행하는 경우(야간학생)에는 생업을 목적으로 근로를 제공하는 것으로 볼 수 있다. 다만, 1개월간 소정근로시간이 60시간 미만인 주간학생인 경우 통상 생업목적이라고 보기 어렵고 주간학생이라도 1개월간 소정근로시간이 60시간 이상인 자는 근로자성이 부인되지 않는 한 원칙적으로 4대보험 적용대상이다. 다만 방학을 이용한 단기 아르바이트의 경우는 적용을 아니할 수 있다(산재는 적용).

구 분	고 용		산 재		연금/건강		비 고
	실업급여	고안·직능	산재	임채	연금	건강	
65세 이상 근로자	O	O	O	O	×	O	단, 65세 이후 새롭게 고용된 자는 실업급여 적용 제외.
64세 이상 근로자	O	O	O	O	×	O	단, 고용보험료는 징수하지 않음.
60세 이상 근로자	O	O	O	O	×	O	
18세 미만 근로자	O	O	O	O	×	O	
월 60시간 미만 근로자	×	×	O	O	×	×	
외국인근로자	×	×	O	O	O	O	체류자격에 따라 일부 근로자 고용보험 적용. 국민연금 미적용
일용근로자	O	O	O	O	×	×	1개월 미만이면 연금, 건강 미적용(건설업의 경우는 20일 미만이면 연금, 건강 미적용)
아르바이트 학생	×	×	O	O	×	×	월 60시간 이상이면 고용, 연금, 건강 적용
대표이사	×	×	×	×	O	O	
등기임원	×	×	×	×	O	O	

비등기임원	○	○	○	○	○	○	
해외파견자(해외취업선원)	○	○	×	×	○	×	해외파견자는 산재보험 임의가입 가능
노조전임자	○	○	×	×	○	○	고용안정 및 직업능력개발사업 보험료는 면제
육아휴직	○	○	×	×	×	○	
출산전후 휴가	○	○	×	×	×	○	
시간강사	○	○	○	○	○	○	
요양보호사	○	○	○	○	○	○	동거가족 요양보호사는 고용보험 적용제외

13. 근로자 휴직신고

기존의 고용보험에서는 휴직신고가 없었으나 고용보험에서도 휴직신고를 하도록 하여서 해당 사유가 발생하면 4대보험 모두 휴직신고를 하여야 한다. 산재보험은 휴직기간에 보험료를 납부하지 않아도 되고, 연금보험은 납부예외사유, 건강보험은 납입유예사유(휴직기간에 보험료를 납부하지 않고 복직할 경우 보험료를 납부함)가 된다.

구 분	신고기한	신고서류
고용보험	사유 발생일로부터 14일 이내	근로자휴직 등 신고서(고용/산재공통)
산재보험	사유 발생일로부터 14일 이내	근로자휴직 등 신고서(고용/산재공통)
국민연금	사유 발생일의 다음 달 15일까지	연금보험료(납부예외신청, 납부재개신고)서
건강보험	사유 발생일로부터 14일 이내	휴직자 등 직장가입자 보험료 납입고지 유예신청서

1. 고용보험

과거에는 산재보험만 휴직 등의 신고가 있고(산재보험은 휴직기간에 보험료를 산정하지 않음. 즉, 월별보험료와 정산보험료를 모두 부과하지 않음) 고용보험은 없었으나 2012년부터 고용보험도 근로자 휴직 등의 신고가 신설되어 고용보험 또한 근로자에 대해서는 우선적으로 보험료를 부과 징수하지 않으며(월별보험료는 부과하지 않음), 1년 후 보수총액신고 시 지급받은 급여가 있는 경우 보험료를 정산 및 납부하면 된다(보수총액신고 시 산재보험은 휴직기간에 보수를 보수총액에 산입하지 않지만 고용보험은 보수총액에 산입한다). 다만, 휴직 등의 사유가 노조전임자일 경우에는 고용보험의 월별보험료는 부과되며, 휴직기간에 월별보험료가 부과되지 않았다 하더라도 보수가 지급된 경우는 보험료 정산 시 정산보험료로 부과된다. 고용보험 휴직신고는 고용센터가 아닌 근로복지공단에 하여야 하며 신고 방식은 산재보험 휴직 등의 신고와 동일하다.

휴직 등의 신고 사유에는 사업장 사정에 의한 휴업·휴직, 근로자 사정에 의한 휴직, 「근로기준법」 제74조에 따른 보호휴가, 노조전임자, 기타 사유 등이 있다. 휴직신고는 사유 발생일로부터 14일 이내에 공단에 신고하여야 한다. 고용보험 피보험자격취득이 누락된 근로자의 고용보험 근로자 휴직 등의 신고를 하는 경우에는 고용보험 피보험자격취득신고를 먼저 처리한 후에만 신고 가능하다.

신고서류

- 근로자휴직 등 신고서(고용/산재)

2. 산재보험

휴직의 겨우 사업주와의 근로관계는 중단되지 않으나 근로를 제공하지 않으므로 산재보험이 적용되지 않는다. 따라서 반드시 휴직신고를 하여야 보험료가 부과되지 않는다. 즉, 산재보험료의 경우 휴직기간에 발생한 보수에 대해 보험료가 부과되지 않는다(월별보험료 및 정산보험료 모두 부과되지 않음). 휴직신고는 사유 발생일로부터 14일 이내 신고하여야 하며 신고 내용은 성명, 주민번호, 휴업·휴직기간의 시작일 또는 종료일, 휴직사유 등이 있다. 휴직기간이 종료된 근로자의 월평균보수는 휴직일 이전 최종 월평균보수액으로 하며, 보수총액신고 시 휴직 기간의 보수는 산재보험 보수총액에는 산입하지 않고, 고용보험 보수총액에는 산입한다. 노조전임자(사업주로부터 보수를 지급받는 노조전임자 및 노동조합 등으로부터 금품을 지급받는 노조전임자 모두 포함)의 노조전임 기간은 산재보험료를 부과하지 않으므로 근로자 휴직 등의 신고를 반드시 하여야 한다. 다만, 타임오프제 시행에 따른 근로시간 면제자는 노조전임자가 아니므로 휴직 등의 신고 대상이 아니며 해당 기간의 보수 또한 보험료 산정에 포함된다.

- 근로자휴직 등 신고서(고용/산재)

3. 국민연금

(1) 납부예외

국민연금은 휴직 근로자가 발생하는 경우 납부를 면제하여 보험료 부담을 경감받을 수 있다. 납부 예외 사유는 다음과 같다.

① 휴직 중인 경우
- 출산전후 휴가, 육아휴직, 산재요양 등
- 휴직기간 중 임금의 일부가 지급되는 경우에도 납부예외신청 대상에 포함
- 출산전후 휴가는 우선지원대상인 경우(90일), 우선지원 대상이 아닌 경우(30일)

－근로기준법 제46조 제1항의 휴업수당을 받는 경우는 납부예외 대상
  이 아님.

② 병역법에 따른 병역의무

③ 무보수 대표이사인 경우

④ 무급 근로자인 경우

－쟁의행위 등으로 보수가 지급되지 않는 경우를 말하고 임금체불은
  해당 안 됨.

－4개월 이내에서 인정

(2) 납부재개

납부예외 기간이 종료되거나 납부예외기간 중이라도 납부예외 사유가
종료된 경우에는 납부재개신고를 하여야 한다. 휴직자가 복직으로 납부
재개신고 시에는 복직일이 속하는 달의 다음 달부터 연금보험료가 부과
된다(납부예외 사유가 발생한 날이 속하는 달부터 납부예외 사유가 없어
진 날이 속하는 달까지 면제한다).

신고서류

● 연금보험료(납부예외신청, 납부재개신고)서

4. 건강보험

(1) 휴직자 등에 대한 보험료 납입고지 유예와 해지

납입고지 유예신청 시에는 휴직 등의 기간은 보험료가 부과되지 않고,
복직하여 보수가 지급되는 최초의 달에 휴직 전월의 보수월액에 보험료
율을 곱한 금액으로 휴직 등의 기간의 보험료를 산정하고, 휴직기간의

보험료를 일괄 부과하는데 분할납부가 가능하다. 휴직, 군입대, 국외근무, 도서벽지 근무 등 보험료 감면사유가 발생된 경우에는 14일 이내에 신고하는데, 휴직의 경우 '직장가입자 (근무처, 근무내역)변동신고서'와 '휴직자 등 직장가입자 보험료 납입고지 유예신청서'를, 복직 시에는 '직장가입자 복직 및 보험료 분할납부 신청서'와 '휴직자 등 직장가입자 보험료 납입고지 해지신청서', '직장가입자 (근무처, 근무내역)변동신고서'를 작성하여 신고한다. 휴직이 끝나고 복직한 후에 휴직기간 중의 보험료를 납부한다.

(2) 휴직기간의 보험료 경감

① 대상

휴직기간이 1개월 이상인 직장가입자를 대상으로 한다. 휴직자에는 병역을 위한 휴직, 학업을 위한 휴직, 육아휴직, 산재휴직, 질병휴직, 무급노조전임자휴직 등이 있다. 단, 근로를 제공하지 않아 보수의 일부 또는 전부가 지급되지 않는 자, 즉 직위해제자, 무노동무임금자, 기간제 교사의 방학기간 등은 휴직자가 아니므로 휴직자 경감 적용이 되지 않는다.

② 경감률

휴직전월의 보수월액을 기준으로 산정한 보험료의 50%를 경감한다. 유보수 휴직의 경우는 {(휴직전월 보수월액 기준 산정보험료－휴직기간 중 사업장에서 받는 보수월액 기준 산정 보험료) × 50%}를 경감받을 수 있다.

③ 육아휴직

휴직기간 사업장에서 받은 보수와 관계없이 60%를 경감 적용받는다. 출산전후 휴가 기간에 사업장으로부터 받은 급여는 보수에 포함하고, 고용보험에서 지급받는 급여는 보수에서 제외한다. 출산전후 휴가 기간은 연말정산 근무월수에 포함하며, 휴직자 등 직장가입자 보험료 납입고지 유예신청을 할 필요가 없다.

④ 경감적용기간

휴직일이 속하는 달의 다음 달부터 그 사유가 없어진 날이 속하는 달 (복직일이 속하는 달)까지 적용한다. 다만, 휴직일이 매월 1일인 경우 휴직 월부터 적용하며, 복직일이 매월 1일인 경우 복직 월의 전달까지 적용한다. 무보수 휴직 중 다른 사업장에서 근무를 하며 보험료를 납부하였을 경우에는 복직 시 납부하여야 할 보험료와 다른 사업장에서 납부한 보험료를 비교하여 많은 쪽의 보험료를 납부한다.

(3) 휴직자의 보수총액신고

보험료 납입고지 유예기간은 정산(연말정산, 퇴직정산) 대상 기간에서 제외된다. 따라서 보수총액신고서 작성 시 해당 가입자의 전년도 보수총액과 근무월수는 휴직기간을 제외한 기간의 보수총액과 근무월수를 기재한다.

신고서류
- 휴직자 등 직장가입자 보험료 납입고지 유예신청서

고용보험 및 산업재해보상보험의 보험료징수 등에 관한 법률 시행규칙[별지 제22호의8서식] <개정 2012.1.3>
고용·산재보험토탈서비스(http://total.kcomwel.or.kr)에서도 신고할 수 있습니다.

근로자휴직등신고서

※ 뒷면의 유의사항과 작성방법을 읽고 작성하여 주시기 바라며, [ ]에는 해당되는 곳
  에 ✓표를 합니다.   (앞면)

접수번호	접수일	처리기간	3일

사업장		
	사업장관리번호 □□□ ― □□ ― □□□□□ ― □	
	명칭	
	소재지	
	전화번호 / 팩스번호 / E-mail / 휴대전화	

일련번호	성 명	주민등록번호	휴직 시작일	휴직 종료일	휴직사유
		―			[ ] 휴업·휴직(사업장 사정) [ ] 휴직(병가 등 근로자사정) [ ] 근로기준법에 따른 보호휴가 [ ] 노조전임자 [ ] 기타 ( )
		―			[ ] 휴업·휴직(사업장 사정) [ ] 휴직(병가 등 근로자사정) [ ] 근로기준법에 따른 보호휴가 [ ] 노조전임자 [ ] 기타 ( )
		―			[ ] 휴업·휴직(사업장 사정) [ ] 휴직(병가 등 근로자사정) [ ] 근로기준법에 따른 보호휴가 [ ] 노조전임자 [ ] 기타 ( )
		―			[ ] 휴업·휴직(사업장 사정) [ ] 휴직(병가 등 근로자사정) [ ] 근로기준법에 따른 보호휴가 [ ] 노조전임자 [ ] 기타 ( )
		―			[ ] 휴업·휴직(사업장 사정) [ ] 휴직(병가 등 근로자사정) [ ] 근로기준법에 따른 보호휴가 [ ] 노조전임자 [ ] 기타 ( )
		―			[ ] 휴업·휴직(사업장 사정) [ ] 휴직(병가 등 근로자사정) [ ] 근로기준법에 따른 보호휴가 [ ] 노조전임자 [ ] 기타 ( )

「고용보험 및 산업재해보상보험의 보험료징수 등에 관한 법률」 제16조의10제5항, 같은 법 시행령 제19조의5제7항 및 같은 법 시행규칙 제16조의7제1항에 따라 위와 같이 우리 사업장의 근로자가 휴직 등을 하였음을 신고합니다.

년   월   일

신고(신청)인(사용자·대표자)   (서명 또는 인)

    [   ] 보험사무대행기관   (서명 또는 인)

근로복지공단 ○○지역본부(지사)장 귀하

210㎜×297㎜(일반용지 60g/㎡(재활용품))

(뒷면)

1. 이 신고서는 근로자가 휴직 등의 사유로 근로를 제공하지 않는 경우 작성합니다.
2. 고용관계는 유지되면서 휴직하는 경우, 해당 기간 동안의 보수에 대해 산재보험료는 부과되지 않습니다.
3. 고용보험료의 경우 휴직기간 동안의 보수에 대해서 월별보험료는 부과되지 아니하고, 보험료 정산 시 정산보험료에 산입하여 부과됩니다(단, 휴직 등의 사유가 노조전임자일 경우는 고용보험 월별보험료 부과)
4. 노동조합 등으로부터 금품을 지급 받는 노조전임자의 경우 고용보험 고용안정·직업능력개발사업 보험료 부과 제외 대상이므로 별도로 「근로자 고용정보 정정요청서」를 제출하시기 바랍니다.

작성방법

1. 사업장란에 사업장관리번호 등 관련내역을 빠짐없이 기재합니다.
2. "휴직사유"에는 해당항목 [ ]에 'V'표시 합니다. 해당사유가 없는 경우 그밖의 항목에 'V'표시 후 해당사유를 기재합니다.

210㎜×297㎜(일반용지 60g/㎡(재활용품))

연금보험료 [ ]납부예외신청서 [ ]납부재개신고서

※ 뒤쪽의 작성방법 및 유의사항을 읽고 작성하여 주시기 바라며, [ ]에는 해당되는 곳에 √표를 합니다.　　　　(앞쪽)

접수번호	접수일		처리기간	3일

[ ] 지역가입자가 신청(신고) 하는 경우	성명			주민등록번호		
	전화번호(자택)		(회사)		(이동전화)	
	전자우편주소(E-mail)					
	*납부예외신청 시에 작성			*납부재개신고 시에 작성		
	예외사 유 부호	납부 예외일	납부재개 예정일	납부 재개일	소득월액	재개월 납부희망여부	특수직종 부호
						[ ]희망 [ ]미희망	

[ ] 사업장에서 가입자가 신청(신고) 하는 경우	사업장 관리번호			사업장 명칭			전화번호		
	성명	주민 등록 번호	*납부예외신청 시에 작성		*납부재개신고 시에 작성				가입자 확인
			예외사 유 부호	납부 예외일	납부재개 예정일	납부 재개일	소득 월액	재개월 납부희망 여부	특수직 종부호	
								[ ]희망 [ ]미희망		(인)
								[ ]희망 [ ]미희망		(인)
								[ ]희망 [ ]미희망		(인)
								[ ]희망 [ ]미희망		(인)
								[ ]희망 [ ]미희망		(인)
								[ ]희망 [ ]미희망		(인)

「국민연금법」 제91조, 같은 법 시행규칙 제41조에 따라 위와 같이 연금보험료의 납부예외(납부재개)를 신청(신고)합니다.

　　　　　　　　　　　　　　　　　　　　　　　　　　　　　　년　　　　월　　　　일

　　　　　　　　　신청인(신고인)　　　　　　　　　　　　　　　　(서명 또는 인)

국민연금공단이사장　　　　　귀하

예외사유부호

1. 실직　　2. 병역의무수행　　3. 재학　　4. 교정시설 수용　　5. 보호(치료)감호시설 수용　　6. 1년 미만 행방불명
7. 3개월 이상 입원　　8. 자연재해 등으로 보조 (지원)대상　　9. 사업중단　　10. 휴직(기타사유)
11. 재해·사고 등으로 기초생활곤란　　12. 휴직(산전후 휴가·육아휴직)　　13. 휴직(산재요양)　　14. 기타

210mm×297mm[일반용지 60g/㎡(재활용품)]

첨부서류	진단서나 휴직발령서 사본 등 납부 예외 신청사유를 증명할 수 있는 서류 1부(병역의무의 수행으로 인한 경우는 제외합니다)	수수료 없음

작성방법 및 유의사항

1. 연금보험료 납부 예외 신청의 경우에는 "[ ]납부 예외신청서"란에, 납부재개신고의 경우에는 "[ ]납부재개신고서"란에 "✔"표를 하십시오.
2. "납부재개예정일"란에는 지역가입자는 납부 예외기간이 종료되는 일자를, 사업장가입자의 경우에는 복직발령(예정)일자를 납부 예외 신청 시 적으십시오.

<납부예외신청 시에만 적어야 할 사항>
3. "예외사유부호"란에는 앞쪽의 1부터 14까지의 납부예외사유에 해당하는 번호를 적으십시오.
4. "납부예외일"란에는 납부예외사유의 발생으로 연금보험료 납부가 곤란하게 된 날을 적으십시오.

<납부재개소득신고 시에만 적어야 할 사항>
5. "소득월액"란에는 납부예외신청사유가 소멸할 당시 종사하는 업무에서 얻는 소득을 기준으로 소득월액을 적으십시오.
6. 재개월의 납부희망여부는 재개일이 1일인 경우를 제외하고 적습니다.
7. "특수직종부호"란에는 해당 근로자가 「광업법」 제3조에 따른 광업 종사자 중 갱내 근로자인 광원인 경우에는 "1"을, 「선원법」 제2조에 따른 선박 중 어선에서 직접 어로작업에 종사하는 "부원"인 경우에는 "2"를 적으십시오.
8. 착오 등으로 잘못 신고한 경우에는 즉시 정정신고하거나 공단에 문의하시기 바랍니다.

처리절차

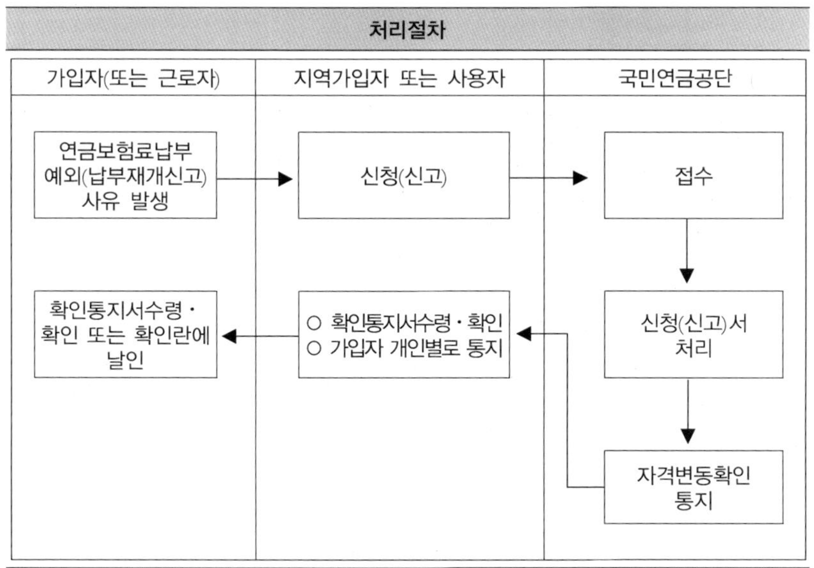

■ 국민건강보험법 시행규칙 [별지 제30호서식]

휴직자등 직장가입자 보험료 납입고지 유예

[ ] 신청서
[ ] 해지 신청서

※ 유의사항 및 작성방법은 뒤쪽을 참고하시기 바라며, 바탕색이 어두운 란은 신청인이 적지 않습니다.

(앞쪽)

접수번호	접수일	처리기간	3일

사업장	사업장관리번호		명칭

① 일련 번호	② 건강보험증 번호	③ 성명	④ 주민등록번호	⑤ 고지 유예 적용일	⑥ 고지 유예 해지 예정일	⑦ 유예사유 (코드)	⑧ 사유별 고지 유예 기간			⑨ 고지 유예 해지일	⑩ 해지 시 보수월액(원)	⑪ 유예기간 중 받은 보수		⑫ 분할 납부 횟수
							유예사유	시작일	종료일			연도	보수 총액(원)	

「국민건강보험법 시행규칙」 제50조에 따라 위와 같이 납입고지 유예 또는 납입고지 유예 해지를 신청합니다.

년   월   일

신청인   (서명 또는 인)

국민건강보험공단 이사장 귀하

297mm×210mm[백상지 80g/㎡]

유의사항

1. 납입고지 유예 해지 전에는 "신청서"와 "해지 신청서"를 동시에 처리할 수 없습니다.
2. 납입고지 유예기간 중 보험료에 대한 분할납부는 납입고지가 유예된 보험료가 해당 직장가입자의 월 보험료의 3회 이상이고, 1회 분할 보험료가 해당 직장가입자의 월 보험료 이상이어야만 분할납부를 할 수 있습니다.
3. 납입고지유예신청 및 해지 신청 시 공단에서 요구하는 근거서류를 제출하여야 합니다.

작성방법

① ～ ④: 일련번호, 건강보험증 번호, 성명, 주민등록번호를 적습니다.
⑤: 납입고지 유예 적용일(사유 발생일)을 적습니다.
⑥: 납입고지 유예 해지 예정일(사유 종료 예정일의 다음 날)을 적습니다.
⑦: 납입고지 유예 사유(코드)를 적습니다.
  [유예 사유 코드] 기타휴직(81), 육아휴직(82), 질병휴직(83), 무급노조전임자휴직(84), 그밖의 사유(89)
  ※ 기타휴직(81)은 육아휴직, 질병휴직, 무급노조전임자휴직을 제외한 나머지 휴직임.
  ※ 그밖의 사유(89)는 휴직 외의 사유로 1개월 이상 보수의 전부 또는 일부가 지급되지 않는 경우를 말합니다.
※ 납입고지 유예를 해지하는 경우에는 아래 항목까지 기재합니다.
⑦: 사유별로 납입고지 유예기간을 정확히 적습니다.
  ※ 전체 납입고지 유예기간에 유예 사유가 2개 이상일 경우에는 사유별로 유예기간을 구분하여 기재합니다.
⑧: 납입고지 유예 해지일을 적되, 해지일은 납입고지 유예 종료일 다음 날입니다.
⑨: 납입고지 유예 해지 시 보수월액을 적되, 보수월액 산정은 신규취득자에 준합니다.
⑩: 납입고지 유예기간에 해당 사업장에서 받은 보수 총액을 연도별로 구분하여 적습니다.
  ※ 유예 사유가 기타휴직(81), 질병휴직(83)인 경우: 휴직기간에 받은 보수는 복직일이 속하는 연도를 기준으로 휴직기간 보수를 적되, 연도가 빠른 순으로 작성하며, 해당 연도 보수가 없는 경우에는 "0"원을 적습니다.
  ※ 무급노조전임자휴직(84)은 휴직기간 중 받은 보수 총액이 "0"원이어야 합니다.
⑪: 납입고지 유예기간 중 보험료의 분할납부 횟수는 최대 10회까지 가능합니다.

처리 절차

신청서 작성	→	접수 및 확인	→	신청서 처리 및 통보	→	수령
신청인		국민건강보험공단				신청인

14. 근로자 정보변경신고

근로자의 성명, 주민등록번호 등이 변경되는 경우에는 변경일로부터 14일 이내(국민연금의 경우 다음 달 15일까지)에 신고를 하여야 한다.

구분	신고기한	신고서류(공통서식)
고용보험	변경일로부터 14일 이내	피보험자 내역변경신고서
산재보험	변경일로부터 14일 이내	근로자 정보변경신고서
국민연금	변경일이 속하는 달의 다음 달 15일까지	사업장가입자 내용변경신고서
건강보험	변경일로부터 14일 이내	직장가입자 내역변경신고서

1. 고용/산재보험

근로자의 성명, 주민등록번호, 휴직종료일 등이 변경된 경우 변경일로부터 14일 이내에 '피보험자 내역변경신고서(고용보험)', '근로자 정보변경신고서(산재보험)'를 신고하여야 한다. 이때 가족관계증명부, 법원판결문, 변경통지서 등을 첨부하여 제출하고, 근무 장소 변경이 있을 경우에는 '근로자 전보신고서'를, 근로자의 월평균보수가 변경된 경우에는 '월평균보수 변경신고서'를 별도로 제출한다.

- 피보험자 내역변경신고서(고용보험, 4대보험 공통서식)
- 근로자 정보변경신고서(산재보험, 4대보험 공통서식)

2. 국민연금

근로자의 성명·주민등록번호가 변경된 경우, 특수 직종 근로자에 해당하게 되거나 해당하지 아니하게 된 경우, 자격취득일자가 변경된 경우에는 변경일이 속하는 달의 다음 달 15일까지 '사업장가입자 내용변경신고서'를 제출하여야 한다. 명백한 착오로 인한 내용정정사유(취득일, 상실일, 기준소득월액 등)에 해당되는 경우에는 '사업장가입자 내용변경(정정)신고서'를 착오 발견 즉시 제출하여야 한다.

신고서류

- 사업장가입자 내용변경신고서(4대보험 공통서식)

3. 건강보험

근로자의 성명 및 주민등록번호가 변경된 경우, 자격취득일자가 변경된 경우에는 변경일로부터 14일 이내에 '직장가입자 내역변경신고서'를 제출하여야 한다. 근무내역 변경이 있을 경우에는 '직장가입자 (근무처, 근무내역)변동신고서'를 별도로 제출하여야 한다.

신고서류

- 직장가입자 내역변경신고서(4대보험 공통서식)

■ 국민연금법 시행규칙 [별지 제13호서식] <개정 2010.12.8>

국민연금　　[　]사업장가입자내용변경신고서
건강보험　　[　]직장가입자내역변경신고서
고용보험　　[　]피보험자내역변경신고서
산재보험　　[　]근로자정보변경신고서

※ 유의사항 및 작성방법은 뒷면을 참고하여 주시기 바라며, 색상이 어두운 란은 신청인이 적지
　 않습니다.　　　　　　　　　　　　　　　　　　　　　　　　　　　　　　　　　　　　(앞면)

접수번호	접수일		처리기간	3일

사업장	사업장관리번호		명칭	
	전화번호		FAX번호	
	소 재 지 　우편번호(-)			

보험사무 대행기관	번호	명칭

하수급인 관리번호	※ 건설공사 등의 미승인 하수급인의 경우만 해당함

연번	성명	주민(외국인)등록번호	변경내용			
			연월일	부호	변경 전	변경 후

건강보험 증 수령지	[　]사업장 주소지　　　　　[　]해당 직장가입자 주민등록표 등본의 주소지

위와 같이 신고합니다.

　　　　　　　　　　　　　　　　　　　　　　　　　　　　　년　　　　월　　　　일

　　　　　　　　　　　　　　　　신고인(대표자)　　　　　　　　(서명 또는 인)

　　　　　　　　　　　　　　[　]보험사무대행기관　　　　　　(서명 또는 인)

국민연금공단 이사장·국민건강보험공단 이사장·
근로복지공단 이사장·○○지방고용노동청장(○○○○지청장) 귀하

210mm×297mm[일반용지(재활용품) 60g/㎡]

유의사항

※ 근무내역 변경이 있을 경우 건강보험은 "직장가입자 (근무처·근무내역)변동신고서"를, 고용·산재보험은 "피보험자 전근신고서"를 별도 해당기관 서식으로 신고하시기 바랍니다.

작성방법

1. 가입자의 성명 및 주민(외국인)등록번호란에는 주민등록표 등본(외국인등록증 또는 국내거소신고증)상의 성명 및 주민등록번호, 외국인등록번호 또는 국내거소신고번호를 적습니다.
2. 변경 연월일 및 부호를 적습니다.
   [내용변경부호]: 1. 성명 2. 주민(외국인)등록번호
   3. 특수직종근로자 해당여부(국민연금만 해당)
   4. 자격취득일자(국민연금·건강보험만 해당)
3. 변경 전 내용과 변경 후 내용을 적습니다.

처리절차

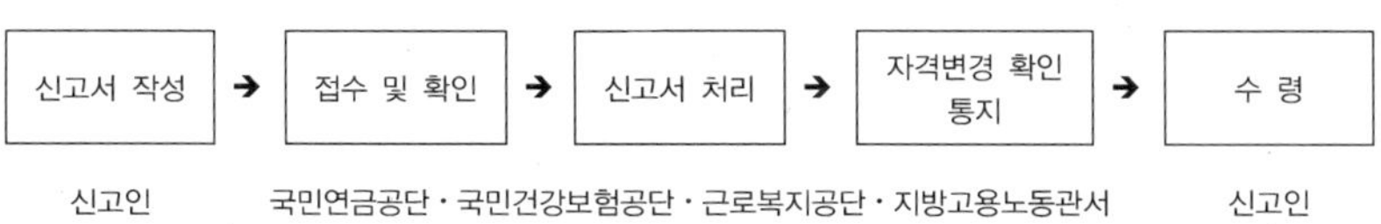

15. 고용정보 정정 신청(고용/산재)

1. 근로자 고용정보 정정신청

근로자의 고용정보를 정정하는 경우 기존에는 고용정보 정정을 요청하는 일반문서를 접수하면 공단에서 확인 후 직권처리하였으나 민원불편이 있어 민원신청을 할 수 있도록 제도가 변경되었다. 고용정보의 정정은 각 기관의 고유 업무이므로 4대보험 공통으로 처리할 수 없다. 따라서 국민연금, 건강보험, 고용보험 가입자 내역 정정은 각각 해당기관으로 신청하여야 한다.

2. 고용정보 정정 대상

(1) 고용보험

휴직시작일, 휴직사유, 보험료부과구분(다만, 자활근로종사자의 보장자격 변경은 고용보험 '피보험자 내역변경신고서'로 신고) 등이 있다. 이외의 고용보험 항목은 고용센터로 별도 신고를 하여야 한다. 주의할 점은 고용보험 피보험자 내역의 정정(고용보험 피보험 자격취득일, 상실일, 전보일의 정정)은 고용노동부 고용센터에 별도로 요청하여야 하나, 고용보

험의 휴직 및 보험료부과구분의 정보(피보험자내역이 아님)는 고용보험
료 부과를 위한 정보이므로 보험료부과기관인 근로복지공단에 정정 신청
하여야 한다.

(2) 산재보험

고용일, 고용종료일, 전보일, 휴직시작일, 휴직사유, 보험료부과구분 등
이 있다.

3. 정정 방법

서면신고는 근로복지공단으로 방문·우편·팩스로 제출하고, 신청 대
상 근로자가 10인 이상인 경우에는 전자신고를 하거나 전자매체에 의한
신청(CD 등)으로 할 수 있다.

4. 노동조합 등으로부터 금품을 지급받는 노조전임자의 신분변동 시 정
정 신청

사업주로부터 보수를 지급받는 노조전임자는 고용보험료가 실업급여
및 고용안정·직업능력개발사업 모두 부과되므로 보험료부과구분 정정
신청에 해당되지 않으나, 노동조합 등으로부터 금품을 지급받은 노조전
임자의 경우에는 고용보험 실업급여에 있어서는 보험료가 부과되므로 신
분변동의 경우(일반근로자⇔노동조합 등으로부터 금품을 지급받은 노조
전임자) 공단에 근로자 고용정보 정정 신청을 하여야 한다. 타임오프제
시행에 따른 근로시간 면제자는 노조전임자에 해당하지 않으므로 '보험
료부과구분 정정 신청'에 해당되지 않는다(근로시간 면제자는 일반근로
자와 동일하게 산재보험료, 고용보험료 모두 부과됨). 변경일에는 일반근
로자⇔노동조합 등으로부터 금품을 지급받는 신분 변경일을 기재하면 되

는데 노동조합 등으로부터 금품을 지급받는 노조전임자의 신분 변동 시에만 변경일을 기재하고 그 외 정보 정정 신청은 고용일로부터 정정 처리되므로 별도로 변경일을 기재하지 않는다.

<보험료부과구분 부호 및 사유>

부호	부과범위				사유(대상근로자)
	산재보험		고용보험		
	산재	임채	실업급여	고안직능	
51	O	O	×	×	09.고용보험 미가입, 외국인근로자 10.월 60시간 미만 근로자 11.항운노조원(임채부과대상)
52	O	×	×	×	13.항운노조원(임채소송승소)
54	O	×	O	O	03 현장실습생 22. 자활근로종사자(급여특례·차상위계층)
55	×	×	O	O	05.국가기관에서 근무하는 청원경찰 06.선원법 및 어선재해보상법적용자 07.해외파견자
56	×	×	O	×	01.별정직·계약직공무원 16.노조전임자(노동조합 등 금품 지급)
57	O	×	O	×	14.시간제·계약직 공무원
58	O	×	×	O	21.자활근로종사자(국민기초생활보장 수급권자)

● 근로자 고용정보 정정신청서(고용/산재보험)

[별지 제22호의9 서식] <신설 2012. 2. 5.>

근로자고용정보정정신청서

접수번호	접수일자		처리기간 3일
사업장관리번호			

사업장	사업장명		전화번호	
	소재지(주소)		FAX번호	

보험구분	근로자성명	주민(외국인) 등록번호	정정 내용				
			변경일 (해당자만 기재)	정정부호	정정 전	정정 후	보험료부과구분정정사유 (해당자만 기재)
□산재 □고용							
□산재 □고용							
□산재 □고용							
□산재 □고용							
□산재 □고용							
□산재 □고용							
□산재 □고용							
□산재 □고용							
□산재 □고용							
□산재 □고용							

[보험구분] 정정부호가 6.휴직시작일, 8. 휴직사유 9. 보험료부과구분 경우에만 해당보험에 √표시(산재, 고용 동시 정정 시 양쪽 모두 √표시)

[정정부호]
‧ 산재보험: 3.고용일 4.고용종료일 5.전보일 6.휴직시작일 8.휴직사유 9.보험료부과구분
‧ 고용보험: 6.휴직시작일 8.휴직사유 9.보험료부과구분 (이 외의 고용보험 항목은 고용센터로 별도 신고 요망)

<유의사항>
1. 이 신청서는 산재보험의 3.고용일 4.고용종료일 5.전보일 6.휴직시작일 8.휴직사유 9.보험료부과구분, 고용보험의 6.휴직시작일 8.휴직사유 9.보험료부과구분(단, 자활근로종사자의 보장자격 변경은 제외) 정정 시에만 해당
2. 보험구분은 정정부호가 6번(휴직시작일), 8번(휴직사유), 9번(보험료부과구분)일 경우만 해당보험에 √ 표시
3. 변경일은 노조로부터 금품을 지급받는 노조전임자의 신분변동(일반근로자↔노조전임자 상호신분변동) 시에만 기재
   (ex. 일반근로자가 노조로부터 금품을 지급받는 노조전임자가 된 경우, 노조로부터 금품을 지급받는 노조전임자가 일반근로자가 된 경우)
4. 국민연금, 건강보험, 고용보험 관련 사항은 별도로 해당기관으로 각각 신고 요망
5. 기재사항에 허위가 있을 경우에는 『고용보험 및 산업재해보상보험의 보험료 징수 등에 관한 법률』제50조에 의거 300만 원 이하의 과태료가 부과될 수 있음.

위와 같이 정정 신청합니다.

    신청인(사업주 또는 보험사무대행기관)   (서명 또는 인)

근로복지공단 ○○지역본부(지사장) 귀하

210mm×297mm(일반용지 60g/㎡(재활용품))

16. 근로자 전보신고

　전보란 동일한 사업주가 운영하는 하나의 사업장에서 다른 사업장으로 근로자의 근무 장소가 변동된 것을 말하는 것으로 근로자가 인사발령 및 해외근무로 소속 사업장 등이 변동되는 경우에는 그 변경일로부터 14일(국민연금은 다음 달 15일까지) 이내에 신고를 하여야 한다.

　신고 내용은 근로자 성명, 주민등록번호, 전보일, 전보 사업장 명칭 및 관리번호, 전보 사유 등이다.

구분	신고기한	신고서류(공통서식)
고용보험	사유 발생일로부터 14일 이내	피보험자 전근신고서
산재보험	사유 발생일로부터 14일 이내	근로자 전보신고서
국민연금	전입일이 속하는 달의 다음 달 15일까지	분리적용 사업장가입자 전입신고서
건강보험	사유 발생일부터 14일 이내	직장가입자 (근무처, 근무내역)변동 신고서

1. 고용/산재보험

(1) 전보신고

근로자가 인사발령으로 동일한 사업주의 하나의 사업장에서 다른 사업장으로 근로자의 근무 장소가 변경된 경우에는 전보에 해당되어 해당 사업주는 그 사유 발생일로부터 14일 이내에 '피보험자 전근신고서(고용보험)'와 '근로자 전보신고서(산재보험)'를 공단에 신고하여야 한다.

(2) 유의사항

① 근로자 고용정보는 사업장관리번호로 처리 및 관리되므로 일괄적용사업장 내의 인사이동은 전보에 해당하지 않으나, 예외적으로 고용보험의 경우 일괄적용사업장 근로자의 사업개시번호가 변동되는 경우에는 전보에 해당된다. 근로자의 전보신고는 사업장 관리번호가 다른 사업장으로 근로자의 근무 장소가 변동된 경우에 전근사업장에서 소재지 관할지사에 신고하여 처리한다.

② 동일 법인이더라도 재단의 지회의 경우 본－지사 관계가 아닌 독립된 사업장이므로 서로 간 인사이동이 있었다 하더라도 전보라 볼 수 없으므로 '근로자 고용종료신고서' 및 '근로자 고용신고서'를 제출해야 한다.

③ 전보 이전 사업장(전보 전 사업장)과 전보 사업장(전보 후 사업장)이 동일한 지사 관할인 경우에도 전보신고를 해야 하고, 전보사업장(전보 후 사업장)이 사업장 관리번호가 없는 경우 새로이 보험관계를 적용한 후에 신고 가능하다.

④ 전보의 경우 사업주와의 근로관계는 중단되지 않으며 전보신고서는 전근사업장(전보 후 사업장)에서 신고하고, 전근사업장(전보 후 사업장) 소재지 관할지사에서 처리한다.

- 피보험자 전근신고서(고용보험)
- 근로자 전보신고서(산재보험)

2. 국민연금

국민연금 사업장에서 전·출입이 발생한 경우 분리 적용 사업장에 해당하는 경우에는 사업장별로 국민연금을 신고 납부하게 되는데, 분리적용 사업장 간의 근로자 인사이동이 발생한 경우에 전입사업장의 사용자는 전입일이 속하는 달의 다음 달 15일까지 '분리적용 사업장가입자 전입신고서'를 관할 지사에 제출하여야 되며, 이 경우 전출사업장에서는 별도의 전출(자격 상실) 신고를 하지 않는다. 분리적용 사업장이 아닌 경우에는 본점에서만 국민연금 일괄적용을 받는 경우는 사업장 내 인사이동이므로 별도의 신고 절차가 없다. 본점과 지점에서 각각 국민연금을 적용받는 경우는 전출사업장에서는 자격상실신고를 전입사업장에서는 취득신고를 하여야 한다.

- 분리적용 사업장가입자 전입신고서

3. 건강보험

(1) 개요

모사업장 또는 단위 사업장 지정신고를 하지 않은 경우에 전·출입이 발생하면 전출사업장에서는 자격상실을 하고, 전입사업장에서는 자격취득신고를 하여야 한다. 그러나 모사업장 또는 단위사업장 지정신고를 한 경우에는 모사업장 내 또는 단위사업장 내에서 인사이동으로 근로자의 근무처가 변동된 경우, 전입사업장의 사용자는 해당 사유 발생일부터 14일 이내에 '직장가입자 (근무처, 근무내역)변동신고서'를 관할 지사에 제출하여야 하며, 이 경우 전출사업장에서는 별도의 자격상실신고를 하지 않는다. 단위사업장 내 인사이동은 자격취득, 상실 절차 없이 자격이 연계되나 단위사업장 간 인사이동의 경우에는 전입사업장은 직장가입자자격취득신고를, 전출사업장은 직장가입자 자격상실신고를 별도로 하여야 한다.

(2) 근무처와 근무내역 변동

① 근무처 변동

자격취득·상실 절차 없이 자격이 연계가 되는데 그 사유로는 인사이동으로 신분의 변동 없이 근무처가 변경된 공무원[단, 공무원과 군인, 공무원과 교직원, 교직원과 교직원(모사업장은 가능) 전출·입은 제외], 모사업장 내의 인사이동으로 전출·입된 근로자 또는 교직원, 단위사업장 내의 인사이동으로 전출·입된 근로자 또는 공무원·교직원의 경우가 있다.

② 근무내역 변동

해외근무, 현역군입대, 보충역·상근예비역의 교육소집기간, 시설수용, 섬·벽지 근무 또는 거주자 등의 사유가 발생할 경우 근무내역 변동 사유가 되며 이때 보험료가 감면 또는 면제된다.

구분		경감비율	비고
국외근무자 (북한지역 근무자 포함)	피부양자가 있는 경우	감면 50%	가입자만 급여정지
	피부양자가 없는 경우	면제	가입자 급여정지
현역병·재소자 시설수용자	피부양자가 있는 경우	면제	가입자만 급여정지
	피부양자가 없는 경우	면제	가입자 급여정지
상근예비역·보충역(교육소집기간만 해당)		면제	교육소집기간만 급여정지
도서·벽지근무 또는 거주자		감면 50%	급여인정
군인		감면 20%	급여인정

신고서류

- 직장가입자 (근무처, 근무내역)변동신고서

■ 고용보험 및 산업재해보상보험의 보험료징수 등에 관한 법률 시행규칙[별지 제22호의9서식]
　<신설 2010.12.22>

고용보험　　　[　]피보험자 전근신고서
산재보험　　　[　]근로자 전보신고서

※ 뒷면의 유의사항을 읽고 작성해 주시기 바라며, [　]에는 해당되는 곳에 "√" 표를 합니다.

접수번호		접수일	처리기간 3일
사업장	사업장관리번호		명칭
	소재지		전화번호
	팩스번호	전자우편주소	휴대전화

	구분	성 명	주민등록번호	전근일
피보험자 (근로자)	[]고용 []산재			년　　월　　일
	[]고용 []산재			년　　월　　일
	[]고용 []산재			년　　월　　일
	[]고용 []산재			년　　월　　일
	[]고용 []산재			년　　월　　일

전근이전사업장	사업장관리번호	
	명칭	관할 지방고용노동관서
	소재지　　　　　(전화번호:　　　　　　)	
	하수급인관리번호(건설공사 등의 미승인 하수급인에만 해당함)	
	사무조합번호	사무조합명

전근 사업장	사업장관리번호	
	명칭	관할 지방고용노동관서
	소재지　　　　　(전화번호:　　　　　　)	
	하수급인관리번호(건설공사 등의 미승인 하수급인에만 해당함)	
	사무조합번호	사무조합명

위와 같이 우리 사업장의 근로자가 전근(전보)하였음을 신고합니다.

년　　　　월　　　　일

신청인(대표자)　　　　　　　　　　　　　　　　　　　(서명 또는 인)

[　]보험사무대행기관　　　　　　　　　　　　　　(서명 또는 인)

○○지방고용노동청(○○○○지청)장/근로복지공단 ○○지역본부(지사)장 귀하

유의사항

1. 이 신고서는 근로자가 근무하는 장소가 동일한 사업주의 하나의 사업장에서 다른 사업장으로 변동된 경우 작성합니다.
2. 전근 사업장(전보 후 사업장)을 관할하는 지방고용노동관서 및 지사로 제출하시기 바랍니다.
3. 위 민원의 처리 결과에 대한 만족도 조사 및 관련 제도 개선에 필요한 의견조사를 위해 귀하의 전화번호(휴대전화)로 전화조사를 할 수 있습니다.

210mm×297mm[일반용지 60g/㎡(재활용품)]

[별지 제10호서식] ＜변경 2007.9.10. 개정 2008.1.23.＞

(앞쪽)

		차장	팀장	지사장
* 접수번호	결재			
	처리	조회필	입력필	확인필

국민연금
분리적용 사업장가입자 전입신고서

작성자(담당자)　　　　(인)

사업장관리번호	사업장명칭	전화번호
□□□ - □□□□□ - □ - □□		－

일련번호	성명	주민(외국인)등록번호	전입(변동)일자 년	월	일	전출(분리시키는) 사업장관리번호 및 명칭
		－				
		－				
		－				
		－				
		－				
		－				
		－				
		－				
		－				
		－				

	총계	명

「국민연금법」제21조제1항 및 동법 시행규칙 제56조의 규정에 의하여 위와 같이 분리적용 사업장가입자의 전입신고를 합니다.

접수인

신고일　　　　　.　　　　　.

신고인(사용자)　　　　　　　　(서명 또는 인)

국민연금공단 이사장 귀하

* 기재요령은 뒷쪽을 참조하십시오.

210mm×297mm 신문용지54g/㎡

분리적용 사업장가입자 전입신고서는 아래와 같이 처리됩니다.

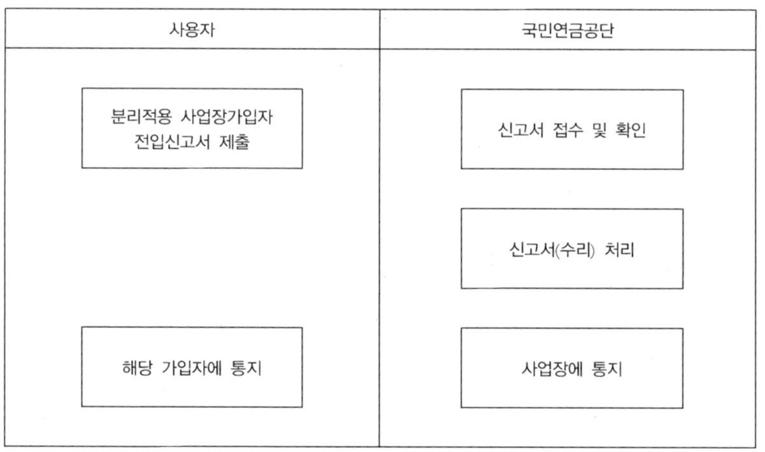

기재요령

1. * 표는 기재하지 마십시오.
2. "성명"란과 "주민(외국인)등록번호"란에는 주민(외국인)등록표상의 성명 및 주민(외국인)등록번호를 기재 하십시오.
3. 기타 상세한 사항은 관할 지사로 문의하십시오.

유의사항

1. 분리적용 사업장간의 전출입 신고는 전입사업장에서만 하시면 됩니다.
2. 전입일자는 "분리시키는 사업장"에서 전출된 일자와 같습니다.

(앞면)

직장가입자 (근무처, 근무내역)변동신고서

접수일	
일련번호	

사업장 (기관)	① 관리번호	
	② 명칭	
	③ 전화번호	

연번	④ 성명	⑤ 주민(외국인)등록번호	⑥ 변동부호	⑦ 변동일자	전근무처	근무처, 근무내역 변동내역				
					⑧ 전근무처기호	⑨ 단위사업장 기호	⑩ 영업소 기호	⑪ 회계 부호	⑫ 직종 부호	⑬ 감면 (해제)사유
1										
2										
3										
4										
5										

위와 같이 변동 사항을 신고합니다.

20

사용자　　　직인

국민건강보험공단 ○○지사장 귀하

주) 진한부분은 작성하지 마시고, 작성요령은 뒷면을 참고하시기 바랍니다.

297㎜×210㎜(일반용지　60g/㎡(재활용품))

직장가입자 근무처, 근무내역 변동신고서 기재요령

【공 통】
① ~ ③: 사업장 또는 기관의 관리번호, 명칭, 전화번호를 기재합니다.
④ ~ ⑤: 가입자의 성명, 주민(외국인)등록번호를 기재합니다.(외국인의 경우 외국인등록번호, 재외국민은 국내거소신고번호를 기재합니다.)
⑥ ~ ⑦: 변동부호를 기재하고, 변동 연월일을 기재합니다.
♣ 변동부호: 전입(전입기관보험료납부)<1>, 전입(전출기관보험료납부)<61>, 회계직종변경<2>, 감면(해제)사유 발생<3>, 단위사업장변동<4>, 영업소변동<5>

【변동사유: 전입(전입기관보험료납부)<1>, 전입(전출기관보험료납부)<61>일 경우】
⑧ : 전근무처 기호를 기재합니다.
※ 근무처 변동으로 보수월액이 변동된 경우에는 「직장가입자보수월액변경신청서」를 작성하여 주시기 바랍니다.

【변동사유: 회계ㆍ직종변경<2>일 경우】
⑪ ~ ⑫: 변동된 회계부호와 직종부호를 기재합니다.
※ 근무처 변동으로 보수월액이 변동된 경우에는 「직장가입자보수월액변경신청서」를 작성하여 주시기 바랍니다.

【변동사유: 감면(해제)사유 발생<3>일 경우】
⑬: 감면(해제)사유 부호를 기재합니다.
※ 감면(해제)사유<부호>
　해외근무(전액)<11>, 해외근무(반액)<12>, 군입대<21>, 상근예비역(훈련)<22>, 공중보건의(예비역훈련)<23>, 특수시설수용<31>, 도서벽지(사업장)<41>,
　도서벽지(거주지)<42>, 도서벽지(파견지)<43>, 기타휴직<81>, 육아휴직<82>, 질병휴직<83>, 감면해제(도서벽지)<98>, 감면해제(도서벽지 제외)<99>
※ 휴직 후 복직신고할 경우에는 「직장가입자 복직 및 보험료 분할납부 신청서」를 작성하여 주시기 바랍니다.

【변동사유: 단위사업장 변동<4>일 경우】 : ‘납부단위’를 구분하여 관리하지 않는 근로자 사업장은 기재하지 않습니다.
⑨ : -공무원 및 교직원 사업장: 변동된 단위기관 기호를 기재합니다.
　-근로자 사업장: 납부단위를 구분하여 관리 시, 변동된 납부단위 기호를 기재합니다.

【변동사유: 영업소변동<5>일 경우】 : 영업소를 관리하지 않는 사업장은 기재하지 않습니다.
⑩: 변동된 영업소 기호를 기재합니다.

17. 근로자 자격상실신고

사업장에서 근로자가 사망, 퇴사 등의 사유로 자격이 상실된 경우 자격 상실일이 속하는 달의 다음 달 15일까지(건강보험은 자격 상실일로부터 14일 이내) 신고를 하여야 한다. 신고를 늦게 하는 경우 보험료가 부과될 수 있으니 기일을 반드시 지키는 것이 좋다.

구분	신고기한	신고서류(공통서식)
고용보험	고용관계가 종료한 달의 다음 달 15일까지	피보험 자격상실신고서
산재보험	고용관계가 종료한 달의 다음 달 15일까지	근로자 고용종료신고서
국민연금	자격 상실일이 속하는 달의 다음 달 15일까지	사업장가입자 자격상실신고서
건강보험	자격 상실일로부터 14일 이내	직장가입자 자격상실신고서

1. 고용/산재보험

(1) 상실신고

고용관계가 종료한 달의 다음 달 15일까지 공단에 신고해야 하는데 신고 내용은 성명, 주민번호, 주소, 고용관계가 종료된 날, 보수총액 등이다. 자격 상실일은 퇴사, 사망한 경우는 사유 발생일의 다음 날이나 고용/

산재보험 적용제외근로자에 해당하는 경우, 보험관계가 소멸하는 경우 등에서는 해당 사유가 발생한 날이 된다. 고용보험 피보험 자격상실신고서 작성 시 유의할 점은 상실 사유 및 구분코드는 실업급여 수급자격 제한 여부를 판단하기에 상실 사유를 정확히 기재하여야 한다. 상실 사유가 허위인 경우 300만 원 이하의 과태료가 부과될 수 있으며, 앞으로 고용노동부에서도 과태료 부과에 엄격해지고 있다. 근로자가 고용관계가 종료되는 경우 퇴직한 달의 근무일수에 따라 일할 계산한 월별보험료를 산정·부과하고 보험료 정산은 다음 연도 3월 15일까지 하는 보수총액신고로 정산한다.

<사유별 고용종료일>

사유	고용종료일
근로자가 퇴사한 경우	퇴사한 날의 다음 날
근로자가 사망한 경우	사망한 날의 다음 날
적용근로자가 적용제외근로자가 되는 경우	적용 제외된 날
사업종류 변경으로 부과고지 대상 사업에서 자진신고 대상 사업으로 변경된 경우	변경된 날
국내성립사업장 소속 근로자가 해외로 파견되는 경우	국내사업장에서 고용관계가 끝나는 날의 다음 날
보험관계가 소멸한 경우	보험관계가 소멸한 날

(2) 신고 내용

고용 신고와 마찬가지로 고용 종료 시에도 근로자의 성명, 주민등록번호 및 주소, 고용관계가 종료된 날(보험자격의 상실일), 근로자에게 지급한 보수총액 등을 신고하여야 한다.

(3) 신고방법

보험관계가 소멸한 경우 '보험관계 소멸 신고서'의 신고기한은 소멸일로부터 14일이고, '근로자 고용종료신고서'의 신고기한은 다음 달 15일까지로 서로 상이하나, '보험관계 소멸 신고서'와 '근로자 고용종료신고서'를 동시에 신고(보수총액신고서도 함께 신고)하는 것이 보험료 산정을 조기에 정산할 수 있다. 고용보험 사업장관리번호와 산재보험 사업장관리번호가 같은 경우는 한 장에 작성하고 다를 경우에는 다른 장에 기재하여야 한다. '근로자 고용종료신고서'에 기재된 당해 연도 보수총액은 보험료 정산 시 사용되지 않고 3월 15일 보수총액신고 시 정산된다.

(4) 특별한 경우

① 산재보험과 고용보험이 동시에 적용되는 근로자였다가 어느 하나의 보험에서 적용 제외되는 근로자의 경우

㉠ 만 65세 이상 근로자

산재보험은 별도 신고 필요 없이 산재보험 계속 적용 및 보험료 부과되고, 고용보험의 경우에 기존에는 별도의 고용보험 "피보험자격상실신고서" 제출 없이 고용노동부에서 직권으로 자격상실 처리하였으나 2013년 6월 4일부터는 65세 이상인 자(65세 이후 새롭게 고용된 자는 제외)도 고용보험이 적용된다. 따라서 65세 이상인 자도 고용/산재보험은 그대로 적용된다.

㉡ 해외파견자(해외취업선원 등)

－산재보험 특례에 가입하지 않은 경우: 산재보험은 국내성립사업장에서는 해외파견 시에 '근로자 고용종료신고서'를 제출(고용종료일은

국내성립사업장 마지막 근무일의 다음 날)하고, 국내 성립사업장 복귀 시에 '근로자 고용신고서'를 제출(고용일은 국내성립사업장 복귀일)하면 되고 해외파견 사업장에는 별도 신고할 필요가 없다.

－산재보험 특례에 가입한 경우: 해외파견 시 국내 사업장에 '근로자 고용종료신고서'를 제출(고용종료일: 국내성립사업장 마지막 근무일의 다음 날)하고, 국내 성립사업장 복귀 시에 '근로자 고용신고서'를 제출(고용일: 국내성립사업장 복귀일)하며, 해외파견 사업장에는 '해외파견자산재보험가입신청서'를 제출하면 된다. 이때 별도로 '근로자 고용신고서'를 제출하지 않으며 해외파견 종료 시에도 '근로자 고용종료신고서'를 제출하지 않는다.

ⓒ 노조전임자의 경우에 산재보험은 근로자휴직신고서를 별도 제출하여야 하나 고용보험은 별도 신고 없이 계속 부과된다.

② 사업장이 합병되는 경우

흡수 또는 분리되는 사업장에는 보험관계 소멸 신고(보험관계가 소멸하지 않는 경우는 제외)와 근로자 고용종료신고를 하고, 합병하는 사업장에는 보험관계 성립신고(기 성립된 사업장인 경우는 제외)와 근로자 고용신고를 하면 된다. 단, 민원편의를 위해 전보처리가 적합하다고 판단되는 경우(예: 동일한 사업주 내에서 사업장이 합병되는 경우 등) 전보로 처리 가능하다.

신고서류

- 피보험 자격상실신고서(고용보험, 4대보험 공통서식)
- 근로자 고용종료신고서(산재보험, 4대보험 공통서식)

2. 국민연금

국민연금은 사용관계의 종료, 근로자의 사망, 60세 도달, 월 60시간 미만 근로 등의 사유로 자격 상실 신고를 하여야 한다. 자격 상실일은 사유가 발생한 날의 다음 날이 된다. 다만, 60세 미만 특수직종 근로자가 노령연금수급권을 취득한 때, 60세 미만자로서 조기노령연금 수급권을 취득한 때, 다른 공적연금을 가입한 경우에는 그 해당 일이 자격 상실일이 된다. 근로계약이 없는 일용직(단시간) 근로자가 계속 근로 중 월 60시간 미만을 사유로 자격상실신고를 하는 경우에는 월간 근로시간이 60시간 미만인 경우에 한하여 '해당 월 기산일'로 상실처리하며, 분리적용 사업자 간에 전출된 자는 전출당일이 자격상실일이 된다. 고용, 산재, 건강보험의 경우에는 퇴직 시 보험료의 정산이 이루어져야 하기에 보수총액신고가 병행되나, 연금의 경우는 정산개념이 없기에 상실일만 기재하면 된다. 보험료는 퇴사한 날이 속하는 달까지 납부하여야 한다.

신고서류

- 사업장가입자 자격상실신고서(4대보험 공통서식)

3. 건강보험

건강보험은 근로자가 사망한 날, 사업장에서 퇴사한 날의 다음 날이 자격상실이 되나 의료수급권자가 된 날, 유공자 등 의료보험 보호대상자가 건강보험 적용배제신청을 한 경우에는 적용배제신청을 한 날이 자격상실이 된다. 보험료는 퇴사일이 속하는 달까지 납부하여야 하고, 당해 연도에 매월 납부한 보험료는 전년도 보수를 기준으로 산정 부과된 것이므로 당해 연도에 지급한 총보수를 기준으로 건강보험료를 다시 정산하여 그 차액에 대하여 추가징수 또는 환급하여야 한다. 사용자는 직장가입자 자격상실신고 외에 퇴직 시 보수총액 통보서를 작성하여 신고하는데 그 이유는 기 납부한 보험료와 납부해야 할 보험료의 차액을 정산하기 위함이다. 상실신고를 할 경우 해당연도 보수총액과 산정월수를 기재하여야 하는데 신고서에서 전년도 보수총액신고란은 매년 2월 보수총액을 신고한 경우 기재하지 않아도 된다.

- 직장가입자 자격상실신고서(4대보험 공통서식)

■ 국민/건강보험의 단시간 근로자 자격상실일

사례 1
2012.10.5.부로 국민연금 가입자격을 취득한 단시간 근로자 A가 2012.10.5.~11.4. 그리고 11.5.~12.4.까지 월 60시간 이상 근로하다가 12.5.에 퇴사함.
→ A의 자격상실일은 퇴사일의 다음 날인 12.6.이 된다.

사례 2
2012.9.5.부로 국민연금 가입자격을 취득한 단시간 근로자 B가 9.5.~10.4. 그리고 10.5.~11.4.까지는 월 60시간 이상을 근로하다가 11.5.~12.4.까지 월 60시간 미만 근로함.
→ B의 자격상실일은 근로자에서 제외된 날(해당 월의 기산일)인 11.5.이 된다.

[별지 제7호서식] <개정 2011.12.8>

국민연금　　　[　]사업장가입자자격상실신고서
고용보험　　　[　]피보험자격상실신고서

건강보험　　　[　]직장가입자자격상실신고서
산재보험　　　[　]근로자고용종료신고서

※ 유의사항 및 작성방법은 뒷면을 참고하여 주시기 바라며, 색상이 어두운 란은 신청인이 적지 않습니다.　　　(앞면)

접수번호		접수일	처리기간 3일(고용보험은 7일)
사업장	사업장관리번호	명칭　전화번호	FAX번호
	소재지		우편번호(　　－　　)
보험사무 대행기관	명칭	번호	하수급인 관리번호(건설공사 등의 미승인 하수급인에 한함)

연번	성명	주민(외국인) 등록번호	전화번호 (휴대전화번호)	국민연금			건강보험							[　]고용보험 [　]산재보험			
				상실 연월일	상실 부호	초일취득· 당월 상실자 납부 여부	상실 연월일	상실 부호	연간 보수총액				퇴직 전 3개월간 평균보수	상실 연월일	상실사유		해당 연도 보수 총액
									해당 연도		전년도				구체적 사유	구분 코드	
									보수 총액	산정 월수	보수 총액	산정 월수					
						희망[ ]											
						희망[ ]											
						희망[ ]											
						희망[ ]											
						희망[ ]											
						희망[ ]											
						희망[ ]											

위와 같이 자격상실신고를 합니다.

년　　　월　　　일

신고인·확인인(사용자·대표자)　　　　　　　　(서명 또는 인)
/ [　]보험사무 대행기관　　　　　　　　　　(서명 또는 인)

국민연금공단 이사장/국민건강보험공단 이사장/근로복지공단 이사장/○○지방고용노동청장(○○○○지청장) 귀하

297mm× 210mm[일반용지 60g/㎡(재활용품)]

유의사항

국민연금	사용자는 소재불명 등으로 상실자에게 통지가 불가능한 때에는 그 사실을 공단에 통지해야 합니다.
건강보험	1. 건강보험 가입자가 퇴직으로 이 신고서를 제출한 경우에는 「국민건강보험법 시행규칙」 제3조제1항의 별지 제2호서식(건강보험 지역가입자자격취득·변동신고서)은 제출하지 아니합니다. 2. 외국인 당연적용제외 신청을 하는 경우에는 「국민건강보험법 시행규칙」 제45조제4항제1호나목 및 제2호다목에 따른 재외국민 및 외국인 건강보험 가입제외 신청서를 별도로 제출해야 합니다.
고용보험 산재보험	1. 고용보험의 경우 임의가입대상 외국인근로자는 "고용보험 외국인 가입·가입탈퇴·피보험자격취득 신청서"로 신청하여 주시기 바랍니다. 2. 앞면 신고사항을 허위로 신고한 경우에는 「고용보험법」에 따라 300만 원 이하의 과태료가 부과될 수 있으며, 이로 인하여 실업급여를 부정하게 받은 경우 사업주도 연대하여 책임지며 형사처벌도 받을 수 있습니다. 3. 실업급여를 지급 받을 수 있는 기간은 퇴직(이직)일의 다음 날부터 12개월 동안입니다.

작성방법

공통사항	"성명" 및 "주민(외국인)등록번호"란에는 주민등록표(외국인등록증 또는 국내거소신고증)상의 성명 및 주민등록번호(외국인등록번호 또는 국내거소신고번호)를 적습니다.
국민연금	1. "상실 연월일"란에는 자격 상실 사유 발생일(해당 사업장에서의 퇴직일, 사망일 등)의 다음 날을 적습니다. 다만, 자격 상실 사유가 사업장 간의 전출인 경우에는 상대 사업장에서의 자격 취득일인 전입일을, 상실 부호가 6·15·16·20인 경우에는 해당 일을 적으십시오. (예) −퇴직일/상실일: 1월31일/2월1일, 1월30일/1월31일, −사망일/상실일: 2월1일/2월2일 2. 상실 부호 22. 근로자 제외는 1개월 미만 일용근로자, 60시간 미만 단시간 근로자 및 생업 목적이 아닌 대학 시간강사의 경우에만 적습니다. 3. "초일 취득·당월 상실자 납부여부"에는 초일에 가입자 자격을 취득하고 같은 달에 자격을 상실하는 경우에 연금보험료의 납부를 희망하는 경우"초일 취득·당월 상실자 납부여부"란의 "희망[ ]"에 [√] 표시를 합니다. <상실 부호> 1. 사망 3. 사용관계 종료 4. 국적 상실(국외 이주) 5. 60세 도달 6. 다른 공적연금 가입 9. 전출(통·폐합) 15. 노령연금 수급권 취득자 중 특수직종(60세 미만) 16. 조기노령연금 수급 중인 사람 17. 협정국 연금가입 19. 체류기간 만료(외국인) 20. 적용제외 체류자격(외국인) 21.무보수 대표이사 22. 근로자 제외
건강보험	1. "상실 연월일"란에는 가입자의 자격 상실 사유가 발생한 날의 다음 날을 적습니다. 다만, 의료급여 수급권자가 되거나 유공자 등으로서 건강보험 적용배제 신청을 하는 경우에는 건강보험 적용배제 신청일자를 적습니다. (예) −퇴직일/상실일: 1월31일/2월1일, −사망일/상실일: 2월1일/2월2일, −적용배제 신청일/상실일: 1월5일/1월5일 <상실부호> 퇴직<01> 사망<02> 의료급여 수급권자<04> 유공자 등 건강보험 배제신청<10> 기타(외국인 당연적용제외 등)<13> 2. "해당 연도"란의 "보수총액"은 해당 사업장에서 발생된 보수(소득)를 아래의 사항에 따라 적으며, "전년도"란의 "보수총액"은 보험료 연말정산을 실시하지 않은 경우에만 적습니다. ▶ 근로자−직장가입자로서 근로의 제공으로 인하여 받은 봉급·급료·보수·세비·임금·상여·수당과 이와 유사한 성질의 금품 ·비과세 근로소득 중 보수총액 포함 항목: 「소득세법」 제12조제3호차목·파목 및 거목에 따라 비과세 되는 소득과 직급보조비 또는 이와 유사한 성질의 금품 ·보수총액 제외 항목: 퇴직금, 현상금·번역료 및 원고료, 「소득세법」에 따른 비과세 근로소득 일부(소득세법」 제12조제3호차목·파목 및 거목에 따라 비과세 되는 소득과 직급보조비 또는 이와 유사한 성질의 금품은 제외합니다) ·「소득세법 시행규칙」 제100조제26호에 따른 근로소득원천징수영수증의 ⑯계와 ⑱국외근로소득의 합계를 적습니다. 단, 비과세 소득 ⑱−1야간근로수당과 ⑲지정 비과세 항목 등에 직급보조비 등 「국민건강보험법 시행령」 제33조의 보수가 포함되어 있을 경우 합산하여 적습니다. ▶ 개인사업장 사업주−해당 사업장 사업소득과 부동산임대소득의 합계(총수입금액에서 필요경비 제외한 금액)를 적습니다. 3. "산정월수"는 퇴직 해당 연도(연말정산을 실시하지 않은 경우에는 '전년도' 란도 작성함)의 연간보수총액이 해당하는 개월 수를 적습니다. 4. "퇴직 전 3개월간 평균보수" 산정 시 휴직 등의 사유로 보수의 전부 또는 일부가 지급되지 않은 경우에는 해당 월을 제외한 3개월간 평균보수를 적습니다(퇴직근로자가 해당 사업장에서 1년 미만의 기간 동안 근무한 경우 및 상실 사유가 외국인 당연 적용제외인 경우에는 작성하지 않습니다).
고용보험 산재보험	<상실 연월일> 사유 발생일의 다음 날 예) 이직 시: 이직일의 다음 날(이직일 2002.12.31. → 상실일 2003.1.1.) <상실(이직)사유 코드 > ※ 상실(이직)사유는 반드시 구체적 사유를 구분코드와 함께 적도록 합니다. ◆ 개인 사정에 따른 이직: 11. 전직, 자영업 12. 결혼, 출산, 거주지 변경 등 가사사정 13. 질병·부상, 노령 등 14. 징계해고 15. 기타 개인사정(비권고성 명예퇴직 포함, 구체적 사유 직접 기재) ◆ 회사의 사정에 따른 이직: 22. 폐업·도산(예정포함), 공사중단 23. 경영상 필요에 의한 해고 24. 휴업, 임금체불, 회사이전, 근로조건 변동 25. 그밖의 회사사정에 따른 퇴직(고용조정계획에 따른 사업주 권유에 의한 명예퇴직 포함, 구체적 사유 직접 기재) ◆ 정년 등 기간만료에 따른 이직: 31. 정년 32. 계약기간 만료 33. 공사종료 ◆ 기타: 41. 고용보험 비적용 42. 이중고용(다른 사업장에서 피보험자격을 취득한 경우) <해당 연도 보수총액> 보수총액은 해당 사업장에서 발생된 보수(「소득세법」에 따른 비과세를 제외한 소득액)를 적습니다.

처리절차

신고서 작성	→	접수 및 확인	→	신고서 처리	→	자격 상실 및 확인 통지	→	수 령
신고인				국민연금공단·국민건강보험공단·근로복지공단·지방고용노동관서				신고인

18. 이직확인서

　사업주는 피보험자격의 상실을 신고할 때 근로자가 이직으로 피보험자격을 상실한 경우에는 피보험단위기간, 이직 사유 및 이직 전에 지급한 임금, 퇴직금 등의 명세를 증명하는 이직확인서를 고용노동부장관에게 제출하여야 한다.

　이직확인서는 실업급여의 수급자격 유무 판단에 필요한 기초사항이므로 정확히 기재하여야 한다. 사용자는 근로자가 퇴사하는 경우 고용보험 피보험 자격상실신고서에 이직확인서를 첨부하여 피보험자격을 상실한 날이 속하는 달의 다음 달 15일까지 신고하여야 한다. 다만, 근로자가 그 기일 전에 신고하거나 제출할 것을 요구하는 경우에는 지체 없이 하여야 한다. 만약에 수급자격의 인정신청을 원하지 아니하는 피보험자격 상실자(일용근로자 제외)에 대하여는 이직확인서를 제출하지 않아도 된다. 주의할 점은 이직확인서는 실업급여 판단에 중요한 자료이므로 정확히 기재하여야 하며 허위 기재 시 과태료가 부과 될 수 있다.

- 피보험자 이직확인서

■ 고용보험법 시행규칙[별지 제8호서식] <개정 2011.9.16>

피보험자 이직확인서

※ 뒤쪽의 작성요령을 읽고 적으시기 바랍니다. (앞쪽)

<table>
<tr><td colspan="2" align="center">접수번호</td><td colspan="2" align="center">접수일자</td><td colspan="2">처리기간:</td></tr>
<tr><td colspan="2">①사업장관리번호</td><td colspan="2">②사무조합번호</td><td colspan="2"></td></tr>
<tr><td rowspan="2">사업장</td><td>③명칭</td><td colspan="2">④전화번호</td><td colspan="2"></td></tr>
<tr><td>⑤소재지</td><td colspan="4"></td></tr>
<tr><td colspan="5">⑥하수급인관리번호(건설공사등의 미승인 하수급인인 경우에만 해당)</td><td></td></tr>
<tr><td rowspan="2">피보험자
(이직자)</td><td>⑦성명</td><td colspan="2">⑧주민등록번호</td><td colspan="2">－</td></tr>
<tr><td>⑨주소</td><td colspan="4"></td></tr>
<tr><td colspan="2">⑩피보험자격취득일
(입사일)</td><td colspan="2"></td><td colspan="2">⑪이직일
(근로제공 마지막 날)</td></tr>
</table>

<table>
<tr><td>⑫이직사유
구분</td><td colspan="5">(구체적 사유, 글자 수 13자 이상 기재</td></tr>
</table>

<table>
<tr><td rowspan="2">⑬피보험단위기간
산정대상기간
(이직일 포함 180
일이 되는 기간까지
만 월별 작성)</td><td rowspan="2">⑭보수지급
기초일수</td><td rowspan="2">⑯기준기간연장
(아래 사유 코드 참조)</td><td>사유</td><td></td><td></td><td></td></tr>
<tr><td>기간</td><td></td><td></td><td></td></tr>
</table>

<table>
<tr><td rowspan="2">~</td><td rowspan="2"></td><td colspan="6"><기준기간 연장사유 코드>
1. 질병·부상 2. 사업장 휴업 3. 임신·출산·육아 4. 기타 사유</td></tr>
<tr><td colspan="6" align="center">평 균 임 금 산 정 명 세</td></tr>
<tr><td>~</td><td></td><td>⑰임금계산기간</td><td>부터
까지</td><td>부터
까지</td><td>부터
까지</td><td>부터
까지</td><td>계</td></tr>
<tr><td>~</td><td></td><td>⑱총 일수</td><td>일</td><td>일</td><td>일</td><td>일</td><td>일</td></tr>
<tr><td>~</td><td></td><td rowspan="5">⑲
임
금
내
역</td><td>기본급</td><td></td><td></td><td></td><td></td></tr>
<tr><td rowspan="2">~</td><td rowspan="2"></td><td>그밖의 수당</td><td></td><td></td><td></td><td></td></tr>
<tr><td>상여금</td><td colspan="4"></td></tr>
<tr><td rowspan="2">~</td><td rowspan="2"></td><td>연차수당</td><td colspan="4"></td></tr>
<tr><td>기타</td><td colspan="4"></td></tr>
<tr><td>~</td><td></td><td colspan="2">⑳통상임금</td><td colspan="3" align="right">원</td></tr>
<tr><td rowspan="2">~</td><td rowspan="2"></td><td colspan="2">㉑기준임금
* 기준임금으로
납부한 경우만
기재</td><td colspan="3" align="right">원</td></tr>
<tr><td colspan="2">㉒1일 소정근로시간</td><td colspan="3">시간</td></tr>
<tr><td>⑮통산피보험단위기간</td><td>일</td><td colspan="2" rowspan="2">㉓퇴직금등 수령액</td><td>퇴직금 등</td><td align="right">원</td></tr>
<tr><td></td><td></td><td>그밖의 금품</td><td align="right">원</td></tr>
</table>

「고용보험법」 제16조제1항 및 같은 법 시행규칙 제5조제3항 본문에 따라 위와 같이 제출합니다.

확인일 　년　월　일

확인자　　□ 사업장명　　　　　　　　　　(서명 또는 인)

　　　　　□ 사무조합명　　　　　　　　　(서명 또는 인)

○○지방고용노동청(지청)장 귀하

※ 아래 란은 적지 아니합니다.

<table>
<tr><td rowspan="2">처리내용
결재</td><td colspan="8"></td></tr>
<tr><td>담당</td><td></td><td>팀장</td><td></td><td>과장</td><td></td><td>청장·
지청장</td><td>결재 연월일
．　．　．</td></tr>
</table>

210mm×297mm [일반용지 60g/㎡(재활용품)]

첨부서류	없음	수수료 없음

작성요령

■ 본 이직확인서는 피보험자가 이직한 경우에 사업주가 지방노동관서에 고용보험 피보험자격상실 신고서를 제출할 때 첨부하여 제출하는 것입니다. 다만, 이직하는 자가 이직확인서 발급을 희망하지 아니하는 경우에는 첨부할 필요가 없으나, 그 후 이직자가 이직확인서 발급을 청구하는 경우에는 이직확인서를 작성하여 이직자에게 내주어야 합니다. 본 이직확인서는 실업급여의 수급자격 유무 판단에 필요한 것이므로 이직사유 · 피보험단위기간 · 임금지급현황 등을 정확히 적어야 하며, 거짓으로 적음으로써 이직자가 실업급여를 부정하게 받은 경우에는 해당 사업주도 연대하여 책임을 질 수 있습니다.

1. ⑫란의 이직사유는 피보험자격 상실신고서상 상실사유와 동일한 의미로, 수급자격 여부 판단을 위한 기초자료이므로 구체적인 이직사유에 대하여 13자 이상 적습니다.
2. ⑬란은 피보험단위기간의 산정대상기간을 각 월로 구분하여 적되, 피보험단위기간이 180일이 되는 기간까지(통상 6~7줄) 소급하여 적습니다(예: 2000.4.20. 이직한 경우 2000.4.1.~4.20, 2000.3.1.~3.31., 2000.2.1.~2.29., 2000.1.1.~1.31. …… 등으로 기재). 다만, 자활사업 참여자의 경우 차상위 계층으로 참여한 기간만을 적습니다.
3. ⑭란의 보수(※ '보수'란 「소득세법」 제20조에 따른 근로소득에서 대통령령으로 정하는 금품을 뺀 금액을 말함)지급기초일수는 ⑬ 피보험단위기간 산정대상기간 중 "보수지급의 기초가 된 일수"를 말하며, 이 경우 "보수지급의 기초가 된 일수"에는 현실적으로 근로하지 아니한 날이 포함될 수 있습니다. 보수지급기초일수는 월급근로자의 경우 통상 30일 또는 31일이 될 것이나, 휴일 또는 결근일 등을 보수지급일수에서 제외하는 경우에는 그 일수를 제외한 일수가 됩니다.
4. ⑮란의 통산피보험단위기간에는 ⑭란에 각각 적은 보수지급일수의 총계를 적습니다.
5. ⑯란의 기준기간연장 "사유"란에는 이직일 이전 18개월간에 30일 이상 보수의 지급을 받을 수 없었던 사유를 해당 번호로 적고, "기간"란은 보수의 지급을 받을 수 없었던 기간을 적습니다. 이 경우 휴업 또는 휴직기간에 보수를 지급 받을 수 없었다는 것을 증명할 수 있는 서류를 첨부하여야 합니다.
6. ⑰란은 평균임금(※ '임금'은 「근로기준법」에 따른 임금을 말함) 산정대상기간을 임금지급 대상기간별로 구분하여 적고, 구분 기재된 기간의 일수를 ⑱란에 적습니다. 그밖의 수당은 매월 정기적으로 지급되는 기본급 외의 수당을 적고, 상여금이나 연차수당 중 1개월 이상의 기간을 대상으로 지급되는 임금은 이직 전 12개월간 지급된 금액을 평균임금 산정기간인 3개월분에 해당하는 금액으로 계산(3/12)하여 적습니다. 다만, 평균임금 산정대상 전(全) 기간의 보험료를 기준임금으로 납부한 경우에는 ⑲~⑳란까지는 적지 아니하며, ㉑란의 기준임금만 적습니다.
7. ⑳란은 「근로기준법 시행령」 제6조에 따른 통상임금을 적습니다. 이직일을 기준으로 근무한 기간이 3개월 미만인 경우는 통상임금을 반드시 적습니다.
8. ㉑란은 ⑰란의 평균임금 산정대상이 되는 모든 기간의 보험료를 기준임금으로 납부한 경우에만 이직 연도의 시간단위 기준임금에 ㉒란의 시간 수를 곱한 임금을 적습니다.
9. ㉒란은 이직 전의 1일 평균 소정근로시간을 적습니다. 소정근로시간이 일단위로 정하여져 있는 경우에는 그 소정근로시간을, 소정근로시간이 일(日) 외의 단위기간으로 정하여져 있는 경우에는 소정근로시간이 정하여진 이직 직전의 단위기간 동안 총 소정근로시간을 해당 기간의 총 일수로 나눈 시간을 적되, 소수점 이하로 산정된 경우에는 올림하여 적습니다(예: 6.01시간→7시간으로, 5.01시간→6시간으로 적습니다. 다만, 7시간 초과 시는 8시간으로, 4시간 이하는 4시간으로 적습니다).
10. ㉓란 중 퇴직금 등은 이직 시 받은 월급여 외의 퇴직금과 해고예고수당 · 명예퇴직수당 · 퇴직위로금 등 추가로 지급된 금액을 적고, 그 이외 금품은 구분하여 적습니다.

피보험자 이직확인서(일용근로자용)

※ 뒤쪽의 작성요령을 읽고 적으시기 바랍니다.

<table>
<tr><td rowspan="3">확인자</td><td colspan="2">① 사업장관리번호 또는 하수급인관리번호(건설공사 등의 미승인 하수급인에만 해당함)</td><td></td></tr>
<tr><td>② 사업장명칭</td><td>③대표자</td><td></td></tr>
<tr><td>④ 소재지</td><td colspan="2">(전화번호:　　　　　　)</td></tr>
</table>

<table>
<tr><td>⑤ 이직자</td><td>성명</td><td></td><td>주민등록번호</td><td></td></tr>
<tr><td>⑥ 이직(퇴직)일</td><td colspan="2">년　월　일</td><td>⑦ 구체적 이직사유</td><td>⑧ 직종</td></tr>
</table>

⑨ 근로일수

구분	1 / 16	2 / 17	3 / 18	4 / 19	5 / 20	6 / 21	7 / 22	8 / 23	9 / 24	10 / 25	11 / 26	12 / 27	13 / 28	14 / 29	15 / 30	31	근로일수	⑩일평균 근로시간	⑪임금 총액
월																	일		
월																	일		
월																	일		
월																	일		
월																	일		
월																	일		

「고용보험법」 제16조제2항 및 같은 법 시행규칙 제5조제2항 단서에 따라 위와 같이 확인합니다.

확인일　　　　　　　　　　　　　년　　　월　　　일

확인자 사업장명

소재지

대표자　　　　　　　　　　　(서명 또는 인)

◀ **작성요령** ▶

1. 이직확인서(일용근로자용)는 법 제2조제6호에 따른 일용근로자를 위한 서식이므로 일용근로자가 아닌 자는 별지 제8호서식을 사용하시기 바랍니다.
2. 이 서식은 「고용보험법 시행령」 제8조에 따라 근로자의 피보험자격의 취득 및 상실 등에 관한 사항을 근로자가 신고하는 경우에 고용관계를 증명할 수 있는 서류로 활용할 수 있습니다.
3. ① 하수급인관리번호는 「고용보험법 시행규칙」 제4조에 따라 원수급인이 제출한 고용보험 하수급인 명세서에 따라 직업안정기관의 장으로부터 부여받은 관리번호를 말합니다.
4. ⑦ 이직사유코드
   ◈ 1. 회사의 사정에 따른 이직(폐업, 공사중단, 공사종료, 계약기간 만료 등)
   ◈ 2. 부득이한 개인 사정에 따른 이직(질병·부상, 출산 등)
   ◈ 3. 그밖에 개인사정에 따른 이직(전직, 자영업을 위한 이직 등)
5. ⑧직종코드(건설 관련 직종은 아래 세부 직종코드 중 해당 직종코드를 적으며 그밖의 직종일 경우 별지를 참조하시기 바랍니다)
   ※ 건설 관련 직종 세부 직종코드
   141 건축가, 도시계획, 토목 및 측량 관련 기술자(엔지니어)
   142 전통건물 건축원
   143 철근, 철골 및 콘크리트공
   144 석공 및 조적원
   145 목공
   146 건축완성 관련직
   147 건설기계운전원
   148 토목 및 채굴 관련직
   149 건설 및 광업관련 단순노무자

<유의사항>
근로자가 이직확인서의 발급을 청구한 경우 이를 내주지 아니하면 300만 원 이하의 과태료가 부과될 수 있으며(「고용보험법」 제117조), 실업급여를 부정하게 받으면 사업주도 연대하여 책임질 수 있습니다.

19. 산재보험의 고용정보 신고와
신고 제외자

1. 의의

2011년부터 산재보험에도 근로자 고용정보 신고를 별도로 해야 하는데 이는 산재보험의 보험료가 근로자 정보를 기초로 보험료를 산정하기 때문이다. 고용정보란 사업주가 근로자를 고용할 경우 각 근로자의 성명, 주민등록번호, 주소, 고용한 날, 고용관계의 종료일, 월평균보수액, 휴직·전보사항에 대한 정보를 말하는데, 근로자 고용정보는 월별보험료의 산정·부과 기초자료로 활용되므로 근로자 고용정보가 신고기한 내에 신고되지 않거나 누락되는 경우 산재보험의 월별보험료가 산정·부과되지 않고 신고기한 내에 근로자 고용정보 미신고 시 과태료가 징수된다. 사업주는 근로자가 아니기 때문에 고용정보 신고를 하지 않아도 되며 건설업 및 벌목업 등 자진신고 사업장도 신고를 하지 않아도 된다.

2. 고용정보와 피보험자격 관리의 비교

구 분	근로자 고용정보 관리	고용보험 피보험자격 관리
관련근거	보험료징수법	고용보험법
목적	보험료 부과 기초자료 구축	보험급여(실업급여) 지급을 위한 자격관리
대상	부과고지 대상 사업장(건설업 및 벌목업을 제외한 사업장)	전 사업장
처리기관	근로복지공단	고용노동부 고용센터
이중취득 여부	가능	불가능

3. 고용정보 신고의 종류와 시기

사 유	산재보험	고용보험	신고기한
근로자를 새로 고용한 경우	근로자 고용신고	피보험 자격취득신고	다음 달 15일
근로자와 고용관계를 종료한 경우	근로자 고용종료신고	피보험 자격상실신고	다음 달 15일
근로자가 다른 사업장으로 전보되는 경우	근로자 전보신고	피보험자 전근신고	사유 발생일부터 14일 이내
근로자가 휴업 등의 사유로 근로를 제공하지 않게 된 경우	근로자 휴직 등 신고	근로자 휴직 등 신고	사유 발생일부터 14일 이내
근로자의 성명 또는 주민등록번호가 변경된 경우	근로자 정보변경신고	피보험자 내역변경신고	사유 발생일부터 14일 이내
일용직근로자 고용정보 신고	근로내용 확인신고	근로내용 확인신고	다음 달 15일

주) 일용근로자에 대하여는 '근로내용 확인신고서'로 고용정보 신고를 대체

4. 고용정보 신고방법

서면신고는 각 공단이나 고용지원센터로 방문·우편·팩스로 제출 가능하고 고용정보 신고 대상 근로자가 10인 이상인 경우에는 전자신고를 하여야 한다.

5. 고용정보 신고 제외자

(1) 신고 제외자

다음의 근로자는 고용정보를 신고하지 아니하여도 된다(고용보험에 가입하였을 경우는 산재보험 근로자 고용정보 신고를 해야 한다). 다만, 고용정보는 신고가 생략 가능하나 전년도 보수총액은 다음 연도 3월 15일까지 보수총액신고서에 의해 산재보험에는 신고하여야 한다.

① 1개월간 소정근로시간이 60시간 미만인 자(1주간의 소정근로시간이 15시간 미만인 자 포함). 다만, 생업을 목적으로 근로를 제공하는 자 중 3개월 이상 계속하여 근로를 제공하는 자와 일용근로자는 고용정보를 신고하여야 한다.

② 외국인근로자

원칙적으로 신고 제외 근로자이다. 그러나 체류자격이 거주(F-2), 영주(F-5), 결혼이민(F-6)은 강제가입이고, 나머지는 임의가입(일정한 요건의 체류자격을 가진 자가 고용노동부령이 정하는 바에 따라 보험가입을 신청한 자만 해당)과 국가 간 상호주의[법에 따른 고용보험에 상응하는 보험료 및 급여에 관하여 당해 외국인의 본국법이 대한민국 국민에게 적용되는 경우: 주재(D-7), 기업투자(D-8), 무역경영(D-9) 체류 자격에 한함]에 따라 달라진다.

(2) 월별보험료 산정 방법

전년도 근로자 고용정보 신고 제외자에게 지급한 전체 보수총액을 기준으로 보수총액의 1/12을 매월의 기타 근로자 월평균보수로 보아 월별 산정·부과하고 기존에 기타 근로자의 월평균보수 신고가 없는 경우에는 입사한 연도에는 월별보험료를 산정하지 않고 다음 해 보수총액신고서에 따른 보수총액으로 정산하면 된다. 따라서 입사한 다음 연도부터는 '그밖의 근로자의 전년도 보수총액 합계×1/12×보험료율'을 매월 월별보험료에 합산하여 부과한다.

6. 근로자고용정보신고 취소신청

(1) 의의

근로자의 고용정보 신고를 하였으나 해당 사실이 없거나 착오로 신고한 경우 이를 취소하기 위해서는 기존에는 고용정보 신고 취소를 요청하는 일반문서를 접수하면 공단에서 확인 후 직권처리하였으나 민원불편이 있어 민원신청을 할 수 있도록 제도가 바뀌었다. 고용정보의 취소는 각 기관의 고유 업무이므로 4대보험 공통으로 처리할 수 없다. 따라서 국민연금, 건강보험, 고용보험 가입자 내역의 취소는 각각 해당기관으로 신청하여야 한다.

(2) 고용정보 신고 취소신청 항목

근로자 고용신고 취소신청, 근로자 고용종료신고 취소신청, 근로자 전보신고 취소신청, 근로자 휴직 등 신고 취소신청 등이 있다.

(3) 고용정보 신고 취소 방법

취소하여야 하는 고용정보별로 각각 별도의 서식을 사용하여 취소신청을 하여야 한다. 근로복지공단으로 방문·우편·팩스의 서면신고를 하거나, 신청 대상 근로자가 10인 이상인 경우 전자신고 혹은 전자매체에 의한 신고(CD 등)로 할 수 있다.

- 근로자 고용신고서 취소신청서
- 근로자 고용종료신고 취소신청서
- 근로자 전보신고 취소신청서
- 근로자 휴직 등 신고 취소신청서

제3장

특수한 경우의 4대보험

20. 일용근로자와 단시간 근로자

1. 주요 특징

구 분	고용보험	산재보험	국민연금	건강보험
일용근로자	1개월 미만 -적용	1일 근무자 -적용	1개월 미만 -적용 제외	1개월 미만 -적용 제외
단시간 근로자	60시간/월(주15) 미만 -적용 제외	60시간/월 미만 -적용	60시간/월(주15) 미만 -적용 제외	60시간/월 미만 -적용 제외

* 1개월 미만의 일용근로자는 국민/건강보험은 적용되지 않고 고용/산재보험은 적용된다.

2. 일용근로자

(1) 개념

1일 또는 1개월 미만 고용된 경우를 말하며 소득세법상 동일 고용주에게 3개월(건설업의 경우 1년) 미만 고용된 자를 일용근로자로 규정한 것과 4대보험에서 일용근로자는 구별하여야 된다.

(2) 고용보험/산재보험

사업종류	보험료 신고·납부	근로내용 확인서
건설업/벌목업	자진신고(개산, 확정보험료)	근로내용 확인신고서 제출(고용보험만)
상기 외 사업	부과고지(월별 보수총액신고)	근로내용 확인신고서 제출(고용/산재 모두 해당)

① 근로내용 확인 신고

2011년부터 사업주는 근로자 고용정보를 신고하여야 하나, 일용근로자의 경우 입·퇴사가 빈번하여 그때마다 신고가 어려운 점을 감안하여 '근로내용 확인신고서'로 고용정보 신고를 대체하도록 하였다. 다음 달 15일까지 신고하여야 하고 '근로내용 확인신고서'를 제출한 경우 근로자 고용 개시신고 및 근로자 고용 종료신고를 한 것으로 본다. 일용근로자의 고용정보 신고 대상이 10인 이상인 경우는 전자신고를 하여야 한다.

② 보수총액신고

일용근로자의 월별보험료는 '근로내용 확인신고서'에 의하여 신고한 그달에 지급받은 보수총액에 보험료율을 곱하여 산정·부과(고용보험과 산재보험 각각의 보험료율 적용)되므로 보수총액신고 시 일용근로자의 보수총액에 대한 정산을 일반 근로자와 같이 하여야 한다.

■ 일용근로자 A의 6월 고용정보 내역

1	2	3	4	5	6	7	8	9	10	11	12	13	14	15	16	17	18	19	20	21	22	23	24	25	26	27	28	29	30
	1			1	1				1						1					1				1	1				

- 일당: 100,000원
- 근무 일수: 8일, 보수총액: 800,000원
- 보험료: 800,000원에 고용보험료율과 산재보험료율을 곱하여 해당 월의 보험료 산정

③ 건설·벌목업의 일용근로자

건설·벌목업의 경우는 기존방식대로 자진신고·납부를 하면 되는데 연간 지급할 보수총액에 보험료율을 곱하여 개산보험료와 확정보험료로 산정·납부하고, 산재보험의 일용근로자는 고용정보 신고 대상에서 제외하고 고용보험만 '근로내용 확인신고서'를 제출하면 된다(부과고지 사업

장은 고용/산재보험 모두 '근로내용 확인신고서'를 제출하여야 한다).

④ 신고 시 유의 사항

㉠ 매월별로 각각 신고(여러 달을 한 장에 신고할 수 없음)하여야 한다. 예를 들어 2012년 9월과 2012년 10월 '근로내용 확인신고서'를 한 장에 신고할 수 없고 각각 신고하여야 한다.

㉡ 자진신고 대상 사업장(건설업 및 벌목업)은 고용보험만 작성하고 산재보험은 작성할 필요가 없다. 따라서 부과고지 대상 사업장은 고용보험과 산재보험을 동시에 작성하여야 한다.

㉢ 1개월간 소정 근로시간이 60시간 미만인 단시간 근로자는 고용정보 신고 제외 대상이나 일용근로자는 고용정보 신고 대상이다.

㉣ 근로내용 확인신고서가 착오신고 된 경우 해당 근로자만 해당 월 근로내용 확인신고서를 정정하여 다시 신고한다.

㉤ 일용근로자 근로내용 확인 신고 내용을 취소해야 하는 경우는 해당 월의 전체 근무일수를 체크하고 보수총액을 0원으로 신고하면 된다.

- 근로내용 확인신고서(고용/산재보험)

(3) 국민연금/건강보험

구 분	적용대상	적용 제외
일반 업종의 근로자	• 1개월 이상 고용된 경우 • 1개월 이상의 고용기간의 정함이 있는 경우 (명시적인 계약을 한 경우)	1개월 미만 고용된 경우
건설일용근로자	• 1개월간 근무일수가 20일 이상인 경우 • 1개월 이상의 고용기간의 정함이 있는 경우 (명시적 계약이 있는 경우)	1개월간 근무일수가 20일 미만 근무한 경우

국민연금과 건강보험에서 일용근로자의 취득·상실신고는 일반사업장의 근로자와 동일하게 하나, 건설일용직의 경우 근무일의 변경이 심하고 이에 소득 및 보수의 변경도 매일 차이를 나타내는바, 이에 국민연금과 건강보험은 일괄경정고지제도를 시행하고 있다.

① 적용대상

일용근로자가 1개월 미만 고용된 경우는 국민/건강보험의 적용제외 대상이다. 그러나 1개월 이상 고용된 경우와 1개월 이상 근무하기로 명시적 계약을 한 경우는 적용대상이 된다. 여기서 건설 일용직과 구분하여 살펴봐야 하는데 건설일용직의 경우는 1개월간 근무일수가 20일 미만인 경우는 적용 제외가 된다.

② 건설일용근로자

건설현장별로 일용근로자를 고용한 경우에는 건설현장별로 당연적용 사업장 신고를 하여야 한다. 즉, 국민연금은 분리적용 사업장 신고를 하고 건강보험은 단위사업장 신고를 통해 현장별로 별도의 사업장 신고를 하여야 한다. 본사와 일반근로자를 구분하고, 원수급인·하수급인 사업장별 건설일용직을 고용하는 경우 각각 사업장별로 적용한다(고용/산재는 원수급인을 기준으로 함). 즉, 정규직근로자는 본사의 사업장에 건설일용직 근로자는 건설현장 사업장으로 적용한다.

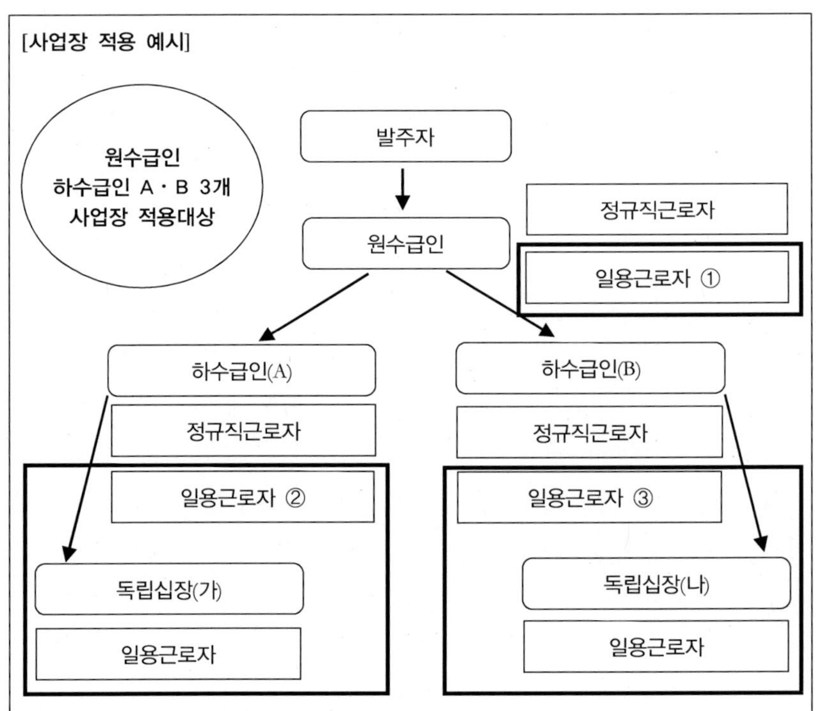

원수급인, 하수급인(A), 하수급인(B) 3개 사업장을 각각 적용하되, 동 건설현장은 본사와 분리하여 별도의 사업장으로 적용하고, 정규직근로자는 본사의 사업장에, 건설일용근로자는 건설현장 사업장으로 적용한다(독립십장 가, 나와 소속 일용근로자는 하수급인 A, B사업장의 가입자로 적용).

출처: 건설일용근로자 사업장 적용에 따른 건설현장 실무안내(국민건강보험/국민연금), 2012.3

[건설일용근로자 국민/건강보험 적용기준] -(고용/산재보험은 당연적용)

■ 명시적인 근로계약서가 있는 경우
계약내용이 1월 이상(기간의 정함이 없는 경우 포함)인 경우 사업장가입자로 적용(실제
근로를 제공한 기간·일수·시간 불문함)하고, 자격변동기준은 최초 고용일을 취득일로,
사용관계종료(퇴사)일의 다음 날을 상실일로 적용한다.

■ 명시적인 근로계약서가 없는 경우(고용기간이 1월 미만인 경우 포함)
동일한 건설현장에서 1월간 20일 이상 근로를 제공한 경우 최초 고용된 날부터 사업장
가입자로 적용한다.

■ 자격취득시기
최초 근로일로부터 1월간의 근로일수가 20일 이상인 경우는 최초 근로일, 전월의 근로일
수가 20일 미만이던 근로자가 당월 1일부터 말일까지 20일 이상 근로한 경우는 해당 월
의 1일이 자격취득시기가 된다.

■ 사례별 자격취득시기 예시
① 최초 1월간 근로일이 20일 이상인 경우 → 취득일: 2.5

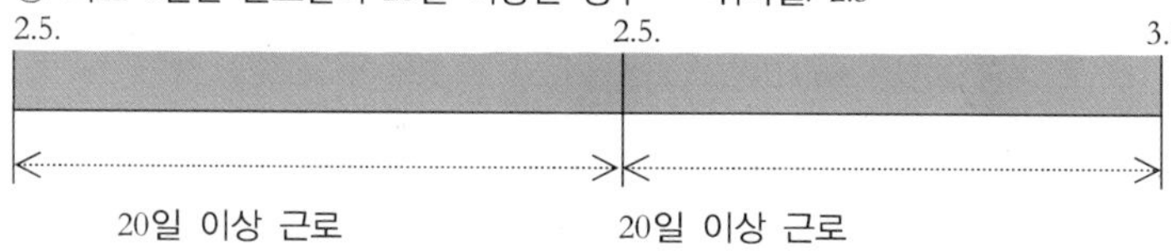

② 최초 1월간 근로일이 20일 미만인 경우 → 취득일: 3.1.

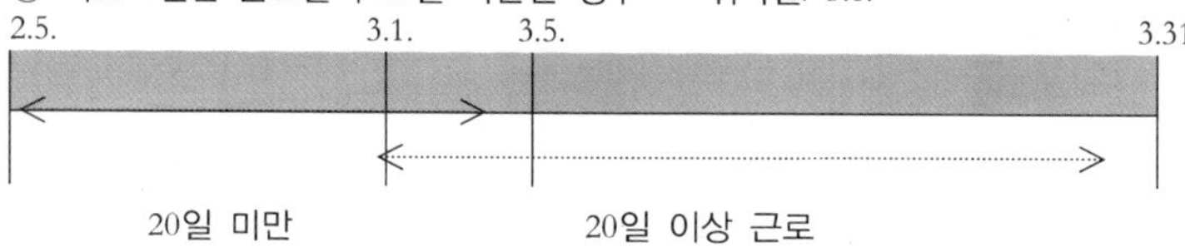

■ 자격상실시기
자격취득일이 속한 달의 다음 달 이후 최종 근로일이 속한 달의 근로일수가 20일 이상인
경우는 최종 근로일의 다음 날이고 자격취득일이 속한 달의 다음 달 이후 1일부터 말일
까지 근로일수가 20일 미만인 경우는 해당 월의 1일이 된다. 다만, 해당 월의 최종 근로
일까지 연속적으로 근로한 경우 최종 근로일의 다음 날로 상실 처리할 수 있다.

■ 사례별 자격상실시기 예시

③ 20일 이상 근로하고 최종근로일이 말일인 경우

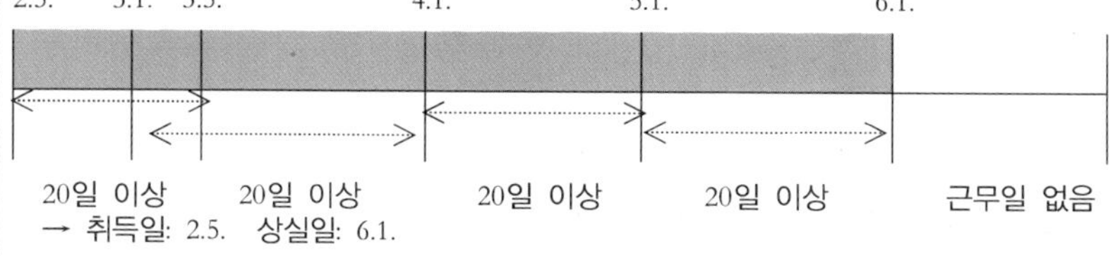

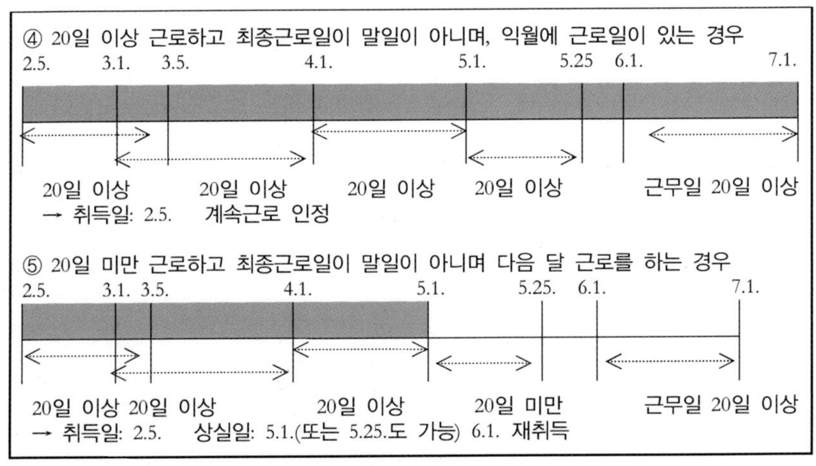

출처: 건설일용근로자 사업장 적용에 따른 건설현장 실무안내(국민건강보험/국민연금), 2012.3

③ 건설일용직근로자와 사후정산제도

소규모 영세건설업체, 특히 하도급업체의 사회보험료 부담을 해소하고 건설일용직근로자의 사회보험 사각지대와 사회안전망인 사회보험으로부터 배제되는 문제점을 해소하고자 건설업체가 건설일용직근로자에 대한 사회보험료(연금/건강) 납부영수증을 발주기관에 제출(하도급자, 원도급자, 발주기관)하면 예정가격에 계상된 보험료 범위 내에서 기성금 지급 시 당해 금액을 지급하고 공사완료 시 최종 정산하는 제도이다. 사후정산제가 적용되는 공사 범위는 정부공사 및 지방자치단체, 공공기관의 공사와 민간건설 공사인데 민간건설공사는 2008년 1월 1일부터 적용함으로써 모든 건설공사가 대상이 된다.

하도급자가 사회보험료를 지급받기 위해서는 일용근로자를 건설현장별로 국민연금/건강보험에 가입한 후 현장명이 나오는 국민연금/건강보험료 납입증명서를 발급받아 제출하면 된다.

<건설일용근로자 건강보험/국민연금 적용방안>

구분	국민연금	건강보험
사업장적용 신고	• 건설현장에 일용근로자를 고용하는 경우 건설현장별 사업장적용신고 −사업장(기관) 적용 신고서, 일괄경정고지 신청서, EDI 가입 신청서 제출 −사업장 최초 적용 신고는 각 공단(국민연금/건강보험) 지사에 우편, FAX, 방문하여 공통 신고하고, 가입 이후부터 반드시 EDI로 신고	
보험료 정기고지	• 당월 15일까지의 자격 변동 신고를 기준으로 보험료 산정 및 사업장에 고지서 송달(매월 22일경) −사업장에서는 고지 내역서를 확인하여 가입자 변동내역 신고	
가입자 신고 (취득/상실/ 소득변경)	• 가입자 취득/상실신고는 건설일용근로자가 1월간 20일 이상 근무하게 된 때, 또는 20일 미만 근무하거나 퇴사하게 된 때 • 소득변경신고는 일용근로자의 소득이 전월보다 높거나 낮은 때 • 반드시 EDI로 신고하되, 다음 달 5일까지 신고(휴일인 경우 전날) ※ 가족 중 건강보험 피부양 대상자는 건강보험공단에 피부양자 취득신고	
	• 취득월의 다음 달부터 퇴사월까지 매월 보험료 납부(취득일이 초일인 경우와 취득월 보험료 납부를 희망하는 경우 보험료 납부)	• 취득월의 다음 달부터 퇴사월까지 매월 납부(취득일이 초일인 경우 보험료 납부)
일괄경 정고지	• 건설현장 사업장에 대하여는 공단에서 매월 5일까지의 자격변동 신고사항을 기초로 일괄 경정고지 후 EDI로 전송 • 사업장에서 매월 6일 EDI시스템에서 일괄경정고지 내역서 수신 후 경정고지금액으로 납부 −전자납부(사회보험통합징수포털, 인터넷지로, 인터넷뱅킹, CD/ATM) 및 가상계좌 납부	
수시경 정고지	• 공단의 일괄경정고지 전·후에 사회보험 사후정산을 위해 부득이 보험료 납부가 필요한 경우 또는 일괄경정고지금액이 상이한 경우 −보험료 납부기한일의 1일 전까지(토·일·공휴일인 경우 전날) • 경정된 고지내역을 확인한 후 보험료 납부 • EDI시스템에서 신청하거나 지사에 내방(전화)하여 신청	
보험료 납부	• 보험료 납부기간: 매월 7~10일(휴일인 경우 다음 날) • 건설현장 사업장은 공단의 일괄경정고지 또는 수시경정고지 금액으로만 납부하여야 함.	

출처: 국민연금 사업장 실무안내

• 보험료 일괄경정고지 신청서

3. 단시간 근로자

1주 동안의 소정근로시간이 그 사업장에서 같은 종류의 업무에 종사하는 통상 근로자의 1주 동안의 소정근로시간에 비하여 짧은 근로자를 말

137

한다. 월 60시간(주 15시간) 미만인 단시간 근로자는 국민연금, 건강보험, 고용보험 가입대상이 아니나 산재보험은 가입대상이다. 그러나 국민연금에서 생업목적으로 3개월 이상 근로를 제공하기로 한 대학 시간 강사 또는 사용자의 동의를 받아 근로자 적용을 희망하는 경우와 고용보험에서 생업을 목적으로 3개월 이상 근로를 제공하는 자는 월 60시간 미만 근로자라도 국민연금과 고용보험에 적용될 수 있다. 그리고 고용보험 적용대상이 아닌 월 60시간 미만의 단시간 근로자는 산재보험에 별도의 고용정보 신고를 하지 않을 수 있다. 이때 사업주가 근로자에 대해서 별도의 고용정보를 신고한 경우에는 월별보험료를 산정 부과하나, 별도의 신고가 없는 경우에는 전년도 근로자 고용정보 신고 제외자(기타 근로자)에게 지급한 전체 보수총액을 기준으로 보수총액의 1/12을 매월의 기타 근로자의 월평균보수로 보아 월별보험료를 산정 부과한다.

■ 고용보험법 시행규칙 [별지 제7호서식] <개정 2013.1.25>

[ ]고용보험 [ ]산재보험 근로내용 확인신고서 (년   월분)

※ 제2쪽의 유의사항과 작성방법을 읽고 작성하여 주시기 바라며, [ ]에는 해당되는 곳에 "√" 표시를 합 (제1쪽)

접수번호	접수일	처리기간: 7일

공통 사업장	사업장관리번호		명칭		
	소재지				
	전화번호	(유선) (이동전화)	FAX번호		
	공사명	고용관리책임자(※건설업만 해당)	(성명) / (직무내용)	(주민번호) / (근무지)　본사 □　해당 사업장(현장) □	(직위) / 다른 사업장(현장) □
보험사무 대행기관	번호	명칭	하수급인 관리번호(건설공사 등의 미승인 하수급인에 한함)		

⑭ 근로일수 ("○"표시)

성명	주민(외국인) 등록번호	국적	체류자격	전화번호 또는 휴대전화	직종	1 / 16	2 / 17	3 / 18	4 / 19	5 / 20	6 / 21	7 / 22	8 / 23	9 / 24	10 / 25	11 / 26	12 / 27	13 / 28	14 / 29	15 / 30	/ 31	근로일수	일평균 근로시간	보수 총액	임금 총액	이직 사유	비고	보험료 부과구분 (해당자만) 부호 / 사유
	−																					일	시간	원	원			
	−																					일	시간	원	원			
	−																					일	시간	원	원			
	−																					일	시간	원	원			
	−																					일	시간	원	원			
	−																					일	시간	원	원			
	−																					일	시간	원	원			
	−																					일	시간	원	원			

「고용보험법」 시행령 제7조제1항 후단 및 같은 법 시행규칙 제5조제2항 및 「고용보험 및 산업재해보상보험의 보험료징수등에 관한 법률」 시행규칙 제16조의6 후단에 따라 위와 같이 확인하여 신고합니다.

년　　　월　　　일

신고인(사용자 · 대표자)　　　　　　　　　　　　(서명 또는 인)

[ ] 보험사무대행기관　　　　　　　　　　　　(서명 또는 인)

○○지방고용노동청(지청)장 / 근로복지공단 ○○지역본부장(지사장) 귀하

297㎜×210㎜(일반용지 60g/㎡(재활용품))

유의사항

1. 이 서식은 1월 미만의 기간 동안 고용되는 일용근로자를 위한 서식이므로 일용근로자가 아닌 자는 "피보험자격취득신고서/근로자고용신고서"로 신고하여야 합니다.
   ※ 일용근로자는 "1일 단위로 근로계약을 체결하는 사람(묵시적 계약 체결 포함)" 또는 "근로계약기간이 1개월 미만인 사람"을 말합니다.
2. 건설업(건설장비운영업 제외)과 임업 중 벌목업 사업장은 산재보험 근로자 근로내용 확인신고서를 작성하지 않습니다(고용보험은 작성).
   ※ 건설업(건설장비운영업 제외)과 임업 중 벌목업 사업장 소속 일용근로자는 "임금총액"만 적고, 그밖의 업종의 사업장 소속 일용근로자는 "보수총액"과 "임금총액"을 모두 적습니다.
3. 제1쪽 신고사항을 신고하지 않거나 거짓으로 신고한 경우에는 300만 원 이하의 과태료가 부과될 수 있으며, 이로 인하여 실업급여를 부정하게 받은 경우 사업주도 연대하여 책임질 수 있습니다.
4. 고용관리책임자는 「건설근로자의 고용개선 등에 관한 법률」 제5조제1항 및 제3항에 따라 사업장별(건설공사별)로 지정·신고해야 하며, 이를 위반할 경우에는 100만 원 이하의 과태료가 부과됩니다.

작성방법

1. "직위"는 고용관리책임자가 해당 사업장에서 부여받은 직위(예시: 부장, 팀장, 과장, 사원 등)를 작성하고, "근무자"는 고용관리책임자가 근무하는 사업장 중 해당하는 칸에 체크하며, "직무내용"은 고용관리책임자의 임무 이외에 겸직하고 있는 직무내용에 해당하는 다음의 코드번호를 기재(복수 기재 가능)합니다.
   01. 인사·노무   02. 회계·세무·경리   03. 경영·관리   04. 홍보·영업   05. 기술·기능   06. 기타
2. "하수급인 관리번호"는 「고용보험법 시행규칙」 제4조에 따라 원수급인이 제출한 고용보험 하수급인명세서에 따라 직업안정기관의 장으로부터 부여받은 관리번호를 말합니다.
3. "직종부호"는 ◆ 별지(한국고용직업분류 중 소분류(139개) 직종 현황)를 참고하여 적습니다.
4. "보수총액"은 「소득세법」 제20조에 따른 근로소득에서 같은 법 제12조제3호에 따른 비과세 근로소득을 뺀 금액으로서, 해당 월에 발생된 금액을 적습니다.
5. "임금총액"은 「근로기준법」 제2조에 따른 임금으로서, 해당 월에 발생된 금액을 적습니다.
6 "이직 사유코드"
   ◆ 1. 회사의 사정에 의한 이직(폐업, 공사중단, 공사 종료, 계약기간 만료 등)
   ◆ 2. 부득이한 개인사정에 의한이직 (질병·부상, 출산 등)
   ◆ 3. 기타 개인사정에 의한 이직(전직, 자영업을 위한 이직 등)
7. "비고"에는 근로자가 다음에 해당하는 경우는 그 부호를 적습니다(※ 해당자만 기재)
   01. 대학 시간강사
8. "보험료부과구분"에는 근로자가 다음에 해당하는 경우는 그 부호를 적습니다(※ 해당자만 기재)

부호	부과범위				대상근로자	부호	부과범위				대상근로자
	산재보험		고용보험				산재보험		고용보험		
	산재	임채	실업급여	고안직능			산재	임채	실업급여	고안직능	
51	O	O	×	×	09.고용보험 미가입·외국인근로자, 10. 월 60시간 미만 근로자 11.항운노조원(임채부과대상)	55	×	×	O	O	05.국가기관에서 근무하는 청원경찰 06.선원법 및 어선재해보상법적용자 07.해외파견자
52	O	×	×	×	03.현장실습생 13.항운노조원(임채소송승소)	56	×	×	O	×	01.별정직·계약직공무원 16.노조전임자(노동조합 등 금품 지급)
						57	O	×	O	×	14.시간제·계약직 공무원
54	O	×	O	O	22.자활근로종사자(급여특례·차상위계층)	58	O	×	x	O	21.자활근로종사자(국민기초생활보장수급권자)

297㎜×210㎜(일반용지 60g/㎡(재활용품))

【별지】 한국고용직업분류(KECO '07) 중 소분류(139개) 직종현황

01. 관리직

011 고위공무원 및 기업 고위임원
012 경영지원, 행정 및 금융 관련 관리자
013 사회서비스 관련 관리자(교육, 법률, 보건 등)
014 문화, 예술, 디자인, 영상 관련 관리자
015 건설 및 생산 관련 관리자
016 정보통신 관련 관리자
017 영업, 판매 및 운송 관련 관리자
018 음식, 숙박, 여행, 오락 및 스포츠 관련 관리자
019 환경, 청소 및 경비 관련 관리자

02. 경영, 회계, 사무 관련직

021 경영 및 행정 관련 전문가
022 회계, 세무 및 감정평가 관련 전문가
023 광고, 홍보, 조사, 행사기획 관련 전문가
024 경영지원 및 행정 관련 사무원
025 생산 관련 사무원
026 무역 및 운송 관련 사무원
027 회계 및 경리 관련 사무원
028 안내·접수, 고객응대, 통계조사 관련 사무원
029 비서 및 사무보조원

03. 금융, 보험 관련직

031 금융, 보험 관련 전문가
032 금융 및 보험 관련 사무원
033 보험 관련 영업원

04. 교육 및 자연과학, 사회과학 연구관련직

041 대학교수(시간강사 포함)
042 장학관 및 교육 관련 전문가
043 자연과학, 생명과학 관련 전문가
044 인문사회과학 관련 전문가
045 자연과학, 생명과학 관련 시험원
046 학교교사
047 유치원교사
048 학원강사 및 학습지 교사

05. 법률·경찰·소방·교도 관련직

051 법률전문가
052 법률관련 사무원
053 경찰, 소방, 교도 관련 종사자

06. 보건·의료 관련직

061 의사
062 수의사
063 약사
064 간호사 및 치과위생사
065 치료사
066 의료장비 및 치과 관련 기술 종사자
067 의료 및 보건 서비스 관련 종사자
068 의료복지 관련 단순 종사자

07. 사회복지 및 종교 관련직

071 사회복지 및 상담 전문가
072 보육교사, 육아도우미 및 생활지도원
073 성직자 및 종교 관련 종사자

08. 문화, 예술, 디자인, 방송 관련직

081 작가 및 출판 전문가
082 학예사, 사서 및 기록물관리사
083 기자
084 창작 및 공연 관련 전문가
085 디자이너
086 영화, 연극 및 방송 관련 전문가
087 영화, 연극 및 방송 관련 기술 종사자
088 연예인 매니저 및 기타 문화/예술 관련 종사자

09. 운전 및 운송 관련직

091 선박, 항공기 조종 및 관제 관련 종사자
092 철도, 지하철 기관사 및 관련 종사자
093 자동차 운전원
094 물품이동장비 조작원
095 배달원 및 운송 관련 단순 종사자

10. 영업 및 판매 관련직

101 영업원 및 상품중개인
102 부동산 중개인
103 판매원 및 상품대여원
104 계산원 및 매표원
105 노점·이동·방문 판매원 및 판매관련 및 단순 종사원

11. 경비 및 청소 관련직

111 경호원, 청원경찰, 보안 관련 종사자
112 경비원
113 청소원, 가사도우미, 그 외 청소관련 단순 종사자
114 세탁원 및 다림질원
115 계기검침, 수금 및 주차관리 관련 단순 종사자

12. 미용, 숙박, 여행, 오락, 스포츠 관련직

121 이, 미용 및 관련 서비스 종사자
122 결혼 및 장례 관련 서비스 종사자
123 여행 서비스 관련 종사자
124 승무원
125 숙박시설 서비스 관련 종사자
126 오락시설 서비스 관련 종사자
127 스포츠 및 레크레이션 관련 종사자

13. 음식 서비스 관련직

131 주방장 및 조리사
132 식당 서비스 관련 종사자

14. 건설 관련직

141 건축 및 토목 관련 기술자 및 시험원
142 건설구조관련 기능 종사자
143 건설마감 관련 기능 종사자
144 배관공
145 건설 및 채굴기계 운전원
146 토목 및 채굴 관련 종사자
147 건설 및 광업 관련 단순 종사자

15. 기계 관련직

151 기계공학 기술자·연구원 및 시험원
152 기계장비 설치 및 정비원
153 운송장비 정비원(자동차 제외)
154 자동차정비원
155 금형 및 공작기계 조작원
156 냉난방 관련 설비 조작원
157 자동조립라인 및 산업용 로봇 조작원
158 자동차 및 자동차 부분품 조립원
159 운송차량 및 기계 관련 조립원

16. 재료 관련직

161 금속 및 재료공학 기술자·연구원 및 시험원
162 판금, 제관 및 샤시 관련 종사자
163 단조원 및 주조원
164 용접원
165 도장기 및 도금기 조작원
166 금속가공 관련 장치 및 기계 조작원
167 비금속제조 관련 장치 및 기계 조작원(유리/점토/시멘트/석제품)

17. 화학 관련직

171 화학공학 기술자·연구원 및 시험원
172 석유 및 화학물 가공장치 조작원
173 화학·고무 및 플라스틱 제품 생산기 조작원

18. 섬유 및 의복 관련직

181 섬유공학 기술자·연구원 및 시험원
182 섬유제조기계 조작원
183 섬유가공 관련 조작원
184 의복 제조원 및 수선원
185 재단, 재봉 및 관련 기능 종사자
186 제화 및 기타 직물 관련 기계조작원 및 조립원

19. 전기·전자 관련직

191 전기 및 전자공학 기술자·연구원 및 시험원
192 전공
193 전기, 전자기기 설치 및 수리원
194 발전 및 배전장치 조작원
195 전기 및 전자설비 조작원
196 전기·전자 부품 및 제품 제조 기계 조작원
197 전기·전자 부품 및 제품 조립원

20. 정보통신 관련직

201 컴퓨터 하드웨어 및 통신공학 기술자·연구원
202 컴퓨터 시스템 설계 전문가
203 소프트웨어 개발 전문가
204 웹 전문가
205 데이터베이스 및 정보시스템 운영 전문가
206 통신·방송 장비기사·설치 및 수리원

21. 식품가공 관련직

211 식품공학 기술자·연구원 및 시험원
212 제과·제빵원 및 떡제조원
213 식품가공 관련 기능 종사자
214 식품제조 기계 조작원

22. 환경, 인쇄, 목재, 가구, 공예 및 생산단순직

221 환경공학 기술자·연구원 및 관련 시험원
222 산업안전 및 에너지, 기타 공학 기술자·연구원 및 시험원
223 환경관련 장치 조작원(상하수, 소각)
224 인쇄 및 사진현상 관련 조작원
225 목재, 펄프, 종이가공 및 제조 관련 조작원
226 가구, 목제품 조립 및 제조 관련 종사자
227 공예원, 세공원 및 악기제조원, 기타 기능 종사자
228 간판 제작·설치 및 기타 제조 관련 기계 조작원
229 제조관련 단순 종사자

23. 농림어업 관련직

231 작물재배 종사자
232 낙농 및 사육 관련 종사자
233 임업 관련 종사자
234 어업 관련 종사자
235 농림어업 관련 단순 종사자

보험료 일괄경정고지 신청서

<table>
<tr><td rowspan="3">사업장</td><td colspan="2">명 칭</td><td colspan="3"></td></tr>
<tr><td rowspan="2">사업장
기 호</td><td>건강보험</td><td colspan="3"></td></tr>
<tr><td>국민연금</td><td colspan="3"></td></tr>
<tr><td></td><td colspan="2">주 소</td><td></td><td>전화번호</td><td></td></tr>
<tr><td rowspan="2">신청인</td><td colspan="2">성 명</td><td></td><td>주민등록번호</td><td></td></tr>
<tr><td colspan="2">사업장과의
관계</td><td colspan="3"></td></tr>
<tr><td rowspan="4">일괄
경정고지
신청내역</td><td colspan="2">신청사유</td><td colspan="3">건설현장 사업장(건설일용근로자 정산)</td></tr>
<tr><td colspan="2">해당 기간</td><td colspan="3">사업장 당연적용 해당 월 ~ 탈퇴 월</td></tr>
<tr><td rowspan="2">경정고지내역</td><td>경정일자</td><td colspan="3">매월 6일
* 6일이 토·일·공휴일인 경우에는 전일</td></tr>
<tr><td>발송방법</td><td colspan="3">EDI(경정고지 내역서 및 전자납부번호 등)</td></tr>
</table>

위와 같이 건강·연금보험료 일괄 경정고지를 신청합니다.

신 청 일:　　　년　　월　　일

신청인(사용자)	(인)

국민건강보험공단	
국민연금관리공단	지사장 귀하

21. 특수형태 근로자의 산재보험 임의 가입

1. 의의

그동안 특수형태근로종사자는 근로자와 유사하게 노무를 제공함에도 근로기준법상 근로자로 인정되지 아니하여 업무상 재해로부터 보호를 받지 못하였으나 법 개정으로 인하여 일정한 요건에 해당하는 특수형태근로종사자는 산재보험의 적용을 받을 수 있게 되어 그 보호범위가 확대되었다.

2. 특수형태근로종사자의 범위

주로 하나의 사업에 그 운영에 필요한 노무를 상시적으로 제공하고 보수를 받아 생활하면서 노무를 제공함에 있어 타인을 사용하지 아니할 것이라는 요건에 해당하는 다음의 직종 종사자를 특수형태근로종사자로서 산재보험의 적용을 받는다.

(1) 보험모집인

「보험업법」 제83조 제1항 제1호에 따른 보험설계사 및 「농업협동조합법」에 따른 공제를 모집하는 사람, 「우체국예금보험에 관한 법률」에 따른 우체국보험의 모집을 전업으로 하는 자

(2) 콘크리트믹서트럭 운전자

「건설기계관리법」 제3조 제1항에 따라 등록된 콘크리트믹서트럭을 소유하여 그 콘크리트믹서트럭을 직접 운전하는 사람

(3) 학습지 교사

「통계법」에 따라 통계청장이 고시하는 한국표준직업분류상의 세세분류에 따른 학습지 교사

(4) 골프장 캐디

「체육시설의 설치·이용에 관한 법률」 제19조에 따라 체육시설업의 등록을 한 골프장에서 골프경기를 보조하는 골프장 캐디

(5) 택배업자

한국표준직업분류표의 세분류에 따른 택배원인 사람으로서 택배사업(소화물을 집화·수송 과정을 거쳐 배송하는 사업을 말한다)에서 잡화 또는 배송 업무를 하는 사람

(6) 퀵서비스업자

한국표준직업분류표의 세분류에 따른 택배원인 사람으로서 고용노동부장관이 정하는 기준에 따라 주로 하나의 퀵서비스업자로부터 업무를 의뢰받아 배송업무를 하는 사람

3. 보험 성립신고

(1) 사업장 보험관계 성립신고

기존에 일반근로자의 고용으로 산재보험이 가입되어 있던 사업장은 별도의 보험관계 성립신고가 불필요하나, 일반근로자를 고용하지 않고 특수형태근로종사자만으로 구성된 경우에는 사업장에서 최초로 특수형태근로종사자로부터 노무를 제공받게 된 날부터 14일 이내에 보험관계 성립신고가 필요하다.

(2) 특수형태근로종사자 보험관계 신고

사업주는 특수형태근로종사자에게 최초로 노무를 제공받게 되거나 제공받지 아니하게 된 때에는 그다음 달 15일 이내에 공단에 입·이직 신고를 하여야 한다.

(3) 보험급여 지급제한

특수형태근로종사자의 업무상의 재해가 보험료 체납기간 중에 발생한 경우에는 대통령령으로 정하는 바에 따라 그 업무상의 재해에 따른 보험급여의 전부 또는 일부를 지급하지 아니할 수 있다.

4. 적용제외 및 재적용 신청

특수형태근로종사자가 산재보험의 적용을 받지 아니하고자 하거나 적용제외를 신청하였던 자가 산재보험을 재적용 받고자 하는 경우에는 특수형태근로종사자 본인이 산재보험 적용제외·재적용 신청서를 공단에 제출하면 되는데, 적용제외신청서의 효력발생일은 신청한 날의 다음 날이 되나, 처음 적용을 받은 날부터 70일 이내에 적용제외를 신청한 경우에는 처음 적용을 받은 날로 소급하여 적용제외 되고 재적용신청서는 다음 연도부터 효력을 발생한다.

5. 특수형태근로종사자의 주된 사업장

특수형태근로종사자의 주된 사업장 결정은 처음으로 둘 이상의 사업장에 종사하게 되는 경우에는 해당연도에 먼저 노무를 제공하는 사업장이 된다(단, 전속퀵서비스기사는 전속성이 인정되는 하나의 사업장을 주된 사업장으로 한다). 특수형태근로종사자의 주된 사업장을 변경하고자 할 때는 주된 사업장은 전년도 특수형태근로종사자 전체 소득의 1/2을 초과하여 받는 사업 또는 사업장(소득의 비교기간은 전년도의 가장 나중 입직 월부터 12월까지)이고, 산재보험이 당연적용되는 특수형태근로종사자의 주된 사업장은 당해 연도에는 변경될 수 없으나 보험년도 중 주된 사업장의 소멸, 이직 등으로 주된 사업장에 노무를 제공하지 않게 된 경우에는 새로이 주된 사업장을 결정한다. 해당 보험년도의 주된 사업장의 결정을 위하여 당해 2월 말까지 전년도 소득 자료를 첨부하여 주된 사업장 변경신청서를 제출할 수 있다.

6. 보험료 신고·납부

(1) 보험료 신고·납부

특수형태근로종사자에 대한 보험료는 고용노동부장관이 고시한 월 단위 보수액에 해당 사업의 산재보험료율을 곱하여 매월 산정·부과한다. 이 경우 월의 중간에 입직하거나 이직한 경우에는 그달의 보험료를 일할 계산한다. 다만, 특수형태근로종사자의 입직 신고 이후 입직일로부터 70일의 적용제외 신청 가능 기간에는 월별보험료 부과를 유예하였다가 적용제외 신청을 하지 않는 경우에는 입직일부터 소급하여 보험료를 부과한다. 특수형태근로종사자와 특수형태근로종사자 외의 산재보험 적용근로자가 있는 경우에는 특수형태근로종사자의 산재보험료를 해당 사업의 월별보험료에 합산하여 부과한다.

(2) 보험료 부담

산재보험료는 원칙적으로 사업주가 전액 부담하지만 특수형태근로종사자의 산재보험료는 사업주와 특수형태근로종사자가 각각 1/2씩 부담하고 보험료 납부의 주체는 사업주가 되며, 사업주는 특수형태 근로종사자의 부담분을 원천공제할 수 있다.

7. 보험료 산정

보험료는 월 단위 보수액을 기준으로 하는데 월 단위 보수액은 고용노동부장관이 매년 고시한다. 보험료는 직종별 각각의 기준보수, 특수형태근로종사자의 노무제공 일수, 해당사업장의 보험료율에 의하여 산출되는데 특수형태근로종사자의 산재보험료율은 노무를 제공하는 사업의 산재보험료율과 동일하다.

(단위: 원)

특수형태근로종사자 직종	보수액(월)	평균임금(일)
● 「보험업법」 제83조 제1항 제1호에 따른 보험설계사로서 생명보험회사가 주된 사업장인 보험설계사	2,820,160	92,717
● 「보험업법」 제83조 제1항 제1호에 따른 보험설계사로서 손해보험회사가 주된 사업장인 보험설계사 ● 「보험업법」 제83조 제1항 제1호에 따른 보험설계사로서 보험대리점 또는 보험중개사가 주된 사업장인 보험설계사 ● 「우체국예금·보험에 관한 법률」에 따른 우체국보험의 모집을 전업으로 하는 사람	1,960,830	64,441
● 「건설기계관리법」 제3조 제1항에 따라 등록된 콘크리트믹서트럭을 소유하여 그 콘크리트믹서트럭을 직접 운전하는 사람	2,023,080	66,512
● 「통계법」에 따라 통계청장이 고시하는 한국표준직업분류상의 세세분류에 따른 학습지 교사	1,610,750	52,956
● 「체육시설의 설치·이용에 관한 법률」 제19조에 따라 체육시설업의 등록을 한 골프장에서 골프경기를 보조하는 골프장 캐디	1,943,080	63,882
● 「통계법」에 따라 통계청장이 고시하는 한국표준직업분류표의 세분류에 따른 택배원 중 소화물을 집화·수송과정을 거쳐 배송하는 택배사업에서 집화 또는 배송 업무를 하는 사람	1,688,250	56,275
● 「통계법」에 따라 통계청장이 고시하는 한국표준직업분류표의 세분류에 따른 택배원 중 소화물을 집화·수송과정을 거치지 아니하고 퀵서비스업에서 주로 하나의 퀵서비스사업자로부터 업무를 의뢰받아 배송 업무를 하는 사람	1,350,000	45,000

신고서류

● 특수형태 근로자 산재보험 적용제외·재적용 신청서

■ 고용보험 및 산업재해보상보험의 보험료징수 등에 관한 법률 시행규칙[별지 제62호서식] <개정 2010.12.22>

특수형태근로종사자 산재보험 적용제외·재적용 신청서

※ 아래 유의사항 및 작성방법을 읽고 작성해 주시기 바라며, [ ]에는 해당되는 곳에 "√" 표를 합니다.

접수번호		접수일	처리기간 5일
신고 사업장	사업장관리번호(사업개시번호)		대표자
	상호·법인 명칭(지점)		전화번호
	소재지		
특수형태 근로종사자	적용 신청 구분	[ ]적용제외 신청　　　　　[ ]재적용 신청	
	이름		
	주민등록번호		
	주소지		
	휴대전화번호		전화번호

「고용보험 및 산업재해보상보험의 보험료징수 등에 관한 법률 시행규칙」 제44조의5제1항에 따라 위와 같이 신청합니다.

년　　　월　　　일

신청인(특수형태근로종사자)　　　　　　　　　　　　　　(서명 또는 인)

근로복지공단 ○○지역본부(지사)장 귀하

첨부서류	없음	수수료 없음

유의사항 및 작성방법

적용제외 신청 또는 재적용 신청은 특수형태근로종사자 본인이 해야 합니다.(사업주 신청 불가)
일괄적용 사업장의 경우에는 "사업장관리번호"란에 사업개시번호를 적습니다.

210mm×297mm[일반용지 60g/㎡(재활용품)]

22. 중소기업 사업주의 산재보험 임의가입

1. 의의

사업장의 특성에 따라 중소기업 사업주의 경우 사실상 근로에 종사하는 경우가 많은 점을 감안하여 임의로 산재보험에 가입할 수 있도록 하는 제도로, 근로자만 보호하는 산재의 기본 취지를 확장하여 중소기업 사업주까지 그 대상 범위를 확대하고 있다.

2. 중소기업 사업주의 범위

일정한 자격을 갖춘 중소기업 사업주는 공단의 승인을 얻어 자기 또는 유족을 보험급여를 받을 수 있는 자로 하여 산재보험에 가입할 수 있는데 그 범위는 다음과 같다.

(1) 보험가입자로서 50명 미만의 근로자를 사용하는 사업주

(2) 근로자를 사용하지 아니하는 사업주로서(다만, 특수형태근로종사자 제외)
① 여객자동차 운수사업법에 따라 여객자동차 운송사업을 하는 사람
② 화물자동차 운수사업법에 따라 화물자동차 운송사업을 하는 사람

③ 건설기계관리법에 따라 건설기계사업을 하는 사람

④ 통계법에 따라 통계청장이 고시하는 직업에 관한 표준분류의 세분
   류에 따른 택배원인 사람으로서 다음의 어느 하나에 해당하는 사람
 - 퀵서비스업자(소화물의 집화·수송과정 없이 그 배송만을 업무로 하는
   사업의 사업주를 말한다)로부터 업무를 의뢰받아 배송 업무를 하는 사람
 - 퀵서비스업자

⑤ 예술인복지법에 따른 예술인으로서 예술 활동의 제공 대가로 보수
   를 받을 목적으로 체결된 계약에 따라 활동하는 사람

3. 보험 가입신청 및 승인

(1) 보험 가입신청

중소기업 사업주가 보험에 가입하고자 하는 경우에는 근로자 수, 사업
의 내용 및 보수에 관한 사항을 기재한 '중소기업 사업주 산업재해보상
보험 가입신청서'를 공단에 제출해야 한다. 근로자의 유무에 따라 별도
의 양식을 사용하도록 나누어져 있다. 동일한 사업주가 2종 이상의 사업
의 사업주인 경우 어느 하나의 사업의 사업주로 특별가입승인을 받았을
지라도 다른 사업의 업무로 재해를 입었을 때는 보상대상이 아니므로 각
각 별도로 가입승인을 얻어야 한다.

(2) 보험 가입의 승인

공단은 중소기업 사업주 산재보험가입신청서가 제출되는 경우에는 신
청서의 접수일부터 7일 이내에 승인 여부를 결정·통지하여야 한다. 보
험의 성립일은 신청서 접수일의 다음 날이 된다.

(3) 건강진단

산재보험 가입을 신청한 사업주가 분진·진동·연(鉛) 및 유기용제 관련업무 종사자인 경우에는 「산업안전보건법 시행규칙」 제98조의3의 규정에 의한 특수건강진단기관에서 특수건강진단을 받도록 하고 그 결과를 제출하도록 하여야 하며, 진단결과 당해 사업주의 건강상태가 「산업안전보건법」 제43조 제5항의 규정에 의한 조치가 필요한 경우에는 승인을 하지 아니할 수 있다(건강진단비용은 공단이 별도 부담).

4. 보험관계 해지와 지급제한

(1) 보험관계 해지

보험에 가입한 중소사업주가 보험계약을 해지하고자 할 때에는 공단의 승인을 얻어야 한다. 다만, 공단이 계속해서 중소기업 사업주의 보험관계를 유지할 수 없다고 인정하는 경우에는 당해 보험관계를 소멸시킬 수 있고 보험가입을 신청한 당해 연도에는 보험계약 해지가 불가하다.

(2) 보험급여 지급제한

중소기업 사업주가 보험료를 체납한 기간 중에 발생한 업무상 재해에 대하여는 보험급여를 지급치 아니하나, 체납한 보험료를 보험료 납부기일이 속하는 달의 다음다음 달 10일까지 납부한 경우에는 그러하지 아니한다. 중소기업 사업주는 보험료 체납 시 보험급여를 지급치 아니하므로 체납처분이 필요 없고 독촉 후에도 체납 등 보험관계 유지가 곤란한 경우 일정기간 경과 후 「보험료징수법」 제49조 제3항에 의거 직권소멸 처리한다.

5. 보험료 징수

(1) 징수

중소기업 사업주에 대한 보험료 및 보험급여의 산정기준이 되는 보수액 및 평균임금은 고용노동부장관이 고시하는 금액으로 하고 보험료율은 당해 사업이 적용받는 보험료율(개별실적 요율을 받고 있을 경우 개별요율 적용)로 한다.

■ 중소기업 사업주에 대한 산재보험료 및 보험급여 산정의 기초가 되는 보수액 및 평균임금(고용노동부고시 제2012135호)

(단위: 원)

구 분	2012년도		2013년도	
	보수액(월)	평균임금(일)	보수액(월)	평균임금(일)
1등급	1,099,200	36,640	1,166,400	38,880
2등급	1,350,000	45,000	1,353,200	45,106
3등급	1,540,000	51,333	1,540,000	51,333
4등급	1,730,000	57,666	1,730,000	57,666
5등급	1,920,000	64,000	1,920,000	64,000
6등급	2,110,000	70,333	2,110,000	70,333
7등급	2,310,000	77,000	2,310,000	77,000
8등급	3,198,110	106,603	3,271,200	109,040
9등급	4,086,220	136,207	4,232,400	141,080
10등급	4,974,330	165,811	5,190,600	173,120

(2) 산정방식

월 보험료＝월 단위 보수액×보험료율

보험에 가입된 중소기업 사업주는 보험연도마다 고용노동부장관이 고시하는 월 단위 보수액의 등급 중 하나를 선택하여 해당 보험연도의 전년도 12월 말일까지 다음 보험연도 월 보수를 공단에 신고하여야 하며,

선택하여 신고하지 아니하는 경우에는 종전에 적용하고 있는 월 단위 보수액의 등급을 선택한 것으로 본다. 공단은 중소기업 사업주가 신고한 월 보수에 따라 월 보험료를 산정·부과하고, 월의 중간에 보험관계가 성립하거나 소멸하는 경우에는 월 보험료를 일할 계산하며 사업주가 선택한 보수 등급은 연도 중에는 변경이 불가하지만 연도 중에 보험료율 변경으로 인상·인하되는 경우에는 추가징수 또는 감액한다.

신고서류

● 중소기업 사업주 산재보험 보험가입신청서

■ 고용보험 및 산업재해보상보험의 보험료징수 등에 관한 법률 시행규칙[별지 제56호서식] <개정 2012.1.3>

중소기업 사업주 산재보험
[　]보험가입신청서　　[　]보험관계 변경신고서

※ 뒷면의 유의사항과 작성방법을 읽고 작성해 주시기 바라며, [　]에는 해당되는 곳에 "√" 표를 합니다. (앞면)

접수번호		접수일	처리기간 7일	
중소기업 사업주 사업장관리번호			산재보험 사업장관리번호	
신청인/ 신고인 (사업주)	상호(법인명)			
	소재지		전화번호	
	근로자 수		전자우편주소	
	대표자		주민등록번호	
보험가입 신청내용/ 변경사항 신고내용	보험료산정 기준보수액	등급　　　　（　　원）		
	업무의 구체적 내용			
	근로시간	부터　　　　까지		
	특정업무 종사여부	[ ] 분진작업을 수행하는 업무 [ ] 진동 공구를 사용하는 업무 [ ] 연(납) 업무 [ ] 유기용제를 취급하는 업무		
	특정업무 종사경력	최초 종사연월	년　　　　월	
		종사한 기간의 합계	년　　　　월	

「고용보험 및 산업재해보상보험의 보험료징수 등에 관한 법률」 제49조제2항, 같은 법 시행규칙 제43조제1항 및 제5항에 따라 위와 같이 신청(신고)합니다.

년　　　　월　　　　일

신청인(보험가입자)　　　　　　　　　　　　　(서명 또는 인)

[　　]보험사무대행기관　　　　　　　　　　(서명 또는 인)

근로복지공단 ○○지역본부(지사)장 귀하

개인정보 수집 및 이용 동의서

본인은 이 건 민원사무처리에 대한 처리결과 안내, 캠페인(이벤트), 사업홍보물, 고객만족도조사 및 관련 제도개선에 필요한 의견조사를 위해 우편, 휴대전화 또는 이메일 등으로 수신·참여하는 것에 동의합니다.

신고인(신청인)　　　　　　　　　　　　　(서명 또는 인)

※ 처리 사항(아래 사항은 민원인이 적지 않습니다)

보험관계 성립일		승인 여부	[ ]승인 [ ]불승인
건강진단 실시기간	년　월　일부터　　년　월　일까지		

210mm×297mm[일반용지 60g/㎡(재활용품)]

1. 산재보험 중소기업 사업주 보험가입신청에 따라 공단이 보험가입을 승인한 경우 그 신청서의 접수일의 다음 날부터 중소기업 사업주에 대하여 산재보험관계를 적용합니다.
2. 보험료산정 기준보수액은 보험급여의 산정 기준 임금액 및 평균임금으로 적용합니다.
3. 「산업재해보상보험법」 제124조제4항 및 같은 법 시행령 제124조에 따라 산재보험료 체납기간에 발생한 업무상의 재해에 대해서는 보험급여를 지급하지 않습니다.
4. 보험에 가입한 중소기업 사업주가 50명 이상의 근로자를 사용하게 된 경우에도 해당 보험연도에 한해서는 보험관계가 유지됩니다.
5. 중소기업 사업주 보험가입 승인 또는 기준보수액 등급 결정된 이후에는 해당 년도 중에는 기분보수액 등급 변경이 불가합니다.

1. '중소기업 사업주 사업장관리번호'란은 이미 산재보험관계가 성립된 중소기업 사업주가 보험관계 변경사항을 신고하는 경우에 적습니다.
2. '산재보험 사업장관리번호'란은 산재보험이 이미 성립되어 있는 경우에만 적습니다.
3. '근로자 수'란은 신청서 제출일 당시 사용하고 있는 근로자 수를 적습니다.
4. '보험료산정 기준보수액'란은 「고용보험 및 산업재해보상보험의 보험료징수 등에 관한 법률」 제49조제1항에 따라 고용노동부장관이 고시하는 금액을 적습니다.
5. '업무의 구체적 내용'란에는 중소기업 사업주 자신이 하는 업무의 구체적 내용을 적습니다.
6. '근로시간'란에는 사용근로자들의 정해진 근무 시작시간 및 종료시간을 적습니다.
7. 중소기업 사업주로서 하는 업무가 '특정업무 종사 여부'란에 열거된 특정업무의 각 호의 어느 하나에 해당하는 경우에는 그 해당하는 특정업무의 [ ]에 "√" 표를 합니다.
8. '특정업무종사경력'란에는 중소기업 사업주로서 하는 업무가 '특정업무 종사 여부'란에 열거된 각 호의 어느 하나에 해당할 경우로서, 해당 가입예정자가 과거에 해당하는 특정업무에 종사한 적이 있을 때에 해당하는 특정업무에 최초에 종사한 연월 및 종사한 기간의 합계를 적습니다.
   ※ 열거한 특정업무의 어디에도 해당하지 않는 경우 '특정업무 종사 여부'란과 '특정업무 종사경력'란은 적지 않습니다.
9. 최초 신청한 중소기업 사업주 산재보험관계에 변경이 있는 경우 변경된 사항을 ⑨ ~ ⑭란에 적습니다.

23. 자영업자의 고용보험 임의가입

1. 의의

우리나라는 전체 취업자 중 자영업자의 비중은 높으나 수익성이 낮은 생계형이 많아 사회안전망 보호에 대한 필요성이 부각되어 2012년 1월 22일부터 자영업자의 생계안정 및 생산성 향상, 재취업 지원을 위해 고용보험(실업급여, 고용안정·직업능력개발사업) 적용을 확대하고 있다.

2. 대상

근로자를 사용하지 아니하거나, 50인 미만 근로자를 사용하는 자영업주(개인사업장은 사업주, 법인은 대표이사)가 그 대상이 된다. 50인 미만은 사업 단위의 총 상시근로자 수로 판단하고 가입 후 50인 이상이 된 경우도 다음 연도 계속 가입 유지가 가능하다.

(1) 가입 요건

① 사업자등록증을 갖추고 사업자등록증의 개업연월일부터 6개월 이내인 자

② 자영업자인 피보험자가 자영업자 구직급여를 지급받은 경우에는 자

영업자 구직급여 지급종료일부터 2년이 경과한 시점부터 6개월 이
내인 자(사업자등록증의 개업연월일이 자영업자 구직급여 지급종료
일부터 2년이 경과한 시점보다 빠른 경우에 한한다)

③ 임금근로자로서 피보험자격이 취득되어 있지 않은 자(일용근로자는
자영업자 중 선택 가능)

④ 고용보험법 제18조에 따라 자영업자 보험관계가 소멸된 이후(근로
자 피보험자격 취득으로) 재가입을 희망하는 경우는 근로자로서 피
보험자격을 상실한 날부터 6개월 이내인 자

(2) 가입불가

① 「고용보험법 시행령」 제2조 각 호의 어느 하나에 해당하는 사업

---

1. 농업·임업·어업 또는 수렵업 중 법인이 아닌 자가 상시 4명 이하의 근로자를 사용하
는 사업
2. 건설산업기본법에 따른 건설업자
주택법에 따른 주택건설사업자
전기공사업법에 따른 전기업자
정보통신공사업법에 따른 정보통신공사업자
소방시설공사업법에 따른 소방시설업자
문화재수리 등에 관한 법률에 따른 문화재수리업자가 아닌 자가 시공하는 ① 총공사금
액이 2천만 원 미만인 공사, ② 연면적이 100제곱미터 이하인 건축물의 건축 또는 연면
적이 200제곱미터 이하인 건축물의 대수선에 관한 공사
3. 가사서비스업

---

* 고용보험 적용제외 사업장에 대하여 임의가입한 경우에 한하여 자영업주 고용보험 임의가입이 가능하나, 사업장의 보
험관계가 소멸(해지)된 경우에는 자영업자 보험관계도 소멸(해지)됨.

② 부동산 임대업(한국표준산업분류표 기준)

부동산임대업만 행하는 경우가 해당되고, 다른 업종을 동시에 행하는
경우 다른 업종으로 가입 가능하다.

3. 가입과 소멸

(1) 가입

대상 사업주가 근로복지공단에 임의가입 신청하고, 성립일은 자영업자 고용보험가입신청서를 신청(접수)한 날의 다음 날이 성립일이고, 이날이 피보험 자격취득일이다. 기 가입된 자영업자의 실업급여 추가 가입은 불가하다. 즉, 가입된 자영업자(2012.1.22 이전 가입자)의 보험관계 유지는 가능하나 실업급여에 가입하려면 기존 자영업자 보험관계 소멸 후 새로이 적용 확대되는 자영업자 고용보험에 임의가입하여야 한다.

(2) 자영업자와 근로자 이중취득

임금근로자로 피보험 자격을 취득한 경우에는 자영업자 고용보험 가입이 안 되고, 일용근로자로 피보험 자격이 있으면 자영업자와 둘 중의 하나를 선택하여 가입이 가능하다. 자영업자로 보험관계가 성립했더라도 후에 임금근로자로 피보험자격을 취득하면 자영업자 고용보험관계는 당연 소멸한다. 자영업자 보험관계 성립 후 일용근로자 근로내역이 신고된 경우에는 자영업자의 선택에 의하여 일용근로자 근로내역을 원하면 자영업자 보험관계는 소멸 처리하고, 자영업자 보험관계를 원하는 경우 일용근로자 근로내역 신고 기간이 불인정된다.

(3) 소멸

폐업하거나 3개월 연속 보험료를 미납(소멸일: 마지막 납부 보험료의 피보험기간의 다음 날)하거나, 임금근로자의 피보험자격을 취득하면 당연 소멸된다. 또한 자영업자가 해지 신청(가입연도에도 해지 가능)하거나 적용제외 사업장의 고용보험 해지신청에 따라 자영업자 고용보험도 해지가 된다. 이때 자영업자 보험관계 소멸일이 자영업자 피보험자격 상실일이 된다.

4. 보험료 산정과 부과

　자영업자 고용보험료는 공단이 매월 부과하고, 건강보험공단이 징수하는데 납부기한은 매월 부과된 보험료를 다음 달 10일까지 납부하여야 한다. 보험료는 기준 보수액에 보험요율을 곱하여 계산하는데 월 중간에 보험관계가 성립하거나 소멸하는 경우 고용보험료는 일할 계산한다. 기준 보수액은 가입 신청 시 기준 보수액을 선택하고, 다음 연도 기준 보수액은 12월 20일까지 공단에 보수액 변경을 신청할 수 있다. 12월 20일까지 보수액 변경 신청을 하지 않은 경우에는 종전에 적용하고 있는 기준 보수액을 선택한 것으로 간주한다.

5. 보험요율

（1）보험요율: 2.25%(실업급여: 2%, 고용안정·직업능력개발사업: 0.25%)

（2）기준보수별 월 보험료 및 실업급여액

<등급별 월 보험료 및 실업급여 수준(안)>

등 급	기준 보수	월 보험료(2.25%)	월 실업급여
1등급	1,540,000원	34,650원	770,000원
2등급	1,730,000원	38,930원	865,000원
3등급	1,920,000원	43,200원	960,000원
4등급	2,110,000원	46,480원	1,055,000원
5등급	2,310,000원	51,980원	1,155,000원

<실업급여 소정일수>

구 분	가입 기간(피보험기간)			
	1년 이상 3년 미만	3년 이상 5년 미만	5년 이상 10년 미만	10년 이상
소정급여일수	90일	120일	150일	180일

6. 유의사항

실업급여를 받으려면 보험료를 납부한 기간인 피보험(단위) 기간이 최소 1년이 되어야 하고 비자발적인 폐업인 경우에 한해 지급된다. 또한 보험료 1~3회 이상 체납자는 실업급여를 지급하지 않는다(단, 최초 실업 인정일까지 체납 보험료 등 전액 납부 시 지급 가능하다). 마지막으로 자영업자 피보험자격기간과 임금근로자의 피보험기간은 합산하여 관리할 수 있다.

신고서류

- 자영업자 고용보험가입신청서

■ 고용보험 및 산업재해보상보험의 보험료징수 등에 관한 법률 시행규칙[별지 제59호서식] <개정 2013.2.13>
고용·산재보험 토탈서비스(http://total.kcomwel.or.kr)에서도 신고할 수 있습니다.

자영업자 고용보험가입신청서

※ 뒤쪽의 유의사항과 작성방법을 읽고 작성해 주시기 바라며, 색상이 어두운 란은 신청인이 적지 않습니다.
　　　(앞쪽)
※ [　]에는 해당되는 곳에 "√" 표시를 합니다.

접수번호	접수일	처리기간: 7일

신청인	상호(법인명)		
	소재지	전화번호	
	근로자 수	전자우편주소	
	대표자	주민등록번호	
	사업자등록번호	법인등록번호	
	사업 개시일 (개업연월일)		
	업태　　　　종목　　(주생산품)	업종코드	
보험가입 신청내용	보험료산정 기준보수액	등급(　　　　　　　원)	
	사업의 내용		
신청일 현재 임금근로자(일용근로자 포함) 피보험자격 취득 여부		예 [　]　　　　아니오 [　]	

「고용보험 및 산업재해보상보험의 보험료징수 등에 관한 법률」 제49조의2제1항, 제4항 및 같은 법 시행규칙 제44조의2제1항에 따라 위와 같이 신청합니다.

　　　　　　　　　　　　　　　　　　　　　　　　　　　　　　　년　　　　월　　　　일

　　　　　신청인(보험가입자)　　　　　　　　　　　　　　　　　(서명 또는 인)

　　　　　[　]보험사무대행기관　　　　　　　　　　　　　　　　(서명 또는 인)

근로복지공단 ○○지역본부(지사)장 귀하

※ 처리 사항

보험관계 성립일		승인 여부	[　]승인 [　]불승인
보험관리번호			

210mm×297mm[일반용지 60g/㎡(재활용품)]

담당직원 확인 사항	1. 사업자등록증 2. 주민등록표 등본 3. 법인 등기사항증명서	수수료 없음

개인정보 수집 및 이용 동의서

본인은 이 건 민원사무처리에 대한 처리결과 안내, 캠페인(이벤트), 사업홍보물, 고객만족도조사 및 관련 제도개선에 필요한 의견조사를 위해 우편, 휴대전화 또는 이메일 등으로 수신·참여하는 것에 동의합니다.

신청인   (서명 또는 인)

행정정보 공동이용 동의서

본인은 이 건 업무처리와 관련하여 담당 직원이 「전자정부법」 제36조제2항에 따른 행정정보의 공동이용을 통하여 위의 "담당 직원 확인사항"을 확인하는 것에 동의합니다.

　*동의하지 않는 경우에는 신고인이 해당 서류(사업자등록증 사본, 주민등록표 등본)를 제출하여야 합니다.

신청인   (서명 또는 인)

유의사항

1. 보험료는 고용노동부장관이 고시한 월별 기준보수액에 보험료율을 곱하여 산정하며, 기준보수액은 근로복지공단(1588-0075) 또는 고용노동부(1350)에서 확인할 수 있습니다. 보험료는 매월 근로복지공단에서 부과하고 국민건강보험공단에서 고지서를 발송하며, 다음 달 10일까지 납부하여야 합니다. 보험료를 연속해서 3개월 간 납부하지 않은 경우 보험관계가 소멸되고, 소멸일 전까지의 기간에 대한 보험료는 납부하여야 합니다.
2. 「고용보험법」 제69조의8 및 같은 법 시행규칙 115조의4에 따라 고용보험료 체납한 자에 대해서는 실업급여가 지급되지 않습니다.
3. 기준보수액(등급)은 당해 보험연도말까지는 이를 변경할 수 없으며, 다음 보험연도에 변경을 희망하는 경우에는 직전 연도의 12월 20일까지 공단에 변경을 신청하여야 합니다. 기존보수액(등급) 변경을 신청하지 아니하는 경우에는 종전에 적용하고 있는 기준보수액(등급)이 적용됩니다.
4. 「고용보험법」 제18조 및 같은 법 시행규칙 제14조에 의해 자영업자인 피보험자와 근로자로서 피보험자격 이중취득은 제한되고, 이 경우 우선적으로 근로자로서 피보험자격을 취득(다만, 일용근로자의 경우 본인이 선택 가능)하므로 근로자로서 고용보험에 가입한 경우에는 자영업자 고용보험 가입이 제한될 수 있습니다.
5. 「고용보험법 시행규칙」 제115조의3에 따라 실업급여 수급자격이 인정되는 폐업사유는 다음과 같으며, 그밖에 위탁·계약기간 만료로 인한 폐업 등 이에 해당하지 않는 사유로 폐업 시 실업급여 지급이 제한됩니다.
① 폐업한 날이 속하는 달의 직전 6개월 동안 연속하여 매월 적자가 지속된 경우
② 폐업한 날이 속하는 달의 직전 3개월(이하 "기준월")의 월평균 매출액이 기준월이 속하는 연도 직전연도 중 같은 기간의 월평균 매출액 또는 기준월이 속하는 연도 직전연도의 월평균 매출액 중 어느 하나에 비하여 100분의 20 이상 감소한 경우
③ 기준월의 월평균 매출액과 기준월 직전 2분기의 분기별 월평균 매출액이 계속 감소 추세에 있는 경우
④ 「대·중소기업 상생협력 촉진에 관한 법률」 제32조에 따라 사업조정을 신청한 업종에 종사하는 자영업자인 피보험자가 폐업한 경우
⑤ 「자유무역협정 체결에 따른 무역조정 지원에 관한 법률」 제6조에 따라 무역조정지원기업으로 지정되었거나 「자유무역협정 체결에 따른 농어업인 등의 지원에 관한 특별법」 제9조에 따라 폐업 지원을 받은 농어업인이 더 이상의 사업을 영위하는 것이 곤란하다고 판단되어 폐업한 경우
⑥ 예상하기 어려운 대규모의 태풍, 홍수, 대설 등 자연재해로 인하여 폐업한 경우
⑦ 부모나 동거하고 있는 친족의 질병·부상 등으로 자영업자인 피보험자가 30일 이상 직접 간호하여야 하고, 간호하는 기간 동안 다른 사람에게 사업을 운영하게 할 수 없어 폐업한 경우
⑧ 의사의 소견서 등에 따라 체력의 부족, 심신장애, 질병, 부상 등으로 영업을 수행할 수 없다고 인정되어 폐업한 경우
⑨ 부양하여야 하는 배우자나 친족과 동거하기 위하여 거소를 이전한 경우로서 통상의 교통수단으로 출퇴근을 하는 데에 3시간 이상이 걸려 폐업한 경우
⑩ 병역복무를 위하여 징집되거나 소집되어 폐업한 경우
⑪ 그밖에 통상의 자영업자인 피보험자의 경우에도 해당 사유가 발생하였다면 폐업하였을 것이라고 인정되는 사유로 폐업한 경우
6. 1년 이상 가입 후 실업급여 수급자격이 인정되는 사유로 폐업한 경우 피보험기간에 따라 90일부터 180일까지 기준보수액의 50%를 실업급여로 지급합니다.

위 유의사항을 확인하였습니다.   신청인   (서명 또는 인)

작성방법

1. "근로자"수 란은 신청서 제출일 당시 사용하고 있는 근로자 수를 적습니다.
2. "사업개시일"과 "업태와 종목" 란은 사업장등록증 상의 개업 연월일, 업태와 종목을 적습니다.
3. "보험료산정 기준보수액"란은 「고용보험 및 산업재해보상보험의 보험료징수 등에 관한 법률」 제49조의2제3항·제4항에 따라 고용노동부장관이 고시하는 월단위 보수액 중 자영업자가 선택한 등급과 금액을 적습니다.
4. "사업의 내용"란은 고용보험에 가입하려는 자영업자가 하고 있는 사업의 구체적 내용을 적습니다.
5. "신청일 현재 임금근로자(일용근로자 포함) 피보험자격 취득 여부"는 고용보험법상 근로자로 파보험자격 취득이 되어 있는지 여부를 적습니다.

210mm×297mm[일반용지 60g/㎡(재활용품)]

24. 해외파견자의 4대보험

1. 고용보험

　국내 본사에서 임금이 지급된다면 고용보험료는 계속 징수하고 파견 또는 송출기간을 피보험단위기간에 계속 산입하고, 해외현지법인에서 임금이 전액 지급된다면 기준기간 연장사유에 해당되어 그 기간만큼 기준기간이 연장된다. 기준기간이란 구직급여 수급을 위하여 피보험자가 이직한 경우에 이직일 이전 18개월간 피보험단위기간이 통산하여 180일 이상을 충족하는 경우에 지급하게 되는데, 이때 18개월간을 기준기간이라 한다. 기준기간의 연장은 18개월 동안 질병, 부상, 휴업, 임신·출산·육아에 따른 휴직 그 밖에 고용노동부장관이 고시하는 사유로 계속하여 30일 이상 보수의 지급을 받을 수 없었던 경우에는 18개월에 그 사유로 보수를 지급받을 수 없었던 일수를 가산한 기간을 기준기간(3년을 초과할 때에는 3년)으로 한다. 기준기간 연장 사유인 해외현지법인에서 임금이 전액 지급되는 경우 피보험자격은 유지하나 보험료 부과대상은 아니므로 '월평균보수 변경신고서'를 제출하거나 보수총액신고 시 정산하여야 한다.

2. 산재보험

(1) 의의

속지주의 원칙에 의거 해외현지법인, 해외건설현장에 파견되어 산재보험법의 보호를 받지 못하는 근로자에 대하여 보험가입자가 공단에 해외파견자 보험가입신청을 하여 승인을 받으면 해외파견자도 산재보험을 적용받을 수 있다.

(2) 해외파견자 적용 및 승인 요건

해외파견자에 대한 산재보험의 적용을 받고자 할 때는 공단에 '해외파견자 산재보험가입신청서'를 제출하고 승인받아야 산재보험을 적용받을 수 있다. 해외파견자의 경우 보험가입신청에 대한 승인을 얻은 경우에 한하여 수혜자격이 부여되고, 이 경우 국내에서 지급되는 보수에 대해서만 보험료가 징수되고 급여전액이 현지법인에서 지급된다면 그 근로자는 보험가입대상에서 제외된다. 2011년 1월 1일부터는 건설업 및 벌목업 해외파견자 임의가입이 가능함에 따라 해외파견자 가입신청이 전 사업에 대하여 가능해졌다. 단, 「직업안정법」 제33조 제3항 제2호에 따른 국외근로자 공급 사업은 제외된다.

■ 해외 출장과 구별(보상 68607-215, 1995.5.2)

<질의>
폐사는 설비공사업, 선박엔진수리업, 열병합발전설비 등의 운전·보수 관리를 영위하는 업체로서 근로자들을 수시로 해외출장 또는 파견을 시키고 있는바, 아래의 사항을 질의함.

1. 공사를 수반하지 않는 해외출장(영업 등의 일반출장)의 산재보험 적용 여부
2. 공사를 수반(외국 항에서의 국적, 외국적 선박의 수리)하는 해외출장(7일 내지 15일간)의 산재보험 적용 여부
3. 해외현장의 공사(한국업체가 외국에서 시행하는 발전설비 건설공사 등의 하도급공사)를 위한 파견(1개월 내지 3개월)의 산재보험 적용 여부

4. 상기 1, 2, 3의 경우가 산재보험의 적용이 되지 않을 경우 해외근재에 가입하면 그 기간에 해당하는 임금을 산재보험 확정보험료 신고 시 총임금에서 차감하여도 되는지

<회시>
1. 귀 사업장의 근무형태가 불분명하나 근무 장소가 해외일지라도 근로자가 국내사업장에 소속되어 국내사업장 사용자의 직접적인 지배 아래 있다면 해외출장으로 보아 국내사업장에 흡수 적용되며, 해외사업장에 소속되어 해외사업장 사용자의 직접적 지휘·감독을 받아 근무하는 경우에는 해외파견으로 보아 적용이 배제됨. 해외출장으로 보이는 경우로는 다음 각 호의 일에 해당되는 경우임.
가. 상담, 회의, 시찰, 업무연락, 기술교섭, 기술취득, 기술서비스(애프터서비스) 등 때문에 사명에 의하여 국외에 나가는 경우
나. 시장조사 등의 목적으로 해외의 각지를 이동하는 경우
다. 건설관계의 식전참가 및 업무연락을 위하여 국외에 나가는 경우
라. 건설 사업에 관한 기술지도, 작업지도, 기계장치의 운전, 개조 및 수리 지도 등을 위하여 사명에 의하여 국외에 나가는 경우
마. 기타 사명에 의해 특정의 업무를 수행하기 위하여 국내에 소재하는 통상의 근무지를 떠나 해외의 용무지에 도착하여 용무를 끝내고 근무지로 돌아오는 경우로서 그 과정 전반에 걸쳐서 국내사업주의 지배하에 있다고 인정되는 경우

2. 또한, 다음 사항을 모두 충족시키는 경우에는 근무 장소가 해외일지라도 국내사업장의 일부로 보아 본사에 흡수 적용함.
가. 외국환 관리규정 제14장 제2조(해외지사의 구분) 제1항 제2호에 규정된 해외사무소로 설치 인증을 받은 사업장일 것
나. 임금을 국내 본사에서 지급하고 임금대장을 국내 본사에서 관리할 것
다. 해외근무 장소 내의 한국인 근로자에 대한 인사관리를 국내 본사에서 행할 것

---

(3) 보험관계의 성립

① 보험관계의 성립

보험가입자가 공단에 '해외파견자 산재보험가입신청서'를 제출하고, 공단은 보험가입 승인 여부를 판단하여 '해외파견자 산재보험가입(불승인)통지서'로 통지한다. 가입승인 후 변경사항이 발생하면 '해외파견자 산재보험관계 변경신고서'를 지체 없이 공단에 제출하여야 한다. 해외파견자 산재보험 적용관계를 해지하고자 하는 경우 공단의 승인을 얻어야 하는데 보험계약해지는 그 보험계약이 성립한 보험연도가 끝난 후에 하여야 한다. 보험관계의 성립일은 파견예정자는 출국일이고 파견된 자는 산재보험 가입신청서를 접수한 날의 다음 날이 된다.

② 소멸일

사업이 폐업되거나 끝난 날의 다음 날 보험계약을 해지하는 경우 그 해지에 관하여 공단의 승인을 얻은 날의 다음 날, 공단이 보험관계를 소멸시키는 경우 그 소멸의 결정·통지를 한 날의 다음 날에 소멸한다.

(4) 해외파견근로자의 고용정보 관리

① 산재보험 특례에 가입하지 않았을 경우

해외파견 시 국내 사업장에 '근로자 고용종료신고서'를 제출(고용종료일은 국내성립사업장 마지막 근무일의 다음 날)하고, 국내성립사업장 복귀 시에 '근로자 고용신고서'를 제출(고용일은 국내사업장 복귀일)하면 되고, 해외파견 사업장에는 별도 신고할 필요가 없다.

② 산재보험 특례에 가입한 경우

해외파견 시 국내 사업장에 '근로자 고용종료신고서'를 제출(고용 종료일: 국내성립사업장 마지막 근무일의 다음 날)하고, 국내 성립사업장 복귀 시에 '근로자 고용신고서'를 제출(고용일: 국내성립사업장 복귀일)하며, 해외파견 사업장에는 '해외파견자산재보험가입신청서'를 제출하면 된다. 이때 별도로 '근로자 고용신고서'를 제출하지 않으며 해외파견 종료 시에도 '근로자 고용종료신고서'를 제출하지 않는다.

(5) 고용정보 관리

국내 본사와 구분되어 별도의 사업장관리번호로 고용정보를 관리하고 보험료는 국내 사업장과 동일하게 신고하고 납부하면 된다. 2013년도 해외파견자 산재보험료율(건설·벌목업을 포함한 전 사업)은 17/1,000이다.

- 해외파견자 산재보험 가입신청서

3. 국민연금

근로자를 해외에 파견할 경우 국민연금 사업장 가입자로서 연금보험료를 계속 납부하여야 한다. 우리나라 국민연금에 가입되어 있는 해외파견근로자가 국민연금관리공단에서 사회보장협정에 의한 가입증명서를 발급받아 이를 해당 파견국에 제출하는 경우 해당 파견국에서 보험료 납부를 면제받을 수 있다

4. 건강보험

1개월 이상 해외에 파견되는 근로자의 경우에 보험료를 경감·면제 적용을 받을 수 있는데 국내에 부양가족이 있으면 50% 경감, 국내에 부양가족이 없으면 100% 보험료를 면제받는다. 적용 시기는 해당사유가 발생한 날이 속하는 달의 다음 달부터 해소된 날이 속하는 달까지 적용되며, 사유 발생일로부터 14일 이내에 '직장가입자 (근무처, 근무내역)변동신고서'에 여권 등 사본을 첨부하여 공단에 제출하면 된다. 임금을 누가 지급하느냐에 따라 자격에 변동이 생기는데 임금지급을 국내 법인에서 하면 직장가입자격을 유지하고 해외법인에서 하면 직장가입자가 지역가입자로 변동된다.

- 직장가입자 (근무처, 근무내역)변동신고서

■ 고용보험 및 산업재해보상보험의 보험료징수 등에 관한 법률 시행규칙[별지 제53호서식] <개정 2012.1.3>

[ ]일반사업 [ ]건설업 등 해외파견자 산재보험가입신청서

※ 뒷면의 유의사항과 작성방법을 읽고 작성해 주시기 바라며, [ ]에는 해당되는 곳에 "√" 표를 합니다.　　(제1쪽 앞면)

접수번호	접수일	처리기간 5일

<table>
<tr><td rowspan="4">신청인
(사업주)</td><td colspan="3">국내사업장 사업장관리번호</td></tr>
<tr><td>상호(법인명)</td><td colspan="2">전화번호</td></tr>
<tr><td colspan="3">소재지</td></tr>
<tr><td colspan="3">대표자</td></tr>
<tr><td rowspan="15">해외
파견
(예정)자

가입
신청
내역</td><td>성명</td><td colspan="2">주민등록번호</td></tr>
<tr><td>파견사업장(공사)명</td><td colspan="2">출국일</td></tr>
<tr><td>파견예정기간</td><td colspan="2">공사기간</td></tr>
<tr><td>보수지급방법　국내사업쟁[　] 해외사업쟁[　]</td><td colspan="2">월평균(예상)보수액</td></tr>
<tr><td>업무내용</td><td>※ 성립일</td><td></td></tr>
<tr><td>성명</td><td colspan="2">주민등록번호</td></tr>
<tr><td>파견사업장(공사)명</td><td colspan="2">출국일</td></tr>
<tr><td>파견예정기간</td><td colspan="2">공사기간</td></tr>
<tr><td>보수지급방법　국내사업쟁[　] 해외사업쟁[　]</td><td colspan="2">월평균(예상)보수액</td></tr>
<tr><td>업무내용</td><td>※ 성립일</td><td></td></tr>
<tr><td>성명</td><td colspan="2">주민등록번호</td></tr>
<tr><td>파견사업장(공사)명</td><td colspan="2">출국일</td></tr>
<tr><td>파견예정기간</td><td colspan="2">공사기간</td></tr>
<tr><td>보수지급방법　국내사업쟁[　] 해외사업쟁[　]</td><td colspan="2">월평균(예상)보수액</td></tr>
<tr><td>업무내용</td><td>※ 성립일</td><td></td></tr>
</table>

※ 해외파견(예정)자 인원이 많은 경우 제2쪽에 계속 적기 바랍니다.

「고용보험 및 산업재해보상보험의 보험료징수 등에 관한 법률」 제47조제2항 및 같은 법 시행규칙 제42조제1항
에 따라 위와 같이 신청합니다.

년　　월　　일

　　　　　신청인(보험가입자)　　　　　　　　　　　(서명 또는 인)

　　　　　[　]보험사무대행기관　　　　　　　　　　(서명 또는 인)

근로복지공단 ○○지역본부(지사)장 귀하

개인정보 수집 및 이용 동의서

본인은 이 건 민원사무처리에 대한 처리결과 안내, 캠페인(이벤트), 사업홍보물, 고객만족도조사 및 관련 제도개
선에 필요한 의견조사를 위해 우편, 휴대전화 또는 이메일 등으로 수신·참여하는 것에 동의합니다.

년　　월　　일

　　　　　신고인(신청인)　　　　　　　　　(서명 또는 인)

※ 처리 사항 (아래 사항은 민원인이 적지 않습니다)

해외사업장 사업장관리번호	
해외사업장 보험관계 성립일	

210mm×297mm[일반용지 60g/㎡(재활용품)]

해 외 파 견 (예정)자 가 입 신 청 내 역	성명		주민등록번호
	파견사업장(공사)명		출국일
	파견예정기간		공사기간
	보수지급방법	국내사업장[ ] 해외사업장[ ]	월평균(예상)보수액
	업무내용		※ 성립일
	성명		주민등록번호
	파견사업장(공사)명		출국일
	파견예정기간		공사기간
	보수지급방법	국내사업장[ ] 해외사업장[ ]	월평균(예상)보수액
	업무내용		※ 성립일
	성명		주민등록번호
	파견사업장(공사)명		출국일
	파견예정기간		공사기간
	보수지급방법	국내사업장[ ] 해외사업장[ ]	월평균(예상)보수액
	업무내용		※ 성립일
	성명		주민등록번호
	파견사업장(공사)명		출국일
	파견예정기간		공사기간
	보수지급방법	국내사업장[ ] 해외사업장[ ]	월평균(예상)보수액
	업무내용		※ 성립일
	성명		주민등록번호
	파견사업장(공사)명		출국일
	파견예정기간		공사기간
	보수지급방법	국내사업장[ ] 해외사업장[ ]	월평균(예상)보수액
	업무내용		※ 성립일
	성명		주민등록번호
	파견사업장(공사)명		출국일
	파견예정기간		공사기간
	보수지급방법	국내사업장[ ] 해외사업장[ ]	월평균(예상)보수액
	업무내용		※ 성립일
	성명		주민등록번호
	파견사업장(공사)명		출국일
	파견예정기간		공사기간
	보수지급방법	국내사업장[ ] 해외사업장[ ]	월평균(예상)보수액
	업무내용		※ 성립일

210mm×297mm[일반용지 60g/㎡(재활용품)]

25. 이중의 사업장에 근무하는 경우

1. 의의

이중가입이라 함은 2종 이상의 사업장에서 근로를 제공하였을 때 각각의 사업장에서 보험을 가입하여야 하지만 적용 방식에 대해서는 보험마다 약간의 차이를 두고 있다.

구분	내용
고용보험	주된 사업장에서만 가입 1. 월평균보수가 많은 사업 2. 월 소정근로시간이 많은 사업 3. 근로자가 선택한 사업
산재보험	사업장별로 가입
국민연금	사업장별로 가입(기준소득월액의 상한액은 398만 원) -2013년 7월부터 2014년 6월까지 상한액은 398만 원 기준
건강보험	사업장별로 가입(보수월액의 상한은 7,810만 원) 단, 건강보험증은 주된 사업장에서만 발급함.

2. 고용보험

피보험자격의 이중취득을 제한하기 때문에 둘 이상의 사업장에 동시에 고용된 경우는 다음의 순서에 의하여 그중 한 사업에 대해서만 피보험자격을 취득한다.

① 월평균보수가 많은 사업

② 소정근로시간이 많은 사업

③ 근로자가 선택한 사업

3. 산재보험

2종 이상의 사업장에 고용되어 있는 경우 각 사업장별로 산재보험에 가입하여야 하며 보험료는 전액 사업주가 부담한다.

4. 국민연금

사업장가입자가 2곳 이상의 사업에 가입한 경우(하나의 국민연금에 가입된 사업장의 근로자이면서 다른 사업장에서 사용자인 경우를 포함)에는 각 사업장에서 받고 있는 소득월액을 기준으로 보험료를 부과한다. 상한액이 398만 원이므로 이 금액을 기준으로 비례하여 보험료를 부과한다. 참고로 기준소득월액의 상한액과 하한액은 국민연금 사업자가입자와 지역가입자 전원의 평균소득월액의 3년간 평균액이 변동하는 비율을 반영하여 매년 3월 말까지 보건복지부장관이 고시한다(2013년 7월부터 2014년 6월까지 기준소득월액의 하한액은 25만 원, 상한액은 398만 원이다).

5. 건강보험

두 곳 이상의 직장에서 근무하는 경우 각각의 사업장별로 가입하여 피보험자격을 취득하고 사업장별로 보험료를 납부하여야 한다. 보수월액이 7,810만 원을 초과하는 경우에는 7,810만 원으로 한다.

26. 외국인근로자

1. 개념

외국인근로자란 대한민국의 국적을 가지지 않은 자로서 대한민국에 소재하고 있는 사업 또는 사업장에서 임금을 목적으로 근로를 제공하고 있거나 제공하려는 자로서「출입국관리법」의 규정에 의한 외국인 등록을 한 자 또는「재외동포의 출입국과 법적 지위에 관한 법률」에 의하여 국내거소 신고를 한 외국국적 동포를 말한다.

2. 고용보험

원칙적으로 적용제외근로자이다. 그러나 체류자격이 거주(F-2), 영주(F-5), 결혼이민(F-6)은 강제가입이고, 나머지는 임의가입(일정한 요건의 체류자격을 가진 자가 고용노동부령이 정하는 바에 따라 보험가입을 신청한 자만 해당)과 국가 간 상호주의[법에 따른 고용보험에 상응하는 보험료 및 급여에 관하여 당해 외국인의 본국법이 대한민국 국민에게 적용되는 경우: 주재(D-7), 기업투자(D-8), 무역경영(D-9) 체류 자격에 한함]에 따라 달라진다.

외국인의 체류자격별 고용보험 적용

체류자격	고용보험 적용 여부	체류자격	고용보험 적용 여부
1. 외교(A-1)	×	19. 교수(E-1)	○(임의)
2. 공무(A-2)	×	20. 회화지도(E-2)	○(임의)
3. 협정(A-3)	×	21. 연구(E-3)	○(임의)
4. 사증면제(B-1)	×	22. 기술지도(E-4)	○(임의)
5. 관광통과(B-2)	×	23. 전문직업(E-5)	○(임의)
6. 일시취재(C-1)	×	24. 예술흥행(E-6)	○(임의)
7. 단기상용(C-2)	×	25. 특정활동(E-7)	○(임의)
8. 단기종합(C-3)	×	25의3. 비전문취업(E-9)	○(임의)
9. 단기취업(C-4)	○(임의)	25의4. 선원취업(E-10)	○(임의)
10. 문화예술(D-1)	×	26. 방문동거(F-1)	×
11. 유학(D-2)	×	27. 거주(F-2)	○(강제)
12. 산업연수(D-3)	×	27. 거주(F-2)	○(강제)
13. 일반연수(D-4)	×	28. 동반(F-3)	×
14. 취재(D-5)	×	28의2. 재외동포(F-4)	○(임의)
15. 종교(D-6)	×	28의3. 영주(F-5)	○(강제)
15. 종교(D-6)	×	28의4. 결혼이민(F-6)	○(강제)
16. 주재(D-7)	○(상호주의)	29. 기타(G-1)	×
17. 기업투자(D-8)	○(상호주의)	30. 관광취업(H-1)	×
18. 무역경영(D-9)	○(상호주의)	31. 방문취업(H-2)	○(임의)

※ "×"로 표시된 경우에는 임의가입도 불가함.

3. 산재보험

　내·외국인을 구분하지 않고 모든 근로자는 산재보험을 적용한다(불법취업자도 적용된다). 참고로 외국인근로자는 별도의 고용정보 신고를 하지 않을 수 있다. 보수총액신고 시에도 개인별로 고용정보를 신고하지 아니하고 기타 근로자에게 지급한 보수의 합계로 신고하면 된다.

4. 국민연금

(1) 적용대상

「국민연금법」을 적용받는 사업장에 종사하는 18세 이상 60세 미만의 외국인은 당연가입대상이다. 다만, 아래의 요건에 해당하는 자는 적용이 제외된다.

① 다른 법령 또는 조약에서 국민연금법 적용을 배제한 자(외교관, 영사기관원과 그 가족 등)

② 해당 외국인의 본국법이 '국민연금에 상응하는 연금'에 관하여 대한민국 국민에게 적용되지 않는 경우

③ 체류기간연장허가를 받지 아니하고 체류하는 자

④ 외국인등록을 하지 아니하거나 강제퇴거명령서가 발급된 자

⑤ 당연적용에서 제외하는 체류자격을 가진 재[문화예술(D-1), 유학(D-2), 산업연수(D-3), 일반연수(D-4), 종교(D-6), 방문동거(F-1), 동반(F-3), 기타(G-1)인 재]

(2) 외국인 자격 취득신고

국민연금 가입대상이 되는 외국인이 있으면 사용자는 '외국인 사업장 가입자 자격취득신고서'를 제출하여야 한다. 외국국적동포는 법률상으로는 외국인이므로 외국인 등록을 해야 하나, 외국국적 동포가 국내거소 신고를 할 경우 외국인 등록을 한 것으로 간주되므로 외국인등록증이나 국내거소 신고증으로 확인 가능하다.

<국가별 국민연금 적용 여부(2012.1.1. 현재 129개국)>

구분	국가
사업장/지역 당연적용국 (67개국)	가이아나, 까뽀베르데, 그리스, 네덜란드, 노르웨이, 뉴질랜드, 도미니카, 독일, 덴마크, 라트비아, 러시아, 루마니아, 룩셈부르크, 리비아, 리투아니아, 리히텐쉬타인, 모나코, 모로토, 모리셔스, 몰도바공화국, 몰타, 미국, 바베이도스, 바하마, 버뮤다, 벨기에, 불가리아, 브라질, 세르비아, 스위스, 스웨덴, 스페인, 슬로바키아, 슬로베니아, 아르헨티나, 아이슬란드, 아일랜드, 알바니아, 아제르바이잔, 에스토니아, 영국, 오스트리아, 우루과이, 우즈베키스탄, 우크라이나, 이스라엘, 이탈리아, 일본, 자메이카, 중국, 체코, 캐나다, 크로아티아, 키프로스, 탄자니아, 터키, 트리니다드토바고, 튀니지, 파나마, 포르투갈, 폴란드, 프랑스, 핀란드, 필리핀, 헝가리, 호주, 홍콩
사업장당연적용/ 지역적용 제외 (42개국)	가나, 가봉, 그레나다, 나이지리아, 대만, 라오스, 레바논, 말레이시아, 멕시코, 몽골, 바누아투, 부탄, 베네수엘라, 벨리즈, 볼리비아, 세인트빈센트그레나딘, 수단, 스리랑카, 시에라리온, 아이티, 알제리, 에콰도르, 엘살바도르, 예맨, 요르단, 우간다, 인도, 인도네시아, 짐바브웨, 칠레, 카메룬, 카자흐스탄, 케냐, 코스타리카, 코트디부아르, 콩고, 콜롬비아, 키르기스스탄, 태국, 토고, 파라과이, 페루
사업장/지역 적용 제외 (20개국)	그루지야, 남아프리카공화국, 네팔, 동티모르, 몰디브, 미얀마, 방글라데시, 베트남, 벨로루시, 사우디아라비아, 싱가포르, 스와질란드, 아르메니아, 에티오피아, 이란(사회보장협정에 의함), 이집트, 캄보디아, 통가, 파키스탄, 피지

(3) 사회보장협정

① 목적

협정 당사국의 연금제도 간에 서로 다른 점을 상호 조정하여 단기파견 근로자의 연금보험료 이중납부 문제를 해소(보험료 면제, 이중가입 배제)하고, 외국 연금제도에 보험료를 납부한 경우 양국 가입기간을 합산하여 연금을 받을 수 있도록 하고(가입기간 합산), 협정 상대국 국민에 대해서는 연금 수급권 취득, 급여지급 등 법령 적용에 있어 자국민과 동등한 대우를 해주도록 하기 위함이다.

② 사회보장협정 형태 및 협정체결 국가

사회보장협정은 대부분 양 당사국의 정부 간에 체결되고 있으며, 그

형태는 협정의 적용범위에 따라 '가입기간 합산 협정(보험료면제 포함)'
과 '보험료면제 협정'으로 구분하고 있으며 가입기간 합산 협정(보험료면
제 포함)국에는 반환일시금 지급이 가능하나(아일랜드 제외), 보험료면제
협정국에는 반환일시금 지급이 불가능하다.

(4) 국민연금 반환일시금

일정한 요건이 되면 외국인 가입자에게 국민연금 반환일시금이 지급
된다. 그 사유로는 외국인의 본국법에서 우리나라 국민에게 반환일시금
제도에 상응하는 급여를 지급하는 경우, 가입기간 합산에 관한 사회보장
협정이 체결된 경우, E-8(연수취업), E-9(비전문취업), H-2(방문취업)
에 해당하는 경우 등이다(이미 본국으로 귀환한 외국인도 포함).

5. 건강보험

「출입국관리법」에 의하여 외국인 등록을 하거나 재외동포의 출입국과
법적지위에 관한 법률에 의하여 국내거소 신고를 한 자에 대해서는 당연
적용된다. 단, 산업연수생(D-30), 비전문취업(E-9), 방문취업(H-2)에
해당하는 경우에는 '외국인근로자 장기요양보험 가입제외 신청서'를 제
출하면 장기요양보험이 가입 제외된다(건강보험은 계속 적용).

외국인 고용보험 [ ] 가　입 / [ ] 가입탈퇴　신청서

※ 첨부서류 및 작성방법은 뒷면을 참고하여 주시기 바라며, 색상이 어두운 란은 신청인이 적지 않습니다.
※ "일용근로자"란 1개월 미만 동안 고용되는 사람을 의미합니다.

(제1쪽)

접수번호	접수일자	처리기간 : 5일

사업장관리번호	하수급인관리번호
보험사무대행기관번호	보험사무대행기관명

신청인	성명	영　문	
		한글표기	성 별　[ ] 남　　[ ] 여
	외국인등록번호		국 적
	생년월일		체류자격

채용일	직종	주 소정근로시간
일용근로자 여부　[ ] 예　　[ ] 아니오	월평균보수(원)	원

「고용보험법 시행령」 제3조제2항제1호나목 · 라목 및 같은 법 시행규칙 제2조에 따라 위와 같이 ([ ]가입, [ ]가입탈퇴) 신청합니다.

　　　　　　　　　　　　　　　　　　　　　　　　　년　　　　　월　　　　　일

　　　　　　　　　신청인　　　　　　　　　　　　　　(서명 또는 인)

　　　　　　　　　　사업장명　　　　　　　　(전화번호 :　　　　　)
　　　　　　　　　　소재지
　　　　　　　　　　대표자 또는 선임　　　　(서명 또는 인)
　　　　　　　　　　대리인
　　　　　　　　　　사무조합명　　　　　　　(전화번호 :　　　　　)
　　　　　　　　　　소재지
　　　　　　　　　　대표자　　　　　　　　　(서명 또는 인)

○○지방고용노동청(○○○○지청)장　귀하

※ 아래 란은 적지 아니합니다.

처리	승인 여부	1. 승인　2. 불승인		외국인등록번호	
	미승인 사유			자격취득일 또는 가입 · 탈퇴일	
결재	담당	팀장	과장	청장 · 지청장	결재 연월일 ．　．　．

210mm×297mm[일반용지 60g/㎡(재활용품)]

신고(신청)인 제출서류	없음	수수료 없음
담당 공무원 확인 사항	「출입국관리법」 제88조에 따른 외국인등록 사실증명	

행정정보 공동이용 동의서

본인은 이 건 업무처리와 관련하여 담당 공무원이 「전자정부법」 제36조제1항에 따른 행정
정보의 공동이용을 통하여 위의 '담당 공무원 확인사항'을 확인하는 것에 동의합니다. *동
의하지 않는 경우에는 신청(고)인이 직접 관련 서류를 제출하여야 합니다.

신청(고)인   (서명 또는 인)

작성방법

【직종 부호】 별지[한국고용직업분류 중 소분류(139개) 직종현황]를 참고하여 적습니다.
【주 소정근로시간】 주간의 소정근로시간을 달리하는 경우에는 평균 주 소정근로시간을
　　　　　　　　　적습니다.
【월 평균보수(원)】 연도 중에 월별로 지급이 예상되는 평균보수액을 적습니다(입사 이후 연
　　　　　　　　　도 중에 지급이 예상되는 보수총액을 예상근무월수로 나눈 금액을 기재).

처리절차

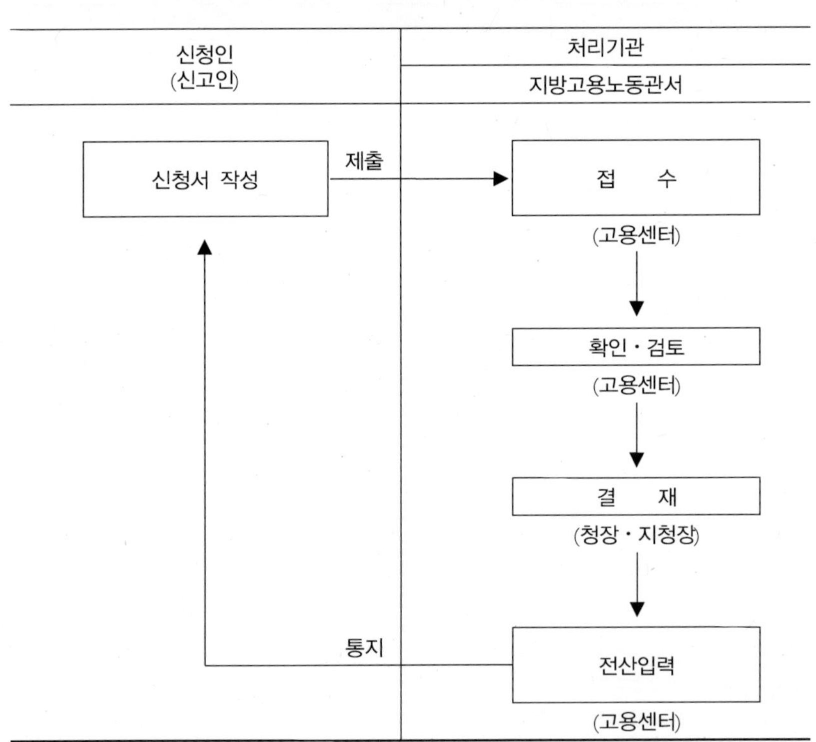

27. 현장실습생에 대한 산재보험 적용특례

　연수·수습·실습 등의 명칭 여하를 불문하고 근로계약의 존부, 임금을 목적으로 근로를 제공하는지 여부, 당해 사업장에 종사하는 다른 근로자의 근무형태와 같은지 여부 등을 종합적으로 검토하여 근로자 여부를 판단하여 가입 여부를 결정하나, 산재보험법이 적용되는 사업에서 현장실습을 하고 있는 학생 및 직업 훈련생 중 고용노동부장관이 정하는 현장실습생은 산재보험법이나 근로기준법에 의한 근로자의 정의에도 불구하고 산재보험법을 적용할 때는 그 사업에 사용되는 근로자로 본다.

　원칙적으로 일정동안 기술습득을 목적으로 일선 사업장에서 현장실습을 하는 실습생의 경우 해당 현장실습이 학습과정의 일부로 보아야 할 것이므로, 「근로기준법」상의 근로자가 아니어서 산재보험법을 적용하지 않으나, 사고 발생 시 다른 법률에 의한 보상이 어려움과 미흡에 따른 현장실습생을 보호하기 위하여 특례규정이 도입된 것이다.

　따라서 현장실습생이 실습과 관련하여 입은 재해는 업무상의 재해로 보아 산재보험법상의 보험급여(요양급여, 휴업급여, 장해급여, 간병급여, 유족급여, 상병보상연금, 장의비, 직업재활급여 등)를 지급한다.

28. 임의계속가입자의 자격관리
(건강/국민)

1. 건강보험

(1) 대상

실업 전 당해 사업장에 1년 이상 계속하여 직장가입자 자격을 유지하고, 2007.7.1. 이후 지역가입자로 자격 변동된 자 중 직장가입자 자격으로 건강보험을 계속 유지하고자 공단에 가입을 신청한 자이다. 단, 신청한 자가 최초로 고지한 보험료를 납부하지 아니하는 경우에는 임의계속가입자 자격이 취소되어 지역가입자로 변동된다.

(2) 적용기간

퇴직일의 다음 날부터 2년이며 2년 이전에 임의 계속탈퇴 신청으로 제외 가능하다. 신청기간은 지역가입자가 된 후 최초로 고지 받은 지역보험료 납부기한에서 2개월이 지나기 전까지 신청하면 된다.

(3) 보험료

보험료는 '퇴직 직전 3월간 지급받은 평균보수월액×보험료율'로 하되

산정된 보험료에 50% 경감 후 부과한다(전액 본인 부담). 퇴직 직전 3월
간 지급받은 평균보수월액은 사용관계가 종료된 날이 속하는 월을 제외
한 직전 3월간 지급받은 보수의 평균액으로 한다.

- 임의계속 (가입, 탈퇴) 신청서

(4) 국민연금의 임의계속가입

국민연금에도 건강보험과 유사한 제도가 있다. 국민연금의 경우 60세
가 되면 자격이 상실되지만, 65세가 될 때까지 계속 가입할 수 있다. 근
로자의 신청에 의하고 사용자의 부담부분 없이 연금보험료 전액을 근로
자가 부담한다.

- (임의, 임의계속) 가입자 (가입, 탈퇴) 신청서

임의계속 ([ ]가입 [ ]탈퇴) 신청서

※ 유의사항 및 작성방법은 뒤쪽을 참고하시기 바라며, 바탕색이 어두운 란은 신청인이 적지 않습니다.　　　(앞쪽)

접수번호	접수일		처리기간	즉시

가입자	① 성명		② 주민등록번호	
	③ 주소			
	④ 전화번호	휴대전화		FAX번호

퇴직 사업장 (기관)	⑤ 명칭			
	⑥ 재직기간	. 　 . 　 . ～ 　 . 　 . 　 . (　 개월)		
	⑦ 퇴직 전 3개월간 평균보수			

				⑪ 장애인 · 국가유공자		⑫ 외국인			
피부양자	⑧ 관계	⑨ 성명	⑩ 주민등록번호 (외국인등록번호)	종류 부호 등급	등록일	국적	체류 자격	체류 기간	추가 발급 코드

「국민건강보험법 시행규칙」 제63조에 따라 위와 같이 임의계속가입(탈퇴)을 신청하고, 임의계속가입자 적용 후 최초로 납부해야 하는 보험료를 납부기한까지 납부하지 않으면 임의계속가입자 자격이 소급하여 상실됨을 확인합니다.

년　　　월　　　일

신청인　　　　　　　　　　　　　　　　(서명 또는 인)

국민건강보험공단 이사장 귀하

210㎜× 297㎜[백상지| 80g/㎡]

(뒤쪽)

| 첨부서류 | 1. 가족관계등록부의 증명서 등 가입자와의 관계를 확인할 수 있는 서류 1부
2. 「장애인복지법」에 따라 등록된 장애인, 「국가유공자 등 예우 및 지원에 관한 법률」 제4조·제73조 및 제74조에 따른 국가유공자 등(법률 제11041호로 개정되기 전의 「국가유공자 등 예우 및 지원에 관한 법률」 제73조의2에 따른 국가유공자 등을 포함한다)으로서 같은 법 제6조의4에 따른 상이등급 판정을 받은 사람과 「보훈보상대상자 지원에 관한 법률」 제2조에 따른 보훈보상대상자로서 같은 법 제6조에 따른 상이등급 판정을 받은 사람임을 증명할 수 있는 서류 1부(해당 사항이 있는 경우에만 제출합니다)
3. 자격 취득·상실을 신고하는 피부양자가 재외국민 또는 외국인인 경우에는 다음의 구분에 따른 서류
　가. 재외국민: 국내거소신고증 사본 또는 국내거소신고사실증명 1부
　나. 외국인: 외국인등록증 사본, 외국인등록사실증명, 국내거소신고증 사본(「재외동포의 출입국과 법적지위에 관한 법률」 제2조제2호에 따른 외국국적동포의 경우에만 제출합니다) 또는 국내거소신고사실증명(「재외동포의 출입국과 법적지위에 관한 법률」 제2조제2호에 따른 외국국적동포의 경우에만 제출합니다) 1부 | 수수료
없음 |

유 의 사 항

1. 직장가입자로서 사업장에서 퇴직 전 해당 사업장에서 1년 이상 계속하여 직장가입자의 자격을 유지한 사람이어야 합니다.
2. 임의계속가입자 적용 신청은 지역가입자가 된 이후 「국민건강보험법」 제79조에 따라 최초로 고지받은 지역가입자 보험료의 납부기한 이내에 신청하여야 합니다.
3. 임의계속가입자 자격유지기간은 퇴직한 다음 날부터 최장 12개월입니다.
4. 임의계속가입자 적용 후 최초로 납부해야 하는 보험료를 납부기한까지 납부하지 않으면 임의계속가입자 자격이 소급하여 상실됩니다.

작 성 방 법

○ 임의계속가입 신청인 경우 "[　]가입"에, 탈퇴인 경우 "[　]탈퇴"에 "∨"표시합니다.

① ～ ④: 임의계속가입을 신청하는 가입(퇴직)자의 성명, 주민등록번호, 주소 및 전화번호를 적습니다.

⑤ ～ ⑦: 퇴직 당시의 사업장(기관)의 명칭, 재직기간 및 퇴직 전 3개월간 평균보수를 적습니다.

　※ "퇴직 전 3개월간 평균보수" 산정 시 휴직 등의 사유로 보수의 전부 또는 일부가 지급되지 않은 경우에는 그 달을 제외한 3개월간 평균보수를 적습니다.

⑧ ～ ⑫: 피부양자가 있는 경우 적습니다. 다만, 임의계속탈퇴 신청의 경우에는 적지 마십시오.

⑧: 가입자와의 관계를 적습니다.

　※ 배우자, 부모, 조부모, 자녀, 손자·손녀 이하, 형제자매, 처부모, 시부모, 사위·며느리, 증조부모, 계자, 생자녀, 생부모, 시조부모, 처조부모, 손녀사위, 손자며느리 등

⑨·⑩: 신고 대상 피부양자의 성명, 주민등록번호(외국인등록번호)를 적습니다(외국인의 경우 외국인등록번호, 재외국민은 국내거소신고번호를 적습니다).

⑪: 장애인 또는 국가유공자(6·18자유상이자 포함)인 경우 장애 종류 부호 및 등급, 등록일을 적습니다.

　※ 장애 종류 및 국가유공자 등<부호>: 지체장애인<1>, 뇌병변장애인<2>, 시각장애인<3>, 청각장애인<4>, 언어장애인<5>, 지적장애인<6>, 자폐성장애인<7>, 정신장애인<8>, 신장장애인<9>, 심장장애인<10>, 호흡기장애인<11>, 간장애인<12>, 안면장애인<13>, 장루·요루장애인<14>, 간질장애인<15> 국가유공자 등<19>

⑫: 외국인의 경우에는 국적, 체류자격(외국인등록증 기재내용), 체류기간(외국인등록증 발급일부터 출국 예정일까지)을 적습니다.

　※ 재외국민의 경우 체류자격은 C0(유학생의 경우에는 C9), 국적은 이주국가명을 적고, 체류기간은 적지 않습니다.

처 리 절 차

신청서 작성	→	접수 및 확인	→	신청서 처리	→	자격취득 확인 통지	→	수령
신청인		국민건강보험 공단		국민건강보험 공단		국민건강보험공단		신청인

■ 국민연금법 시행규칙 [별지 제5호서식] <개정 2010.12.8>

<table>
<tr><td colspan="2">[ ]임의
[ ]임의계속</td><td>가입자</td><td>[ ]가입
[ ]탈퇴</td><td colspan="2">신청서</td></tr>
</table>

※ 뒤쪽의 작성방법 및 유의사항을 읽고 작성하여 주시기 바라며, [ ]에는 해당되는 곳에 √표를 합니다.　　(앞 쪽)

접수번호	접수일		처리기간	즉시

	성명		주민등록번호	
신청인	전화번호(자택)　　　　　(회사)　　　　　　(이동전화)			
	주소 우편번호(-)			

	직업	부호	소득월액 원	증서유무 [ ]유　　[ ]무
※ 가입 신청시 기재사항	※ 아래의 사항은 해당하는 경우에만 기재하십시오.			
	사업장 종사여부　　　　　　　　　　　　　　　　[ ]종사　　　　[ ]비종사			
	사업장 관리번호		사업장 명칭	
	현재까지 가입기간 개월		탈퇴예정일 년　　　　월　　　　일	
	취득월 납부여부(임의가입자에 한정함) 　　　　　　　　　　　　　[ ]납부 희망　　　[ ]납부 미희망			

「국민연금법」 제10조 및 제13조, 같은 법 시행규칙 제5조 및 제8조에 따라 위와 같이 임의(임의계속)가입자의 가입(탈퇴)을 신청합니다.

　　　　　　　　　　　　　　　　　　　　　　　년　　　　　월　　　　　일장

　　　　　　　　　　　　　　신청인　　　　　　　　　　　(서명 또는 인)

　국민연금공단이사장 귀하

첨부서류	없음	수수료 없음

가입 시 확인사항

국민연금수급권자에게 둘 이상의 급여의 수급권이 생기면 본인의 선택에 따라 하나의 급여만 지급되고, 다른 급여는 지급이 정지되거나 일부만 지급된다는 「국민연금법」 제56조의 내용에 대하여 안내를 받았으며, 본인의 의사에 따라 국민연금에 (계속)가입하고자 합니다.

　　　　　　　　　　　　　　신청인　　　　　　　　　　　(서명 또는 인)

210mm×297mm[일반용지 60g/㎡(재활용품)]

유의사항

1. 「국민연금법」 제67조에 따라 국민연금에 가입하기 전에 진단받은 질병이나 가입하기 전에 발생한 부상으로 인한 장애는 장애연금 지급대상이 되지 아니합니다.
2. 공무원·군인·사립학교교직원 및 별정우체국 직원으로 다른 공적연금에 가입중인 자는 가입대상에서 제외됩니다. 다만, 다른 공적연금의 수급권자는 임의가입이 가능합니다.
3. 착오 등으로 잘못 신고한 경우에는 즉시 정정신고하거나 공단에 문의하시기 바랍니다.

작성방법

1. 색상이 어두운 란과 "*"표시란은 적지 마십시오.
2. 이 신청서는 공단 지사에 제출하십시오.
3. 신청서 상단의 해당 "[ ]"란에 "✔"표를 하십시오.
   예) 임의가입자 탈퇴를 원하는 경우에는 "[ ] 임의가입자" 및 "[ ] 탈퇴신청서"란에 "✔"표를 함.
4. "신청인"란의 "성명과 주민등록번호"는 주민등록표상의 성명 및 주민등록번호를 적으십시오.
5. 가입자증서를 교부받으려면 "증서유무"란의 "[ ]무"에 "✔"표를 하십시오.
6. "사업장 종사여부"란에는 해당 "[ ]"란에 "✔"표 하시되, 사업장에 종사하는 경우에는 "사업장관리번호 및 명칭"도 적어 주십시오.
7. 취득월의 납부 희망여부는 임의가입자의 경우에만 적으십시오.

처리절차

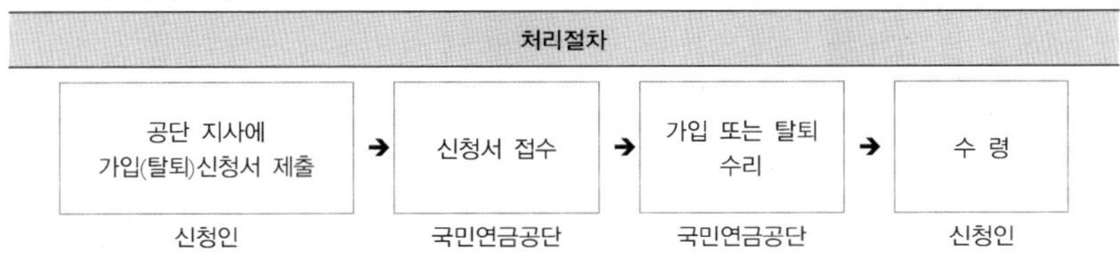

제4장

보험료

29. 보험료율

1. 고용보험

(1) 보험료 산정·부과

건설업과 벌목업을 제외하고는 그 달의 근무일수에 따라 일할 계산한 월별보험료를 산정하여 부과한다. 고용보험의 보험료율은 보험수지의 추이와 경제상황 등을 고려하여 1,000분의 30 범위 내에서 고용안정·직업능력개발사업의 보험료율 및 실업급여의 보험료율로 구분하여 결정한다. 실업급여는 근로자와 사업주가 보험료의 1/2을 각각 부담하고, 고용안정·직업능력개발사업의 경우는 사업주가 전액 부담한다.

구분	'98.12.31 .까지		'99.1.1. 이후		'03.1.1. 이후		'06.1.1. 이후		'11.4.1. 이후		'13.7.1 . 이후	
	근로자	사업주	근로자	사업주	근로자	사업주	근로자	사업주	근로자	사업주	근로자	사업주
실업급여	0.3%	0.3%	0.5%	0.5%	0.45%	0.45%	0.45%	0.45%	0.55%	0.55%	0.65%	0.65%
고용안정		0.2%		0.3%		0.15%		×		×		×
고용안정·직업능력개발사업 — 150인 미만 기업		0.1%		0.1%		0.1%		0.25%		0.25%		0.25%
고용안정·직업능력개발사업 — 150인 이상 (우선지원 대상기업)		0.3%		0.3%		0.3%		0.45%		0.45%		0.45%
고용안정·직업능력개발사업 — 150인 이상 1,000인 미만 기업		0.5%		0.5%		0.5%		0.65%		0.65%		0.65%
고용안정·직업능력개발사업 — 1,000인 이상 기업, 국가, 지방자치단체(직업훈련의무업체)		(0.05%)		0.7%		0.7%		0.85%		0.85%		0.85%

(2) 고용안정·직업능력개발사업의 보험료율

고용안정·직업능력개발사업의 보험료율은 사업단위로 결정되는 것이므로 당해 사업주가 행하는 모든 사업의 규모(법인, 단체, 기업 등)로 결정되는데, 즉 우선지원 대상기업 여부와 총 상시근로자 수에 따라 보험료율이 결정되고 기업규모 판단을 위한 상시근로자 수는 각 사업장의 근로자 수를 모두 합한 수를 기준으로 한다.

상시근로자 수는 전년도 매월 말일 현재 사용하는 근로자 수의 합계를 전년도의 조업월수로 나눈 수로 하며, 만약 연도 중 성립한 사업장이라면 성립일 현재의 근로자 수로 한다. 「주택법」 제2조 제2호의 규정에 의한 공동주택을 관리하는 사업의 경우에는 각 사업별로 상시근로자 수를 산정하고 건설업의 상시근로자 수 확인이 곤란한 경우 아래의 식으로 산정한다.

$$(전년도\ 공사실적액 \times 전년도\ 노무비율) \div \{전년도\ 건설업\ 월평균임금 \times 12(조업월수)\}$$

위 내용에 따라 상시근로자 수를 산정할 때에는 고용보험법이 적용되지 않는 근로자를 포함하며, 상용·일용 등 고용형태를 불문하고 사실상 고용된 모든 근로자를 포함한다.

여기서 주의할 것은 건설업에 있어 상시근로자 수의 산정 시 포함되는 근로자의 범위에서 고용안정·직업능력개발사업 보험요율 결정을 위한 경우에는 일용근로자가 포함되나 우선지원 대상기업 여부의 판단 시에는 제외된다는 점이다.

우선지원 대상기업(「고용보험법 시행령」 제12조)의 범위

1. 제조업: 500명 이하
2. 건설업, 광업, 운수업, 출판업·영상·방송통신 및 정보서비스업, 사업시설관리 및 사업지원서비스업, 전문·과학 및 기술 서비스업, 보건업 및 사회복지 서비스업 등: 300명 이하
3. 도매 및 소매업, 숙박 및 음식점업, 금융 및 보험업, 예술·스포츠 및 여가관련 서비스업 등: 200명 이하
4. 기타 업종: 100명 이하
5. 위 업종에 해당하지 아니하는 기업으로서 「중소기업기본법」 제2조 제1항 및 제3항의 기준에 해당하는 기업은 위 규정에 불구하고 이를 우선지원 대상기업으로 본다.
6. 「독점규제 및 공정거래에 관한 법률」 제14조 제1항에 따라 지정된 상호출자제한기업집단 중 자산총액이 5조 원 이상인 기업집단에 속하는 회사로 통지된 회사는 그 통지를 받은 날이 속하는 보험연도의 다음 보험연도부터 이를 우선지원 대상기업으로 보지 아니한다.

---

2. 산재보험료율

(1) 보험료 산정·부과

건설업과 벌목업을 제외하고는 그달의 근무일수에 따라 일할 계산한 월별보험료를 산정하여 부과한다.

(2) 보험료율의 결정과 부담자

산재보험료율은 보험가입자의 보험료 부담과 직결되는 것으로서, 보험료 부담의 공평성 확보를 위하여 매년 6월 30일 현재 과거 3년간의 보수총액에 대한 보험급여총액의 비율을 기초로 재해발생의 위험성에 따라 업종별로 보험료율을 적용하는데 다른 사회보험과 달리 사업주가 전액 부담하는 것이 특징이다.

(3) 보험료율 적용 방법

하나의 적용사업장에 대하여는 하나의 보험료율을 적용하고, 하나의 사업장에서 보험료율이 다른 2종 이상의 사업이 행하여지는 경우 다음 순서에 따라 주된 사업을 결정하여 적용한다.

① 근로자 수가 많은 사업

② 근로자 수가 동일하거나 그 수를 파악할 수 없는 경우는 보수총액이 많은 사업

③ 상기 방법에 의하여 주된 사업을 결정할 수 없는 경우에는 매출액이 많은 제품을 제조하거나 서비스를 제공하는 사업을 주된 사업으로 결정

<2013년 산재보험료율>

사업종류	보험료율			사업종류	보험료율		
	'11	'12	'13		'11	'12	'13
(평균요율)	17.7	17.7	17.0	(평균요율)	17.7	17.7	17.0
1. 광업				3. 전기·가스·증기 및 수도사업			
100 석탄광업	354	354	340	300 전기·가스·증기 및 수도사업	10	10	9
101 금속 및 비금속 광업	201	161	129	4. 건설업			
102 채석업	234	246	238	400 건설업	36	37	37
103 석회석광업	67	76	77	5. 운수·창고 및 통신업			

분류			
105 기타 광업	72	72	67
2. 제조업			
200 식료품제조업	22	22	20
201 담배제조업	9	9	8
202 섬유 또는 섬유제품 제조업(갑)	14	14	13
232 섬유 또는 섬유제품제조업(을)	25	25	23
204 목재 및 나무제품 제조업	51	51	47
205 펄프·지류제조업 및 제본 또는 인쇄물 가공업	26	26	25
206 신문·화폐발행, 출판업 및 인쇄업	10	10	10
209 화학제품 제조업	18	18	17
210 의약품 및 화장품 향료 제조업	9	9	9
212 고무제품 제조업	26	24	22
214 유리 제조업	22	20	17
215 도자기 및 기타 요업제품 제조업	32	32	31
216 시멘트 제조업	27	26	27
218 비금속광물제품 및 금속제품제조업 또는 금속가공업	47	46	42
219 금속제련업	12	12	11
220 금속재료품 제조업	37	37	34
222 도금업	23	23	21
223 기계기구제조업	25	24	22
224 전기기계기구 제조업	13	13	12
225 전자제품 제조업	7	7	7
226 선박건조 및 수리업	36	31	27
227 수송용기계기구 제조업	22	20	18
228 계량기·광학기계·기타정밀기구 제조업	11	11	10
229 수제품 제조업	18	17	16

분류			
500 철도·궤도 및 삭도 운수업	9	9	8
501 여객자동차운수업	21	20	19
511 소형화물운수업 및 택배업·퀵서비스업	–	20	24
503 화물자동차운수업	73	73	71
504 수상운수업, 항만하역 및 화물취급사업	33	32	30
506 항공운수업	7	7	7
508 운수관련 서비스업	9	9	9
509 창고업	17	16	15
510 통신업	11	12	11
6. 임업			
600 임업	65	72	80
7. 어업			
700 어업	328	314	252
701 양식어업 및 어업관련서비스업	13	15	18
8. 농업			
800 농업	28	29	27
9. 기타의 산업			
901 건물 등의 종합관리사업	20	20	18
902 위생 및 유사서비스업	31	32	31
905 기타의 각종사업	10	10	10
907 전문기술서비스업	6	6	6
908 보건 및 사회복지사업	7	7	7
909 교육서비스업	8	8	7
910 도·소매 및 소비자용품 수리업	10	11	10
911 부동산업 및 임대업	10	9	9
912 오락·문화 및 운동관련 사업	–	–	10

230 기타제조업	33	33	31	913 국가 및 지방자치단체의 행정	–	–	10
235 자동차 및 모터사이클 수리업	22	21	18	0. 금융 및 보험업			
238 코크스, 연탄 및 석유 정제품제조업	–	–	17	000 금융 및 보험업	6	7	6
• 임금채권부담금	0.8	0.8	0.8	• 해외파견자 보험요율	17	17	17
• 석면피해구제분담금	0.05	0.05	0.04	• 주한미군	7	7	7

3. 국민연금

(1) 보험료 부과

가입자의 자격을 취득한 날이 속하는 달의 다음 달부터 자격을 상실한 날의 전날이 속하는 달까지 부과한다. 단, 자격취득일이 매월 1일이거나 취득 월 납부를 가입자가 희망하는 경우 자격을 취득한 당월부터 납부가 가능하다.

(2) 보험료

연금보험료는 가입자의 기준소득월액에 보험료율을 곱하여 산정한다. 사업장가입자의 연금보험료는 기여금과 부담금을 더하여 결정하는데, 기여금은 사업장근로자가 부담하는 금액(4.5%), 부담금은 사업장사용자가 부담하는 금액(4.5%)이다.

구분	1988~1992	1993~1997	1998~1999.3.	1999.4. 이후
계	3.0	6.0	9.0	9.0
근로자	1.5	2.0	3.0	4.5
사용자	1.5	2.0	3.0	4.5

(3) 사업장가입자의 기준소득월액 상·하한액

기준소득월액 상한액과 하한액은 국민연금 사업장가입자와 지역가입자 전원(납부예외자 제외)의 평균소득월액의 3년간 평균액이 변동하는 비율을 반영하여 매년 3월 말까지 보건복지부장관이 고시한다(2013년 7월부터 2014년 6월까지 기준소득월액의 하한액은 25만 원이고, 상한액은 398만 원이다).

(4) 같은 달에 취득과 상실이 있는 경우

매월 1일에 자격취득한 사람이 입사한 그달에 자격 상실하는 경우, 종전에는 그달의 보험료를 납부하였으나 2011년 12월 8일부터 그달의 보험료를 납부하지 않는다. 단, 가입자 본인이 납부를 희망하는 경우는 납부가 가능하다.

<원천공제 사례>

구분	연령도달		1월 이상 일용근로자	신규채용	자격상실		납부예외/ 납부재개
사유 발생(월)	18세도달월	60세 도달하는 월	고용하는 월	보수지급일전 채용/보수지 급일후 채용	채용 당월 상실	퇴사월	휴직월/ 복직월
공제	×	○	×	×	×	○	×

4. 건강보험

(1) 보험료 부과

가입자의 자격을 취득한 날이 속하는 달의 다음 달부터 자격을 상실한 날의 전날이 속하는 달까지 부과한다. 단, 자격취득일이 매월 1일인 경우에는 그달부터 징수한다. 그러나 국민연금과 달리 2일 이후 취득한 경우 보험료 납부의 선택이 없어 부과하지 않는다.

(2) 건강보험료의 결정

건강보험료＝보수월액×보험료율

- 보수월액(월평균보수): 연간 보수총액÷근무월수
- 보험료율: 5.89%(2013년) ← (2012년은 5.80%)

<연도별 보험료율>

연도	건강보험료	장기요양보험료	시행일시
2007년	4.77%		
2008년	5.08%	4.05%	2008.7.1.부터
2009년	5.08%	4.78%	2009.1.1.부터
2010년	5.33%	6.55%	2010.1.1.부터
2011년	5.64%	6.55%	2011.1.1.부터
2012년	5.80%	6.55%	2012.1.1.부터
2013년	5.89%	6.55%	2013.1.1.부터

주) 장기요양보험료는 2008년 7월부터 부과

<보험료 부담비율>

구분	계	가입자 부담	사용자 부담	국가 부담
근로자	5.89(100)	2,945(50)	2,945(50)	－
공무원	5.89(100)	2,945(50)	－	2.945(50)
사립학교교직원	5.89(100)	2,945(50)	1.767(30)	1.178(20)
군인	5.89(100)	2,945(50)	－	2.945(50)

(3) 장기요양보험료

장기요양보험료 = 건강보험료×장기요양보험료율

- 해당 가입자의 건강보험료에 장기요양보험료율을 곱하여 얻은 금액
- 장기요양보험료율(동결): 6.55%(2013년) ← 6.55%(2012년)

(4) 보험료 면제 및 경감

① 보험료 면제 대상자

국외(개성공업지구를 제외한 북한지역 포함)에서 1개월 이상 체류 중인 자(단, 국내 피부양자가 있을 경우에는 50% 부과), 병역법의 규정에 의한 현역병 복무자, 교도소, 기타 이에 준하는 시설 수용자는 보험료가 면제된다.

② 보험료 경감 대상자

보험료 50% 경감 대상은 국내에 거주하는 피부양자가 있고 국외(개성공업지구를 제외한 북한지역 포함)에서 1개월 이상 체류자, 도서·벽지 거주자와 근무자이고, 보험료 20% 경감 대상자는 군인가입자이다. 개성공업지구는 2008. 8.1.부터 도서·벽지 지역으로 포함된다.

③ 장기요양보험료 30% 경감

직장가입자와 피부양자 중 「노인장기요양보험법」 제10조에 의한 수급자를 제외한 장애인 또는 희귀난치성질환(6종)이 있는 자인데, 장애인은 「장애인복지법」에 따라 등록 장애인 중 장애 1, 2급인 자이다. 장애인은

공단 장애인 D/B를 통해 일괄 경감 적용하고, 희귀난치성질환자는 진단서 등을 첨부하여 별도 신청하여야 한다.

④ 직장가입자의 보수월액 상·하한선

보수월액이 28만 원 미만인 경우 보수월액을 28만 원(하한선)으로 하고, 보수월액이 7,810만 원을 초과하는 경우 보수월액을 7,810만 원(상한선)으로 한다.

30. 산재보험료율의 특례인 개별실적 요율(산재발생 정도에 따른 보험료 차등적용)

1. 의의

사업장별로 산재사고는 많이 발생하는 사업장이 있는 반면 산재사고가 전혀 일어나지 않는 사업장도 있다. 이런 사업장에 같은 산재보험료율을 적용하는 것은 형평성에도 맞지 않는 것이다. 따라서 산재사고의 발생 정도에 따라 보험료율을 달리 적용함으로써 산재를 미연에 방지하는 효과도 보고 적정 보험료율을 적용하여 다른 사업장과의 형평성도 도모하고자 산재보험에서는 개별실적요율을 적용하고 있다. 공단은 6월 30일 현재 과거 3년 동안의 보수총액에 대한 산재보험급여총액의 비율을 기초로 하여, 「산업재해보상보험법」에 의한 연금 등 산재보험급여에 드는 금액, 재해예방 및 재해근로자의 복지증진에 드는 비용 등을 고려하여 사업의 종류별로 고시하고 있다.

2. 적용요건과 대상

매년 6월 30일 현재 산재보험의 보험관계가 성립한 후 3년이 지난 사업에 있어서 그해 6월 30일 이전 3년 동안의 산재보험료에 대한 산재보험급여 금액의 비율이 그 사업에 적용되는 산재보험료율의 100분의 50

의 범위에서 사업의 규모를 고려하여 대통령령으로 정하는 바에 따라 인상 또는 인하하여 그 사업에 대한 다음 보험연도의 산재보험료율로 할 수 있다. 적용대상 사업은 건설업 중 일괄적용을 받는 사업으로서 매년 당해 보험연도의 2년 전 보험연도의 총 공사 실적이 40억 원 이상인 사업이거나 건설업 및 벌목업을 제외한 사업으로서 상시근로자 수가 20명 이상인 사업이 대상이 된다.

3. 산정방법

기준보험연도의 6월 30일 현재를 기준으로 하여 다음의 금액을 합산한 금액으로 한다.

부과고지 사업장	자진신고 사업장(건설업, 벌목업)
① 기준보험연도의 1월부터 6월까지 월별보험료	① 기준보험연도의 개산보험료액의 6/12에 상당하는 금액
② 기준보험연도의 직전 2개 보험연도의 정산보험료액의 합계액	② 기준보험연도의 직전 2개 보험연도의 확정보험료액의 합계액
③ (기준보험연도의 3년 전 보험연도의 정산보험료액)×6/(기준보험연도의 3년 전 보험연도에서 보험관계가 지속된 기간의 총 월수)	③ (기준보험연도의 3년 전 보험연도의 확정보험료액)×6/(기준보험연도의 3년 전 보험연도에서 보험관계가 지속된 기간의 총 월수)

■ 기준보험연도 2013년 부과고지 사업장의 경우(예시)
(2013년 1~6월 월별보험료)＋(2012년 정산보험료액)＋(2011년 정산보험료액)＋(2010년도 정산보험료액×6/12)

4. 개별실적 요율

개별실적 요율＝해당 사업종류의 일반요율±(해당 사업종류의 일반요율×수지율에 의한 증감비율)

-수지율＝(3년간의 보험급여총액÷3년간의 보험료총액)×100%

-「산업재해보상보험법」 제72조에 따른 직업재활급여와 같은 법 제87조 제1항에 따라 제3자의 행위에 따른 재해, 업무와 상당인과관계가 있으나 다수의 사업장에서 노출되어 주된 사업장이 명확하지 않은 상태에서 진폐와 소음성 난청, 그리고 석면으로 인한 질병, 천재지변·정전 등 불가항력적인 사유로 인하여 지급 결정된 보험급여액은 제외한다(다만, 법원의 확정판결 등으로 제3자의 과실이 인정되지 않은 비율에 해당하는 보험급여액은 합산).

5. 결정시기

공단은 개별실적요율을 결정하는 경우에는 관련법에 따른 산재보험료율의 고시일부터 10일 이내에 결정하여야 한다. 다만, 산재보험료율의 고시일부터 보험연도 개시일까지 10일이 되지 아니하는 때에는 보험연도 개시일 전일까지 하여야 한다.

<사업 규모별 산재보험료율 증감비율(제18조 제1항 관련)>

구분		사업 규모별 산재보험료율에 대한 증감비율			
산재보험료에 대한 산재보험급여 금액의백분율(보험수지율)	건설업 및 별목업을 제외한 사업	상시근로자 수 1,000명 이상	상시근로자 수 150명 이상 1,000명 미만	상시근로자 수 30명 이상 150명 미만	상시근로자 수 20명 이상 30명 미만
	건설업 중 일괄적용사업	총공사실적액 2,000억 원 이상	총공사실적액 300억 원 이상 2,000억 원 미만	총공사실적액 60억 원 이상 300억 원 미만	총공사실적액 40억 원 이상 60억 원 미만
5%까지의 것		50.0%를 인하한다.	40.0%를 인하한다.	30.0%를 인하한다.	20.0%를 인하한다.
5%를 넘어 10%까지의 것		48.0%를 인하한다.	38.4%를 인하한다.	28.0%를 인하한다.	18.4%를 인하한다.
10%를 넘어 20%까지의 것		42.0%를 인하한다.	33.6%를 인하한다.	24.5%를 인하한다.	16.1%를 인하한다.
20%를 넘어 30%까지의 것		36.0%를 인하한다.	28.8%를 인하한다.	21.0%를 인하한다.	13.8%를 인하한다.
30%를 넘어 40%까지의 것		30.0%를 인하한다.	24.0%를 인하한다.	17.5%를 인하한다.	11.5%를 인하한다.
40%를 넘어 50%까지의 것		24.0%를 인하한다.	19.2%를 인하한다.	14.0%를 인하한다.	9.2%를 인하한다.
50%를 넘어 60%까지의 것		18.0%를 인하한다.	14.4%를 인하한다.	10.5%를 인하한다.	6.9%를 인하한다.
60%를 넘어 70%까지의 것		12.0%를 인하한다.	9.6%를 인하한다.	7.0%를 인하한다.	4.6%를 인하한다.
70%를 넘어 75%까지의 것		6.0%를 인하한다.	4.8%를 인하한다.	3.5%를 인하한다.	2.3%를 인하한다.
75%를 넘어 85%까지의 것		0	0	0	0
85%를 넘어 90%까지의 것		6.0%를 인상한다.	4.8%를 인상한다.	3.5%를 인상한다.	2.3%를 인상한다.
90%를 넘어 100%까지의 것		12.0%를 인상한다.	9.6%를 인상한다.	7.0%를 인상한다.	4.6%를 인상한다.
100%를 넘어 110%까지의 것		18.0%를 인상한다.	14.4%를 인상한다.	10.5%를 인상한다.	6.9%를 인상한다.
110%를 넘어 120%까지의 것		24.0%를 인상한다.	19.2%를 인상한다.	14.0%를 인상한다.	9.2%를 인상한다.
120%를 넘어 130%까지의 것		30.0%를 인상한다.	24.0%를 인상한다.	17.5%를 인상한다.	11.5%를 인상한다.
130%를 넘어 140%까지의 것		36.0%를 인상한다.	28.8%를 인상한다.	21.0%를 인상한다.	13.8%를 인상한다.
140%를 넘어 150%까지의 것		42.0%를 인상한다.	33.6%를 인상한다.	24.5%를 인상한다.	16.1%를 인상한다.
150%를 넘어 160%까지의 것		48.0%를 인상한다.	38.4%를 인상한다.	28.0%를 인상한다.	18.4%를 인상한다.
160%를 넘는 것		50.0%를 인상한다.	40.0%를 인상한다.	30.0%를 인상한다.	20.0%를 인상한다.

31. 석면피해구제분담금과 임금채권 부담금

1. 석면피해구제분담금

석면광산, 공장 주변에 거주하는 피해자를 구제하기 위하여 산재보험료에서 통합 징수한다. 2011년부터 통합 징수하는데 기존의 임금채권부담금과 동일한 절차로 운영되며 적용대상 사업장은 상시근로자 수가 20인 이상 사업주나 건설업사업주이다. 분담금율은 매년 환경부장관이 고시하는 분담금을 적용하는데 2013년은 보수총액의 4/100,000(2012년은 5/100,000)이다. 상시근로자 수의 산정은 해당 보험연도의 전전년도의 상시근로자 수의 합을 전전년도의 조업월수로 나눈 수가 20명 이상이어야 하고, 전전년도를 기준으로 상시근로자 수를 산정할 수 없는 경우에는 보험관계의 성립일 현재 사용하는 근로자의 수를 기준으로 한다.

2. 임금채권부담금

(1) 의의

근로자가 기업의 도산으로 임금, 휴업수당, 퇴직금을 지급받지 못하고 퇴직한 경우 사업주를 대신하여 일정범위의 임금 등을 지급하기 위하여

사용자가 부담하는 금액으로서 보수총액의 2/1,000 범위 내에서 사업주로
부터 징수하는 금원이다. 2013년 부담금비율은 근로자보수총액의 0.8/1,000
이다.

(2) 납부방법

부담금은 산재보험료와 함께 근로복지공단에서 통합 징수하고, 산정방
법 및 신고, 납부절차가 산재보험료와 동일하므로 산재보험료를 납부할
때 같이 납부한다.

(3) 부담금 경감

퇴직금을 미리 정산하여 지급하였거나 퇴직연금제도, 외국인근로자 출
국만기보험 등을 설정한 사업장은 고용노동부장관이 위원회의 심의를 거
쳐 정한 경감기준에 따라 부담금을 경감할 수 있다. 부담금 경감을 받고
자 하는 경우에는 부담금경감 신청서와 퇴직연금 등의 가입사실을 증명
하는 서류를 첨부하여 근로복지공단에 제출하면 된다. 5인 미만 사업장
에 적용되었던 임금채권부담금 경감은 2013년 1월 1일부터 폐지되었다.

신고서류

- 부담금경감 신청서

부담금경감 신청서

① 사업장 관리번호	☐☐☐ - ☐☐ - ☐☐☐☐☐ - ☐	②사업장명	

③ 소재지	(전화번호:) (휴대번호:) (E-mail:)

④대표자성명		⑤대표자 주민등록번호	
⑥전년도 말 현재 근로자 수	명	⑦퇴직금 지급 대상 근로자 수	명

퇴직보험 등 가입현황	구 분	계	퇴직금정산	퇴직보험 등	퇴직연금	출국만기 보험등
	⑧계약체결일	–				
	⑨가입(정산) 근로자 수	명	명	명	명	명
	⑩가입(정산)금액	원	원	원	원	원
	⑪가입(정산) 전체 근로자의 평균근속연수	년				

퇴 직 금 적립현황	⑫ 퇴직금 추계액	원
	⑬ 퇴직금 적립금(정산액) 총액	원
	⑭ 퇴직금 적립비율(⑬÷⑫)	%

「임금채권보장법 시행령」 제15조 및 동법 시행규칙 제9조의 규정에 의하여 위와 같이 부담금 경감을 신청합니다.

년   월   일

신 청 인   (서명 또는 인)
근로복지공단 ○○지역본부(지사)장   귀하

접 수	접수일자		처 리	선람		결 재	담 당	차 장	부장	본부(지사)장
	접수번호			조회필						
	처리기간			입력필						

구비서류: 퇴직보험 등에 가입하였음을 증명하는 서류
※ 뒷쪽의 기재 요령을 참고하시기 바랍니다.

※ 기재요령

1. 본사에서 전체 사업장에 대해 퇴직보험 등에 가입하였을 경우 본사 관할 지사에 경감신청서를 제출하시면 해당 사업 전부에 대해 경감비율을 산정하여 해당 관할 지사에 통보합니다.
2. ⑥란은 전년도 말 현재 모든 근로자 수를 기재합니다.
3. ⑦란은 전년도 말 현재 근속연수 1년 이상인 근로자 수를 기재합니다. 다만, 퇴직금을 중간정산하여 중간정산 이후 1년 미만이더라도 총 근속연수가 1년 이상인 근로자를 포함합니다.
4. ⑨~⑩란은 여러 금융기관에 퇴직보험 등을 가입하였을 경우 각 퇴직보험 등에 적립된 금액을 합산하여 기재하되, 근속연수 1년 미만인 근로자를 제외합니다.
5. ⑪란의 평균근속연수는 ⑨란의 가입(정산) 근로자의 근속연수의 합계를 가입(정산) 근로자 수로 나누어 산정하되 소숫점 셋째자리에서 사사오입합니다. 근속연수는 실근로연수가 아니라 퇴직금 산정 시 기준이 되는 근속연수를 말합니다(예: 10년 근무 시 15년치 퇴직금을 지급하는 퇴직금누진제 사업장의 경우 그 근속연수는 15년입니다).
6. ⑫란은 전년도 말 현재 퇴직금이 발생되는 근속연수 1년 이상인 근로자의 퇴직금 추계액을 기재합니다.
7. ⑬란은 ⑩란의 가입(정산)금액 합계액을 기재합니다.
8. ⑭란의 퇴직금 적립비율은 소숫점 다섯째자리에서 사사오입합니다.
   이 신청서는 아래와 같이 처리됩니다.

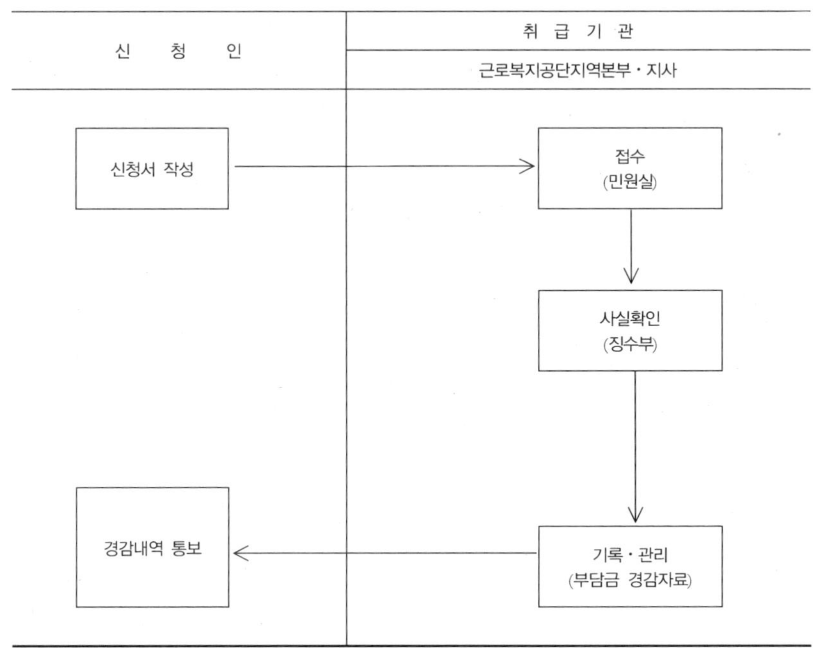

32. 사회보험료 지원사업(고용/국민)

1. 개요

고용보험료와 국민연금보험료의 일정부분을 국가가 지원해주는 사업으로서 지난 2012년 2월부터 6월까지 시범적으로 운영하다가 2012년 7월부터 전국적으로 확대 시행하고 있다. 영세사업장의 저임금 근로자들에게 국민연금과 고용보험료를 지원해서 사회보험에 가입하도록 유도하여, 사회적 위험(노령, 장애, 사망 등으로 인한 소득능력 상실이나 감소, 실업 등)에 처하더라도 안정적 생활을 유지할 수 있도록 하자는 데 의의가 있다.

2. 지원 기준

사용자를 제외한 근로자가 10인 미만인 사업장을 대상으로 한다. 전년도 월평균 근로자 수가 10인 미만이고 지원신청 당시 10인 미만인 사업장이어야 하고, 전년도 월평균 10인 이상이었으나 당해 연도 3개월 연속 10인 미만이면 신청 가능하다. 이때 상시근로자 수의 판단은 법인은 법인등록번호, 개인은 사업자등록번호를 단위로 하여 판단하는데 주택법에 따른 공동주택을 관리하는 사업의 경우에는 각 사업별로 판단한다. 근로자의 월평균보수는 130만 원 미만이어야 하고 외국인의 경우 사업장 규모 판단 시에는 포함하나 지원 대상에서는 제외한다.

3. 지원 금액

2013년 3월까지는 2단계로 나누어서 110만 원 미만인 경우는 근로자 및 사용자 부담 보험료 대비 각각 1/2, 110만 원 이상 130만 원 미만인 경우는 각각 1/3까지 지원받을 수 있었다. 그러나 2013년 4월부터는 2단계로 나누어 적용하던 것을 폐지하고 지원수준을 확대하여 월평균보수가 130만 원 미만인 모든 근로자는 근로자 및 사용자 부담 보험료의 1/2을 각각 지원받을 수 있다. 신고기한이 지나서 신고한 경우 신고한 날이 속하는 달부터 지원하며 일용근로자는 법정기한 내에 제출된 근로내용 확인신고서에 기재된 근로자에 대해 지원한다.

근로자 월평균보수	지원수준
월평균보수가 130만 원 미만 근로자	사업주 및 근로자 부담 보험료의 1/2 지원 (고용보험/국민연금 부담분만 지원)

4. 지원신청 방법

사업주의 지원을 받아 보험료를 지원하는데 기존사업장은 '보험료지원신청서'를 작성하여 제출하면 되고, 신규사업장의 경우 '보험관계 성립신고서' 제출 시 지원 신청 여부를 기재하여 제출하거나 별도의 '보험료지원신청서'를 작성하여 제출하면 된다. 보험료 지원 대상으로 결정된 사업장의 신규 입사자(피보험자격 취득자)는 별도의 신청 절차 없이 지원요건에 해당되면 보험료가 지원된다.

신고서류

- 국민연금/고용보험 보험료 지원신청서

■ 국민연금법 시행규칙 [별지 제29호의2서식] <신설 2012.6.29>

| ☐ 국민연금 | 보험료 지원신청서 |
| ☐ 고용보험 | 보험료 지원신청서 |

※ 유의사항 및 작성방법은 뒷면을 참고하여 주시기 바라며, 색상이 어두운 란은 신청인이 적지 않습니다.　　　(앞면)

접수번호		접수일		처리기간	5일
사업장	사업장관리번호				
	명칭		전화번호		
	사업자등록번호		법인등록번호		
	전자우편주소		팩스번호		
	소재지 우편번호(−)				

보험료 지원 신청

가입대상자수(피보험자 수)	국민연금　　　　명,　　고용보험　　　　명
지원 대상 근로자 수	국민연금　　　　명,　　고용보험　　　　명

「국민연금법」 제100조의3, 같은 법 시행령 제73조의3제2항 및 같은 법 시행규칙 제44조의2제1항, 「고용보험 및 산업재해보상보험의 보험료징수 등에 관한 법률」 제21조, 같은 법 시행령 제29조의2제1항 및 같은 법 시행규칙 제25조제1항에 따라 위와 같이 신청합니다.

년　　　　월　　　　일

신청인(사용자 · 사업주)　　　　　　　　　　(서명 또는 인)

국민연금공단 이사장/근로복지공단 지역본부장(지사장) 귀하

210mm×297mm[일반용지(재활용품) 60g/㎡]

담당 직원 확인사항	1. 근로자 수(법인 대표 제외)가 10명 미만인지 여부 2. 국민연금과 고용보험 중 어느 한쪽의 보험료 지원만 신청하는 경우에는 다른 한쪽의 사업장 적용 및 보험료 지원 신청 여부 3. 지원신청 근로자의 기준소득월액(월평균보수)	수수료 없음

유의사항

1. 연금(고용)보험료 지원 대상 사업장은 전년도의 월평균 근로자 수가 10명 미만이거나 신청 직전 3개월 동안(보험관계성립일 이후 3개월이 지나지 않은 경우에는 그 기간 동안) 연속하여 근로자 수가 10명 미만이고, 신청 월 말일 기준으로 10명 미만이어야 합니다. 다만, 고용보험의 경우, 보수총액신고서를 제출하지 않은 사업장은 고용보험료 지원이 중단될 수 있습니다.
   ※ 법인사업장은 법인 단위로 10명 미만 여부를 판단하나, 아파트관리사무소의 경우 「고용보험 및 산업재해보상의 보험료 징수 등에 관한 법률 시행령」 제112조제2항에 따라 관리사무소 현장 별로 10명 미만 여부를 판단합니다.
2. 신청 연도의 근로자 수가 3개월 연속 10명 이상인 경우 4개월째부터 해당 연도 말까지 연금(고용)보험료 지원 대상에서 제외됩니다.
3. 연금(고용)보험료 지원은 국민연금 및 고용보험의 자격취득이 된 사람으로 한정하여 이루어지므로 현재까지 자격취득이 안 된 근로자는 반드시 해당 기관에 자격취득신고서 또는 근로내용확인신고서를 제출하여야 혜택을 받을 수 있습니다.
   (신고관련 문의: 국번없이 국민연금 1355, 고용보험 1350)
4. 연금(고용)보험료 지원 대상에 해당할 경우 신청 월부터 해당 연도 말까지 지원되며 매월 해당 월의 보험료가 납부기한 내에 모두 납부된 경우에만 보험료가 지원됩니다. 따라서 납부기한이 지나서 납부하거나 일부만 납부한 월에는 지원을 받을 수 없습니다.
5. 연금(고용)보험료는 근로자의 소득(월평균보수)에 따라 사용자와 근로자의 연금보험료와 고용보험료 부담분의 1/2 범위에서 지원됩니다.
6. 연금(고용)보험료를 지원받고 있는 사업장에 신규로 자격을 취득한 근로자가 있을 경우 연금(고용)보험료 지원 신청이 없어도 해당 가입자가 보험료 지원요건을 충족할 경우 연금(고용)보험료를 지원받을 수 있습니다.
7. 연금(고용)보험료 지원 대상 요건에 해당되지 않음이 추후 확인된 경우에는 기 지원한 금액에 대하여 국가가 이를 환수할 수 있습니다.
8. 국민연금공단과 근로복지공단에서 국민연금과 고용보험의 지원 여부를 확인하여 처리 결과를 각각 통보합니다.

작성방법

1. 국민연금과 고용보험 보험료지원신청서의 신청하려는 란에 "√" 표시를 합니다.
2. "사업장 관리번호"란에는 국민연금과 고용보험의 공통 사업장관리번호를 적습니다. 국민연금과 고용보험의 사업장관리번호가 서로 다른 경우에는 신청서를 각각 작성하여야 합니다.
3. "가입대상자 수(피보험자 수)"란에는 국민연금, 고용보험 각각의 가입대상 근로자 수를 정확하게 적습니다. 국민연금과 고용보험의 자격기준이 서로 다르므로 근로자 수는 일치하지 않을 수 있습니다(예시: 62세 근로자의 경우 국민연금은 가입대상이 아니나 고용보험은 가입대상임)
4. "지원 대상 근로자 수"란에는 보험료 지원요건에 해당되는 근로자 수를 적습니다.

처리절차

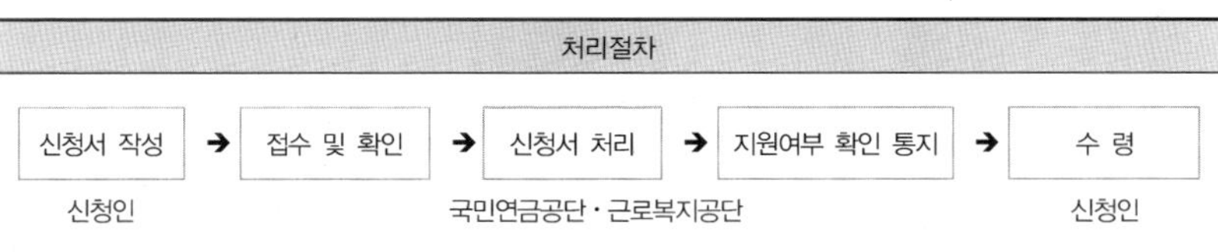

제5장

보험료의 산정 · 부과 및 정산

33. 임금과 보수

1. 고용/산재보험의 산정 기준이 임금에서 보수로 변경

2011년부터 고용/산재보험의 산정기준이 국민/건강보험과 같이 임금에서 보수로 변경되었다. 이는 4대보험의 부과체계를 통일하고 납부의 투명성을 확보하기 위하여 실시된 것이다. 소득세법에 따른 근로소득을 기준으로 보험료를 산정하기 때문에 종전에 임금총액에 제외되었던 경영성과급 등이 포함되어 보수의 비중이 커져 보험료의 부담이 증가하는 기업을 위하여 2013년까지 한시적으로 보험료 경감제도를 운영하고 있다.

2. 임금

임금이란 사용자가 근로의 대가로 근로자에게 임금, 봉급, 그밖에 어떠한 명칭으로든지 지급하는 일체의 금품을 말한다(「근로기준법」 제2조 제1항 제5호). 즉, 사용자가 근로의 대상으로 지급하는 금품으로서 취업규칙 등에 지급조건·금액·지급시기가 정해져 있거나, 전 근로자에게 관례적으로 지급하여 사회통념상 근로자가 당연히 지급받을 수 있다는 기대감을 갖게 되는 경우를 말한다. 따라서 보통의 정기 상여금은 임금에 포함되나, 경영성과금은 근로의 대상으로 볼 수 없어 임금이 아니다. 경영성과의 배분금은 경영성과에 따라 지급 여부, 지급금액 등이 결정되는 한 반복적으로 지급되었다 하더라도 근로의 대상으로 지급되는 금품으로 볼 수 없다. 또 정기 상여금은 임금으로 인정되나 변동 상여금은 경영성과에 따른 변동인지, 개인 업적에 따른 차등인지 판단에 유의하여야 한다. 경영 성과와 연계되어 있다면 임금으로 보기는 어려울 것이다.

<통상임금 및 평균임금 등의 판단기준 예시>

판단기준 예시	통상 임금	평균 임금	기타 금품
1. 소정근로시간 또는 법정근로시간에 대하여 지급하기로 정하여진 기본급 임금	○	○	
2. 일·주·월 기타 1임금산정기간 내의 소정근로시간 또는 법정근로시간에 대하여 일급·주급·월급 등의 형태로 정기적·일률적으로 지급하기로 정하여진 고정급임금			
① 담당업무나 직책의 경중 등에 따라 미리 정하여진 지급조건에 의해 지급하는 수당: 직무수당(금융수당, 출납수당), 직책수당(반장수당, 소장수당) 등	○	○	
② 물가변동이나 직급 간의 임금격차 등을 조정하기 위하여 지급하는 수당: 물가수당, 조정수당 등	○	○	
③ 기술이나 자격·면허증소지자, 특수작업종사자 등에게 지급하는 수당: 기술수당, 자격수당, 면허수당, 특수작업수당, 위험수당 등	○	○	
④ 특수지역에 근무하는 근로자에게 정기적·일률적으로 지급하는 수당: 벽지수당, 한냉지근무수당 등	○	○	
⑤ 버스, 택시, 화물자동차, 선박, 항공기 등에 승무하여 운행·조종·항해·항공 등의 업무에 종사하는 자에게 근무일수와 관계없이 일정한 금액을 일률적으로 지급하는 수당: 승무수당, 운항수당, 항해수당 등	○	○	
⑥ 생산기술과 능률을 향상시킬 목적으로 근무성적에 관계없이 매월 일정한 금액을 일률적으로 지급하는 수당: 생산장려수당, 능률수당 등	○	○	
⑦ 그 밖에 제①부터 제⑥까지에 준하는 임금 또는 수당	○	○	
3. 실제 근로 여부에 따라 지급금액이 변동되는 금품과 1임금산정기간 이외에 지급되는 금품			
① 「근로기준법」과 「근로자의 날 제정에 관한 법률」 등에 의하여 지급되는 연장근로수당, 야간근로수당, 휴일근로수당, 월차유급휴가근로수당, 연차유급휴가근로수당, 생리휴가보전수당 및 취업규칙 등에 의하여 정하여진 휴일에 근로한 대가로 지급되는 휴일근로수당 등		○	

판단기준 예시	통상 임금	평균 임금	기타 금품
② 근무일에 따라 일정금액을 지급하는 수당: 승무수당, 운항수당, 항해수당, 입갱수당 등		○	
③ 생산기술과 능률을 향상시킬 목적으로 근무성적 등에 따라 정기적으로 지급하는 수당: 생산장려수당, 능률수당 등		○	
④ 장기근속자의 우대 또는 개근을 촉진하기 위한 수당: 개근수당, 근속수당, 정근수당 등		○	
⑤ 취업규칙 등에 미리 지급금액을 정하여 지급하는 일 · 숙직수당		○	
⑥ 상여금			
가. 취업규칙 등에 지급조건, 금액, 지급시기가 정해져 있거나 전 근로자에게 관례적으로 지급하여 사회통념상 근로자가 당연히 지급받을 수 있다는 기대를 갖게 되는 경우: 정기상여금, 체력단련비 등		○	
나. 관례적으로 지급한 사례가 없고, 기업이윤에 따라 일시적 · 불확정적으로 사용자의 재량이나 호의에 의해 지급하는 경우: 경영성과배분금, 격려금, 생산장려금, 포상금, 인센티브 등			○
⑦ 봉사료(팁)로서 사용자가 일괄 관리 배분하는 경우		○	
4. 근로시간과 관계없이 근로자에게 생활보조적 · 복리후생적으로 지급되는 금품			
① 통근수당, 차량유지비			
가. 전 근로자에게 정기적 · 일률적으로 지급하는 경우	○		
나. 출근일수에 따라 변동적으로 지급하거나 일부 근로자에게 지급하는 경우			○
② 사택수당, 월동연료수당, 김장수당			
가. 전 근로자에게 정기적 · 일률적으로 지급하는 경우	○		
나. 일시적으로 지급하거나 일부 근로자에게 지급하는 경우			○
③ 가족수당, 교육수당			
가. 독신자를 포함하여 전 근로자에게 일률적으로 지급하는 경우	○		
나. 가족 수에 따라 차등 지급되거나 일부 근로자에게만 지급하는 경우(학자보조금, 근로자 교육비 지원 등의 명칭으로 지급)			○
④ 급식 및 급식비			
가. 근로계약, 취업규칙 등에 규정된 급식비로서 근무일수에 관계없이 전 근로자에게 일률적으로 지급하는 경우	○		
나. 출근일수에 따라 차등 지급하는 경우			○
5. 임금의 대상에서 제외되는 금품			
1. 휴업수당, 퇴직금, 해고예고수당			○

판단기준 예시	통상 임금	평균 임금	기타 금품
2. 단순히 생활보조적, 복리후생적으로 보조하거나 혜택을 부여하는 금품: 결혼축의금, 조의금, 의료비, 재해위로금, 교육기관·체육시설 이용비, 피복비, 통근차·기숙사·주택제공 등			○
3. 사회보장성 및 손해보험성 보험료부담금: 고용보험료, 의료보험료, 국민연금, 운전자보험 등			○
4. 실비변상으로 지급되는 금품: 출장비, 정보활동비, 업무추진비, 작업용품 구입비 등			○
5. 돌발적인 사유에 따라 지급되거나 지급조건이 규정되어 있어도 사유 발생이 불확정적으로 나타나는 금품: 결혼수당, 사상병수당 등			○
6. 기업의 시설이나 그 보수비: 기구손실금 등			○

* 출처: 통상임금 산정 지침. 고용노동부

3. 보수

　보수란 「소득세법」에 따른 근로소득에서 비과세근로소득을 뺀 금액으로 「소득세법」에 따른 근로소득은 「근로기준법」에 의한 임금보다 광의의 개념으로 고용관계 기타 이와 유사한 계약에 의해 근로를 제공하고 지급받는 모든 경제적 가치물을 말한다. 보수는 「소득세법」에 따른 총급여액의 개념과 동일하고 근로소득금액의 개념과는 상이하며 연말정산에 따른 갑근세 원천징수 대상 근로소득과 동일하다. 단, 건강보험에서 보수는 타 보험과 달리 「소득세법」 제12조 차목·파목 및 거목의 규정에 의하여 비과세되는 소득(국외 근로소득 등)과 직급보조비 또는 이와 유사한 성질의 금품은 보수에 포함한다. 주의할 점은 「근로기준법」상의 근로자가 명확하고 그 근로자에게 지급한 금품이 「소득세법」상 근로소득이라고 명확하게 판단되는 금품은 「소득세법」에 따른 근로소득으로 신고되지 않았다 하더라도(예: 미신고되거나 사업소득, 기타소득으로 신고된 경우) 보수로 판단한다.

4. 근로소득의 범위

(1) 근로소득의 범위

① 근로의 제공으로 인하여 받는 봉급·급료·보수·세비·임금·상
여·수당과 이와 유사한 성질의 급여

② 법인의 주주총회·사원총회 또는 이에 준하는 의결기관의 결의에
의하여 상여로 받는 소득

③ 법인세법에 의하여 상여로 처분된 금액

④ 퇴직으로 인하여 받는 소득으로서 퇴직소득에 속하지 아니하는 소득

(2) 근로소득에 포함되지 아니하는 소득

① 중간정산퇴직금

② 고용보험기금에서 지원되는 출산전후 휴가급여 및 육아휴직급여

③ 소득세법에 의한 실비변상적인 성질의 급여 등

5. 비과세

비과세는 「소득세법」 제12조에 비과세 소득이 열거되어 있다. 업무상
많이 제하는 비과세 소득으로는 식대(월 10만 원 이하), 개인 차량을 회
사 업무에 사용하는 데 소요되는 차량유지비(월 20만 원 이하), 출산·보
육 수당(월 10만 원 이하), 실비 변상의 일직료·숙직료·출장비, 본인의
학자금, 현상금, 번역료, 원고료 등이 있다.

<비과세 소득의 범위와 사회보험 부과 기준 비교>

비과세 소득의 범위	한도	보험료 부과 여부		
		건강 보험	국민 연금	고용 산재
○ 대통령령이 정하는 복무 중인 병이 받는 급여	-	×	×	×
○ 법률에 의하여 동원된 자가 그 동원 직장에서 받는 급여	-	×	×	×
○ 「산업재해보상보험법」에 따라 수급권자가 받는 요양급여, 휴업급여, 장해급여, 간병급여, 유족급여, 유족특별급여, 장해특별급여, 장의비 또는 근로의 제공으로 인한 부상·질병·사망과 관련하여 근로자나 그 유족이 받는 배상·보상 또는 위자(慰藉)의 성질이 있는 급여	-	×	×	×
○ 「근로기준법」 또는 「선원법」에 따라 근로자·선원 및 그 유족이 받는 요양보상금, 휴업보상금, 상병보상금(傷病補償金), 일시보상금, 장해보상금, 유족보상금, 행방불명보상금, 소지품 유실보상금, 장의비 및 장제비	-	×	×	×
○ 「고용보험법」에 따라 받는 실업급여, 육아휴직급여, 산전후휴가급여, 「제대군인 지원에 관한 법률」에 따른 전직지원금, 「국가공무원법」·「지방공무원법」에 따른 공무원 또는 「사립학교교직원 연금법」·「별정우체국법」을 적용받는 사람이 관련 법령에 따라 받는 육아휴직수당	-	×	×	×
○ 「국민연금법」에 따라 받는 반환일시금(사망으로 받는 것만 해당한다) 및 사망일시금	-	×	×	×
○ 「공무원연금법」·「군인연금법」·「사립학교교직원 연금법」 또는 「별정우체국법」에 따라 받는 요양비·요양일시금·장해보상금·사망조위금·사망보상금·유족보상금·유족일시금·유족연금일시금·유족연금부가금·유족연금특별부가금·재해부조금 및 재해보상금 또는 신체·정신상의 장해·질병으로 인한 휴직기간에 받는 급여	-	×	×	×
○ 대통령령이 정하는 학자금				
-「초·중등교육법」 및 「고등교육법」에 의한 학교 (외국에 있는 이와 유사한 교육기관을 포함한다) 와 「근로자직업능력 개발법」에 의한 직업능력개발훈련시설의 입학금·수업료·수강료 기타 공납금 중 다음 각 호의 요건을 갖춘 학자금 1. 당해 근로자가 종사하는 사업체의 업무와 관련 있는 교육·훈련을 위하여 받는 것 2. 당해 근로자가 종사하는 사업체의 규칙 등에 의하여 정하여진 지급기준에 따라 받는 것	-	×	×	×

3. 교육ㆍ훈련기간이 6월 이상인 경우 교육ㆍ훈련 후 당해 교육기간을 초과하여 근무하지 아니하는 때에는 지급받은 금액을 반납할 것을 조건으로 하여 받는 것	－	×	×	×
○ 대통령령이 정하는 실비변상적 성질의 급여				
－ 법령ㆍ조례에 의한 위원회 등의 보수를 받지 아니하는 위원(학술원 및 예술원의 회원을 포함) 등이 받는 수당	－	×	×	×
－「선원법」에 의하여 받는 식료	－	×	×	×
－ 일직료ㆍ숙직료 또는 여비로서 실비변상정도의 금액(종업원의 소유차량을 종업원이 직접 운전하여 사용자의 업무수행에 이용하고 시내출장 등에 소요된 실제 여비를 받는 대신에 그 소요경비를 당해 사업체의 규칙 등에 의하여 정하여진 지급기준에 따라 받는 금액 중 월 20만 원 이내의 금액을 포함)	－	×	×	×
－ 법령ㆍ조례에 의하여 제복을 착용하여야 하는 자가 받는 제복ㆍ제모 및 제화	－	×	×	×
－ 병원ㆍ시험실ㆍ금융기관ㆍ공장ㆍ광산에서 근무하는 자 또는 특수한 작업이나 역무에 종사하는 자가 받는 작업복이나 그 직장에서만 착용하는 피복	－	×	×	×
－ 특수분야에 종사하는 군인이 받는 낙하산강하위험수당ㆍ수중파괴작업위험수당ㆍ잠수부위험수당ㆍ고전압위험수당ㆍ폭발물위험수당ㆍ비행수당ㆍ비무장지대근무수당ㆍ전방초소근무수당ㆍ함정근무수당 및 수륙양용궤도차량승무수당, 특수분야에 종사하는 경찰공무원이 받는 경찰특수전술업무수당과 경호공무원이 받는 경호수당	－	×	×	×
－「선원법」의 규정에 의한 선원으로서 재정경제부령이 정하는 자(제16조 및 제17조의 규정을 적용받는 자를 제외한다)가 받는 승선수당, 경찰공무원이 받는 함정근무수당ㆍ항공수당 및 소방공무원이 받는 함정근무수당ㆍ항공수당ㆍ화재진화수당	월 20만 원	×	×	×
－ 광산근로자가 받는 입갱수당 및 발파수당	－	×	×	×
－ 교원 및 연구기관 연구활동 직접 종사자의 연구보조비 또는 연구활동비	월 20만 원	×	×	×
－「신문 등의 자유와 기능보장에 관한 법률」에 의한 통신ㆍ신문 「방송법」에 의한 방송채널사용사업에 종사하는 기자(상시 고용되어 취재활동을 하는 논설위원 및 만화가를 포함)가 취재활동과 관련하여 받는 취재수당	월 20만 원	×	×	×

구분	금액			
-벽지에 근무함으로 인하여 받는 벽지수당	월 20만 원	×	×	×
-천재·지변 기타 재해로 인하여 받는 급여	–	×	×	×
○ 외국정부(외국의 지방자치단체 및 연방국가인 외국의 지방정부를 포함한다. 이하 같다) 또는 대통령령이 정하는 국제기관에 근무하는 자로서 대통령령이 정하는 자가 받는 급여. 다만, 그 외국정부가 그 나라에서 근무하는 우리나라 공무원이 받는 급여에 대하여 소득세를 과세하지 아니하는 경우	–	○	×	×
○ 「국가유공자 등 예우 및 지원에 관한 법률」에 의하여 받는 보훈급여금 및 학습보조비	–	×	×	×
○ 「전직대통령 예우에 관한 법률」에 따라 받는 연금	–	×	×	×
○ 작전임무를 수행하기 위하여 외국에 주둔 중인 군인·군무원이 받는 급여	–	○	×	×
○ 종군한 군인·군무원이 전사(전상으로 인한 사망을 포함한다. 이하 같다)한 경우 그 전사한 날이 속하는 과세기간의 급여	–	×	×	×
○ 국외 또는 「남북교류협력에 관한 법률」에 의한 북한지역에서 근로를 제공하고 받는 대통령령이 정하는 급여				
-국외 또는 「남북교류협력에 관한 법률」에 의한 북한지역(이하 이 조에서 "국외 등"이라 한다)에서 근로를 제공하고 받는 보수	월 100만 원	○	×	×
-원양어업 선박 또는 국외 등을 항행하는 선박에서 근로를 제공하고 받는 보수	월 200만 원	○	×	×
-국외 등의 건설현장에서 근로를 제공하고 받는 보수	월 300만 원	○	×	×
○ 「국민건강보험법」·「고용보험법」·「국민연금법」·「공무원연금법」·「사립학교교직원 연금법」·「군인연금법」·「근로자퇴직급여 보장법」·「과학기술인공제회법」 또는 「노인장기요양보험법」에 따라 국가·지방자치단체 또는 사용자가 부담하는 부담금	–	×	×	×
○ 생산직 및 그 관련직에 종사하는 근로자로서 급여수준 및 직종 등을 고려하여 대통령령이 정하는 근로자가 대통령령이 정하는 연장시간근로·야간근로 또는 휴일근로로 인하여 받는 급여				
-월정액급여 100만 원 이하인 생산직 근로자 등이 받는 연장시간·야간 또는 휴일근무로 인하여 통상임금에 가산하여 지급받는 급여	연 240만 원	×	×	×

−광산근로자 및 일용근로자의 연장시간·야간 또는 휴일근무 수당	−	×	×	×
−「선원법」에 의하여 받는 생산수당(비율급으로 받는 경우에는 월 고정급을 초과하는 비율급	연 240만 원	×	×	×
○ 대통령령이 정하는 식사 또는 식사대				
−근로자가 사내급식 또는 이와 유사한 방법으로 제공받는 식사 기타 음식물	−	×	×	×
−식사 기타 음식물을 제공받지 아니하는 근로자가 받는 식사대	월 10만 원	×	×	×
○ 근로자 또는 그 배우자의 출산이나 6세 이하의 자녀의 보육과 관련하여 사용자로부터 지급받는 급여로서 월 10만 원 이내의 금액	월 10만 원	×	×	×
○ 「국군포로의 송환 및 대우 등에 관한 법률」에 따른 국군포로가 지급받는 보수 및 퇴직일시금	−	×	×	×

34. 보험료 경감특례제도(고용/산재)

1. 의의

보험료 산정이 임금에서 보수로 변경됨에 따라 성과급 등 과세소득 비중이 높은 기업의 보험료 부담을 완화하기 위해 전년도 보수총액이 임금총액의 115%를 초과하는 경우 2013년까지 한시적으로 보험료 경감특례를 받을 수 있다.

2. 경감률의 산정 및 적용

전년도 보수총액이 종전의 규정에 따라 산정한 전년도 임금총액의 100분의 115를 초과하는 사업장 및 근로자(단, 근로자는 고용보험 실업급여 보험료 근로자부담분에 한함)에 적용되는데 사업장단위 경감률은 사업장 전체의 임금과 보수를 기준으로 경감률을 산정하고, 근로자 개별 경감률은 근로자 개인의 임금과 보수를 기준으로 경감률을 산정한다.

$$경감률 = \frac{전년도\ 임금총액\ 대비\ 보수총액\ 비율 - 1.15}{전년도\ 임금총액\ 대비\ 보수총액\ 비율}$$

■ 사업장단위 경감률(사례)
  - 2010년 임금총액 100,000,000원, 2010년 보수총액 150,000,000원
  - 임금총액 대비 보수총액: 1.5
  - 경감비율: (1.5 − 1.15)/1.5 = 0.2333(소수점 5자리에서 반올림)
  - 2011년 4월분 월평균보수의 합계액이 20,000,000원(보험료율: 5/1000)
  - 경감전 4월분 보험료: 100,000원
  - 경감액: 23,330원(100,000 × 23.33%)
  - 경감 후 4월분 보험료: 76,670원(100,000~23,330원)

3. 적용방법

사업주가 부담하는 보험료는 사업장단위 경감률을 적용하여 산정하고, 근로자가 부담하는 보험료는 근로자 개별 경감률을 적용하여 산정한다. 고용보험 실업급여 근로자 부담분 경감은 근로자별 전년도 임금총액 대비 보수총액이 115%를 초과한 근로자가 근로자 개별 경감률 적용을 원할 경우에만 근로자별 경감률을 적용한다. 경감률 적용대상이 되는 사업장에서 근로자 개별 경감신청을 하지 않는 경우에는 근로자부담 실업급여도 사업장 단위 경감률을 적용한다. 사업장 단위 경감률 적용대상은 아니더라도 개별 근로자가 경감대상이 되는 경우에는 근로자 개별 경감 적용 신청이 가능하다. 사업장단위 경감 신청은 연도 중 또는 보험료정산 시에 하고, 근로자 개별 경감 신청은 보험료 정산 시 사업주가 신청하면 된다.

4. 보험료 부과절차

연도 중 월별보험료는 실업급여를 포함한 모든 보험료에 대하여 사업장단위 경감률을 우선 적용하여 부과하고 보험료정산 시 근로자개별 경감 적용 신청을 하면 근로자 부담분(실업급여의 1/2)은 근로자 개별 경감액을, 사업주 부담 보험료는 사업장단위 경감률을 적용하여 정산한다. 자

진신고를 하는 건설업 및 벌목업의 경우 일시납에 따른 공제금액(3%)은 경감특례가 적용된 보험료에서 공제한다.

신고서류

- 고용/산재보험 보험료 등 경감특례적용신청서
- 근로자부담 실업급여 경감특례적용신청서 및 확인서(근로자별 경감 적용신청 시)

[ ]고용보험
[ ]산재보험 보험료등 경감특례적용신청서

※ 유의사항 및 작성방법은 뒷면을 참고하여 주시기 바랍니다. (앞면)

접수번호	접수일자	처리기간 7일

사업장	사업장관리번호		대표자
	사업장명		전화번호
	소재지		

구 분		( )년도 임금총액	( )년도 보수총액	경감율(%)	비고
산재보험					
임금채권부담금					
고용보험	실업급여				
	고용안정 · 직업능력개발				

「고용보험 및 산업재해보상보험의 보험료징수 등에 관한 법률」 시행령부칙 제2조의 규정에 따라 위와 같이 신청합니다.

년 월 일

신청인(보험가입자) (서명 또는 인)

[ ]보험사무대행기관 (서명 또는 인)

근로복지공단 ○○지역본부(지사)장 귀하

※ 처리 사항(아래 사항은 민원인이 기재하지 않습니다)

결정사항	산재보험	[ ]대상 [ ]비대상	임금채권	[ ]대상 [ ]비대상
	실업급여	[ ]대상 [ ]비대상	고용안정 · 직업능력개발	[ ]대상 [ ]비대상
비대상 사유				

210mm×297mm[일반용지 60g/㎡(재활용품)]

(뒷면)

작성방법

1. 고용보험, 산재보험 중 신청하고자 하는 란에 ∨ 표시를 하시기 바랍니다.
2. 사업장란은 사업장관리번호 및 신청인의 사업내역을 적습니다.
3. 임금총액란은 전년도의 근로기준법에 의한 임금총액을 적습니다.
4. 보수총액은 전년도의 소득세법에 따른 근로소득에서 비과세금액을 제외한 보수의 총액을 적습니다.
5. 경감율은 아래 산식에 의하여 산정된 비율을 적습니다.

$$\frac{\text{전년도 임금총액 대비 보수총액 비율} - 1.15}{\text{전년도 임금총액 대비 보수총액 비율}}$$

처리절차

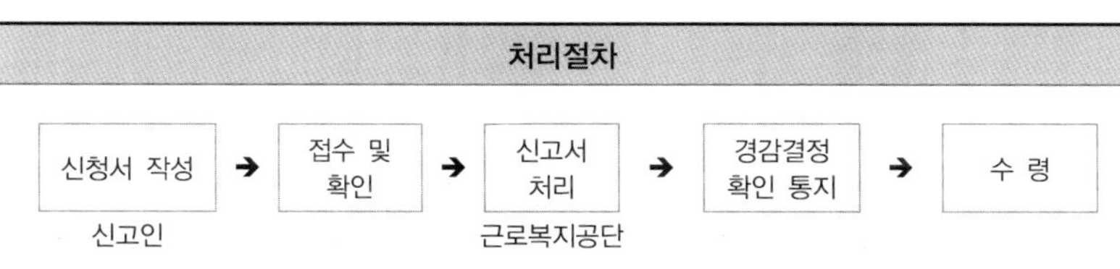

210mm×297mm[일반용지(재활용품) 60g/㎡]

35. 노무비율에 의한 보수의 산정 (건설업/벌목업)

1. 의의 및 적용기준

개산보험료 및 확정보험료의 신고·납부와 정산 시 보수총액 추정액 또는 보수총액을 결정하기 곤란한 경우에는 고용노동부장관이 정하여 고시하는 노무비율에 의하여 보수총액 추정액 또는 보수총액을 결정할 수 있다.

2. 적용대상

건설공사나 벌목업의 경우 실제 지급 보수의 확인이 불가능할 때에 적용되며, 공사내역서 상의 보수로 보험료 산출기초가 되는 보수를 결정할 수 있는 경우에는 적용하지 않는다.

3. 노무비율 고시액

구분	일반 건설업	하도급 건설업	벌목업(1m3당)
2013	총공사금액의 28%	하도급공사금액의 32%	10,260원
2012	총공사금액의 28%	하도급공사금액의 32%	10,503원
2011	총공사금액의 28%	하도급공사금액의 32%	10,991원
2010	총공사금액의 28%	하도급공사금액의 32%	10,991원
2009	총공사금액의 28%	하도급공사금액의 32%	10,978원

4. 건설업의 보험료 산출방법

(1) 개산보험료

일반적으로 개산보험료는 당해 연도의 추정보수액에 보험료율을 곱하여 산정하나 건설공사는 중층적 하도급 구조로 이루어져 원수급인은 하수급인이 사용한 근로자에게 지급되는 보수총액의 파악이 현실적·제도적으로 불가능하다. 이때는 다음과 같이 노무비율에 의해 보험료를 산정한다.

개산보험료＝총공사금액×노무비율×보험료율

---

(2) 확정보험료

확정보험료는 당해 보험 연도 중 실제 지급한 보수총액에 보험료율을 곱하여 산정하나, 보수총액을 결정하기 곤란한 경우에는 다음과 같이 노무비율에 의해 확정보험료를 산정할 수 있다. 이때 원수급인은 하도급을 준 공사에서 하수급인 인정 승인된 공사금액은 제외한다.

확정보험료＝[직영인건비＋{하도급공사금액(외주비)×하도급노무비율}]×보험료율

---

36. 월평균보수

1. 월평균보수(기준소득월액)

구 분		월평균보수(기준소득월액) 산정
고용보험/ 산재보험	전년 10월 전 입사자	전년도 보수총액 ÷ 전년도 근무월수
	전년 10월 이후 입사자	계약기간의 보수총액 ÷ 근무월수
국민연금	전년 12월 1일 이전 입사자	(전년도 소득총액 ÷ 전년도 근무일수)×30일
	전년 12월 2일 이후 입사자	(계약기간의 총소득액 ÷ 그 기간의 총일수)×30일
건강보험	전년 12월 1일 이전 입사자	전년도 보수총액 ÷ 전년도 근무월수
	전년 12월 2일 이후 입사자	(계약기간의 보수총액 ÷ 그 기간의 총일수)×30일

(1) 고용/산재보험 월평균보수의 산정

① 산정방법

근로자의 월평균보수는 전년도에 지급받은 보수(보수총액신고서) 또는
근로자 고용 시 사업주가 지급예정인 보수(고용신고서)에 따라 산정한 금
액을 말한다. 즉, 월평균보수는 근로자 고용신고 시 처음으로 하게 되며
해마다 보수총액신고 시 재산정하게 된다. 다만, 근로자가 근로를 개시한

날이 속하는 달의 근무일수가 20일 미만인 경우에는 그 월의 해당 보수
와 근무 개월 수를 모두 제외하여 산정한다. 이때 근무일수는 실제로 근
무한 날이 아니라 근로를 개시한 날부터 그달의 말일까지의 일수를 말한
다(예를 들어 3월 5일부터 근무를 했다고 하면 토요일과 일요일을 포함
하여 근무일수는 27일이 된다).

　㉠ 전년도 10월 전에 근로를 개시한 경우: 전년도 보수총액을 전년도
　　 근무 개월 수로 나눈 금액

월평균보수＝전년도 보수총액 ÷ 전년도 근무 개월 수

　㉡ 그 밖의 근로자의 경우 근로개시일로부터 1년간(1년 이내 근로계약
　　 기간을 정한 경우는 그 기간) 지급하기로 정한 보수총액을 해당 근
　　 무 개월 수로 나눈 금액

월평균보수＝근무개시일부터 1년간(근로계약기간이 1년 이내인 경우에는 그 기간)
지급하기로 정한 보수총액 ÷ 해당 근무 개월 수로 나눈 금액

---

　② 기타 월평균보수의 산정
　㉠ 중소기업 사업주: 고용노동부장관이 고시하는 월 단위 보수액 중
　　 사업주가 선택하여 신고하는 금액
　㉡ 특수형태근로종사자: 고용노동부장관이 고시하는 월 단위 보수액
　㉢ 자영업자: 고용노동부장관이 고시하는 기준 보수 등급 중 자영업자
　　 가 선택하여 신고하는 금액
　㉣ 휴직 근로자의 월평균보수

- 근로자의 휴직기간이 종료된 이후의 월평균보수는 휴직 전의 월평균보수로 적용

- 전년도에 휴직을 개시하여 보험료 산정연도에 휴직을 종료한 근로자의 휴직종료 이후의 월평균보수는 전년도의 보수액을 기준으로 근로자의 월평균보수 산정원칙에 따라 산정.

  다만, 사업주가 '보수총액신고서' 신고 시 휴직 종료 이후 근로자에게 지급예정인 월평균보수를 월평균보수로 신고하는 경우 그 금액을 월평균보수로 봄.

■ TIP

전년도 10월 기준으로 월평균보수를 달리 산정하는 사유는 통상적으로 10월 이후 하반기에 성과상여금이 지급되는 경우가 대다수이므로 10월 이후 입사한 근로자의 경우 월평균보수가 왜곡되는 현상이 발생함에 따라 왜곡되는 폭을 최소화하기 위하여 10월을 기준으로 정한다.

---

(2) 국민연금의 자격 취득(변동) 시 기준소득월액 산정방법

최초 입사 시에는 사업장에서 신고한 소득으로 기준소득월액이 결정된다. 사업장에서는 근로계약 시 각종 수당, 휴가비, 연간상여금 등을 포함하여 지급하기로 한 모든 소득을 감안한 월평균 급여를 신고하여야 한다. 공단에서는 취득신고 시 건강보험 신고금액과 비교하여 확인할 수 있다. 구체적인 방법은 다음과 같다.

① 월이나 주 또는 그밖에 일정 기간으로 소득이 정하여지는 경우에는 그 소득액을 그 기간의 총일수로 나눈 금액의 30배에 해당하는 금액

② 일·시간·생산고 또는 도급으로 소득이 정하여지는 경우에는 가입자의 자격을 취득한 날이나 납부를 재개한 날이 속하는 달의 전 1개월 동안 해당 사업장에서 같은 업무에 종사하고 같은 소득이 있

는 자가 받은 소득월액을 평균한 금액

③ ①과 ②에 따라 소득월액을 계산하여 정하기 어려운 자의 경우에는 가입자의 자격을 취득한 날이나 납부를 재개한 날이 속하는 달의 전 1개월 동안에 그 지방에서 같은 업무에 종사하고 같은 소득이 있는 자가 받은 소득월액을 평균한 금액

④ 자격취득 및 소득월액 신고를 하지 않을 경우, 소득 자료가 있으면 소득 자료대로, 소득 자료가 없으면 중위수소득(전년도 12월 31일 현재 지역가입자 전체의 중간에 해당하는 자의 기준소득월액)으로 결정한다.

(3) 건강보험의 자격취득(변동) 시 보수월액 산정 방법

① 연·분기·월·주 기타 일정기간으로 보수가 정하여지는 경우에는 보수월액을 그 기간의 총일수로 나눈 액의 30배에 상당하는 금액

② 일·시간·생산고 또는 도급으로 보수가 정하여지는 경우에는 직장가입자의 자격을 취득 또는 변동된 월의 전 1월간에 당해 사업장에서 당해 가입자와 같은 업무에 종사하고, 같은 보수를 받는 자의 보수액을 평균한 금액

③ 위 방법에 의하여 보수월액을 산정하기 곤란한 자는 가입자의 자격을 취득 또는 변동된 월의 전 1월간에 같은 업무에 종사하고 있는 자가 받는 보수액을 평균한 금액

④ 기타 자격취득 및 변동신고와 연계하여야 하며, 신규취득의 경우 '직장가입자 자격취득신고서' 작성 시 보수월액을 결정한다.

■ 개인사업장 사용자의 보수월액

보수가 지급되지 않는 개인사업장의 사용자는 먼저 당해 연도 중 당해 사업장에서 발생한 사업소득과 부동산 임대소득을 기준으로 하고, 만약 소득을 확인할 수 있는 객관적인 자료가 없는 경우에는 사용자가 신고한 금액으로 한다. 다만, 신고한 금액이 해당 사업장의 가장 높은 보수월액을 적용받는 근로자보다 낮을 경우에는 당해 사업장 근로자의 최고 보수월액으로 사용자 보수를 결정한다.

2. 월평균보수의 적용기간

구 분		월평균보수의 적용기간
고용보험/ 산재보험	전년 10월 전 입사자	당해 연도 4월 ~ 다음 연도 3월
	전년 10월 이후 입사자	입사 월 ~ 다음다음 연도 3월
국민연금	전년 12월 1일 이전 입사자	당해 연도 7월 ~ 다음 연도 6월
	전년 12월 2일 이후 입사자	입사일의 다음 달 ~ 다음다음 연도 6월
건강보험	전년 12월 1일 이전 입사자	당해 연도 4월 ~ 다음 연도 3월
	전년 12월 2일 이후 입사자	입사일의 다음 달 ~ 다음다음 연도 3월

37. 월평균보수의 변경과 정정

1. 고용/산재보험

(1) 월평균보수의 변경

근로자의 월평균보수가 산정된 후에 근로자의 보수가 인상 또는 인하되었을 경우에 '월평균보수변경신고서'를 공단에 제출하여야 하는데, 이때 월평균보수변경신고서가 공단에 제출되는 경우 신고서를 제출한 날이 속하는 달의 다음 달부터 변경된 월평균보수에 의해 월별보험료를 산정·부과한다. 주의할 것은 변경시기가 소급되어 제출되었을 경우에도 변경적용시점은 제출일 다음 달이 된다.

신고서류

- 월평균보수 변경신고서(고용/산재)

(2) 월평균보수의 정정

사업장에서 근로자의 월평균보수 신고 시 착오 신고한 경우 등 월평균보수의 정정이 필요한 경우 '월평균보수변경신고서'를 공단에 제출하고 신고서가 제출된 경우 착오 신고한 월평균보수 적용 기간 시작 월부터 월별보험료를 소급하여 재산정하게 된다.

- 월평균보수 변경신고서(고용/산재)

2. 국민연금

국민연금은 전년도 소득을 기준으로 연금 보험료를 부과할 뿐, 정산 제도가 없기 때문에 기준소득월액에 대한 변경 절차가 없다. 다만, 명백한 기준소득월액에 대한 착오신고가 있는 경우에 '사업장가입자내용변경신고서'를 통해 정정이 가능하다. 하지만 지역가입자의 경우에는 특성상 소득이 일정치 않고 변동이 심하므로 가입 중에 소득이 현저히 감소된 경우에는 소득 감소 사실을 증명할 수 있는 서류를 첨부하여 기준소득월액 변경이 가능하다.

3. 건강보험

사업장 전체 근로자의 보수가 인상 또는 인하된 경우에는 '직장가입자 보수평균인상·인하율 통보서', 사업장 근로자 일부의 보수가 인상 또는 인하된 경우에는 '직장가입자 보수월액변경신청서'를 제출함으로써 보수 변경 월부터 보험료 부과에 반영 가능하다.

- 직장가입자 보수평균인상·인하율 통보서
- 직장가입자 보수월액변경신청서

■ 고용보험 및 산업재해보상보험의 보험료징수 등에 관한 법률 시행규칙[별지 제22호의2서식] <신설 2010.12.22>
고용 · 산재보험 토탈서비스(http://total.kcomwel.or.kr)에서도 신고할 수 있습니다.

월평균보수 변경신고서

※ 유의사항 및 작성방법은 뒷면을 참고해 주시기 바랍니다.　　　　　　　　　　(앞면)

접수번호		접수일		처리기간 5일
사업장	사업장관리번호		명칭	
	소재지			
	전화번호	팩스번호	전자우편주소	휴대폰번호

일련번호	성 명	주민(외국인)등록번호	변경 후 월평균보수		변경 사유
			고용보험	산재보험	

「고용보험 및 산업재해보상보험의 보험료징수 등에 관한 법률」 제16조의3제4항 및 같은 법 시행규칙 제16조의2에 따라 위와 같이 월평균보수의 변경을 신고합니다.

　　　　　　　　　　　　　　　　　　　　　　　년　　　　월　　　　일

　　　　신고(신청)인(사용자 · 대표자)　　　　　　　　　　(서명 또는 인)

　　　　[　] 보험사무대행기관　　　　　　　　　　(서명 또는 인)

근로복지공단 ○○지역본부(지사)장 귀하

210mm×297mm[일반용지(재활용품) 60g/㎡]

첨부서류	1.변경된 근로계약서 사본(근로계약서를 변경한 경우에만 해당) 2.월평균보수가 인상 또는 인하된 명세가 적힌 해당 근로자의 임금대장 사본	수수료 없음

유의사항

1. 월평균보수의 산정방법은 다음과 같습니다(다만, 근로 시작일이 속하는 달의 근무일수가 20일 미만인 경우는 보수총액 및 근무 개월 수에서 제외 산정).
   * 전년도 10월 이전 입사자: 전년도 보수총액 ÷ 전년도 근무 개월 수
   * 그 외의 근로자: 근로 시작일부터 1년간(1년 이내의 근로계약기간을 정한 경우에는 그 기간) 지급하기로 정한 보수총액 ÷ 해당근무 개월수
2. 변경된 월평균보수는 신고한 날이 속하는 달의 다음 달부터 적용합니다.

작성방법

"변경 후 월평균보수"에는 변경 후 적용되는 월평균보수액을 적습니다.
"변경 후 월평균보수"가 산재보험 항목과 고용보험 항목이 같은 경우 빈칸으로 비워두거나 "고용보험과 같음"을 적습니다. 만일 고용보험 적용 근로자로서 산재보험 적용제외 대상인 경우는 산재보험 항목에 "－" 또는 "×"로 표시합니다(다만, 산재보험 항목만 적는 경우는 고용보험은 비해당으로 간주).
"변경 사유"에는 보수인상, 보수인하, 착오정정 등 월평균보수 변경 사유를 적습니다.

210mm×297mm[일반용지(재활용품) 60g/㎡]

직장가입자 보수월액 변경신청서

※ 작성방법은 아래를 참고하시기 바라며, 바탕색이 어두운 란은 신청인이 적지 않습니다.

접수번호	접수일	처리기간 즉시

회계명	

사업장 (기관)	① 사업장관리번호	② 명칭	③ 전화번호

	④ 일련번호	⑤ 성명	⑥ 주민등록번호 (외국인등록번호)	⑦ 변경 후 보수월액	⑧ 보수변경 월	⑨ 변경사유
가입자						

「국민건강보험법 시행규칙」 제41조에 따라 직장가입자의 보수월액 변경을 신청합니다.

년   월   일

신청인(사용자)   (서명 또는 인)

국민건강보험공단 이사장 귀하

작성방법

① ~ ③: 사업장 관리번호, 명칭, 전화번호를 적습니다.
④ ~ ⑥: 일련번호, 성명, 주민등록번호(외국인등록번호)를 적습니다.
　　※ 외국인의 경우 외국인등록번호, 재외국민은 국내거소신고번호를 적습니다.
⑦: 변경 후 적용되는 보수월액을 적습니다.
⑧: 실제로 보수가 변경된 월을 적습니다.
⑨: 승진, 승급, 보수인상 등 보수월액의 변경 사유를 적습니다.

처리 절차

신청서 작성	→	접수 및 확인	→	신고서 처리	→	보수월액 변경 확인 통지	→	수령
신청인		국민건강보험공단 · 국민건강보험공단 · 국민건강보험공단						신청인

210mm×297mm[백상지 80g/㎡]

38. 월별보험료의 산정과 부과

1. 고용/산재보험

  기존의 자진신고·납부에서 국민연금과 건강보험의 부과고지 방식으로 변경(2011년부터)되었으나, 건설업, 벌목업 등은 기존의 자진신고 방식을 유지한다. 따라서 건설업과 벌목업을 제외한 모든 사업장은 그달의 근무일수에 따라 일할 계산한 월별보험료를 산정하여 부과한다.

(1) 보험료 산정과 적용기간

① 보험료 산정

  근로자가 고용을 개시한 경우에는 '피보험 자격취득신고서(근로자 고용신고서)'상에 신고한 보수월액에 해당 보험료율을 기준으로 매월 산정 부과한다. 근무를 개시한 날이 속하는 달의 근무일수가 20일 미만인 경우에는 그월의 해당 보수와 근무 개월 수는 모두 제외하고 월별보험료를 산정하고, 월 중간에 보험관계가 성립 또는 소멸하는 경우는 그달의 근무일수에 따라 일할 계산하여 월별보험료를 산정한다.

월별보험료＝보수월액×보험료율

<입사시기에 따른 산정방법과 적용기간>

구 분	산정방법	적용기간
전년 10월 전 입사자의 경우	전년도 보수총액÷전년도 근무월수	당해 연도 4월부터 다음 연도 3월
전년 10월 이후 입사한 경우	계약기간의 보수총액÷ 근무월수	입사 월부터 다음다음 연도 3월

② 보험료율

구 분	고용보험		산재보험
	실업급여	고용안정 직업능력개발사업	
보험료율	1.3%	0.25%~0.85%	사업종류별 매년 고시
부담수준	사업주와 근로자가 각각 50% 부담	사업주 전액 부담	사업주 전액 부담

(2) 보험료의 부과·납부

사회보험의 징수 통합에 따라 건강보험공단에서 징수 업무를 담당하고 있으며 월별보험료는 다음 달 10일까지 납부하여야 한다. 단, 건설업과 벌목업은 기존의 방식대로 매년 3월 31일까지 개산보험료와 확정보험료로 납부하면 된다. 국민/건강보험은 근무를 개신한 날의 다음 달부터 보험료를 부과하지만 고용/산재보험의 경우는 근무일을 기준으로 하여 월평균보수를 일할 계산하여 산정·부과하는 점이 다르다. 고용보험료 중 실업급여는 사업주와 근로자가 1/2씩 부담하면 되지만, 고용안정·직업능력개발 사업과 산재보험료는 사업주가 전액 부담한다.

(3) 특수한 경우

① 20일 미만 유기사업의 경우

20일 미만 유기사업의 경우 월평균보수를 산정할 수 없어 월별보험료가 산정되지 않아서 사업주는 20일 미만 유기사업을 시행한 경우 사업종료 후 14일 이내에 제출하는 보수총액신고서에 따라 보험료를 산정·납부하는 것이 가능하다.

② 근로자 고용정보 신고 제외자

월간 소정근로시간이 60시간 미만인 자 또는 고용보험 임의가입대상 외국인근로자에 대하여는 산재보험에 별도의 근로자 고용정보를 신고하지 않을 수 있다. 따라서 사업주가 별도의 고용정보 신고를 하는 경우에는 월별보험료를 산정 부과하나, 별도의 신고가 없을 경우 전년도 근로자 고용정보 신고 제외자(기타 근로자)에게 지급한 전체 보수총액을 기준으로 보수총액의 1/12을 매월의 기타 근로자 월평균보수로 보아 월별보험료를 산정·부과한다. 만약 기존에 고용정보를 신고하지 않은 기타근로자의 경우에는 입사한 연도에는 월별보험료를 산정하지 않고 다음 해 보수총액신고서에 따른 보수총액으로 정산하면 된다(이 경우 입사 다음 해부터는 '그밖의 근로자의 전년도 보수총액 합계×1/12×보험료율'을 매월 월별보험료에 합산하여 부과한다). 그리고 기타 근로자의 변동에 따라 기타근로자의 월별보험료 변경이 필요한 경우에는 공단에 기타근로자에 대한 월평균보수변경신고서를 제출할 수 있다.

③ 일용근로자의 월별보험료

일용근로자의 월별보험료는 '근로내용 확인신고서'에 따라 신고한 그 달에 지급받은 보수총액에 보험료율을 곱하여 산정한다.

2. 국민연금

(1) 보험료 산정과 적용기간

① 보험료 산정

국민연금은 기준소득월액에 보험료율을 곱하여 월별보험료를 산정한
다. 기준소득월액은 입사시기에 따라 산정하는 방식과 적용기간이 달라
지고, 월별보험료의 부과기간은 입사일의 다음 달부터 자격을 상실한 날
의 전날이 속하는 달까지 징수한다.

$$월별보험료 = 기준소득월액 \times 보험료율$$

<입사시기에 따른 산정방법과 적용기간>

구 분	산정방법	적용기간
전년도 12월 1일 이전 입사자	(전년도 소득총액 ÷ 전년도 근무일수)×30일	당해 연도 7월부터 다음 연도 6월
전년도 12월 2일 이후 입사자	(계약기간의 총소득액 ÷ 그 기간의 총일수)×30일	입사일의 다음 달부터 다음다음 연도 6월

주) 천 원 미만의 경우 절사함.

② 보험료율

총 9%의 범위에서 사업주와 근로자가 각각 4.5%씩 부담한다.

(2) 보험료 부과 · 납부

연금보험료는 해당 월의 다음 달 10일까지이며 사회보험의 통합·징수에 따라 건강보험공단에서 징수한다. 가입자는 자격을 취득한 날이 속하는 달의 다음 달부터 자격을 상실하는 날의 전날이 속하는 달까지 보험료를 납부하면 되고, 매월 1일에 자격을 취득한 경우에는 그달부터 납부하여야 하며, 1일 이후에 입사한 경우 근로자의 선택에 따라 가입 가능하다.

3. 건강보험

(1) 보험료 산정과 적용기간

① 보험료 산정

건강보험은 월평균보수에 보험료율을 곱하여 월별보험료를 산정한다. 월평균보수는 입사시기에 따라 산정하는 방식과 적용기간이 달라지고, 월별보험료의 부과기간은 입사일의 다음 달부터 자격을 상실한 날의 전날이 속하는 달까지 징수한다.

월별보험료＝월평균보수×보험료율

<입사시기에 따른 산정방법과 적용기간>

구 분	산정방법	적용기간
전년도 12월 1일 이전 입사자	전년도 소득총액 ÷ 전년도 근무월수	당해 연도 4월 ~ 다음 연도 3월
전년도 12월 2일 이후 입사자	(계약기간의 보수총액 ÷ 그 기간의 총일수)×30일	입사일의 다음 달 ~ 다음다음 연도 3월

주) 1일이라도 근무하여 근로의 대가로 보수를 받는 경우 근무월수 산정에 포함한다.

② 보험료율

구 분	건강보험료율	장기요양보험료율
근로자	2.945%	건강보험료율×6.55%
사업주	2.945%	건강보험료율×6.55%

(2) 보험료 부과 · 납부

가입자는 자격을 취득한 날이 속하는 달의 다음 달부터 자격이 상실하는 날의 전날이 속하는 달까지 납부하여야 하고 해당 월의 다음 달 10일까지 납부하여야 한다. 자격을 취득하는 날이 1일인 경우는 그달부터 부과된다.

39. 부과고지와 자진신고

1. 개념

부과고지란 사업주가 신고한 근로자 개인별 보수에 보험료율을 각각 곱한 금액을 합산하여 산정한 보험료를 공단에서 매월 부과하는 제도를 말하고, 자진신고란 기존에 고용/산재보험의 개산보험료·확정보험료 신고와 같이 사업장에 매년 1회 전년도 보수총액을 합산하여 자진신고하는 사업장의 제도를 말한다. 부과고지 사업장은 그달의 보험료를 다음 달 10일까지 국민건강보험공단에서 발송하는 고지서로 납부하면 되고, 자진신고 사업장은 매년 3월 31일까지 개산보험료·확정보험료를 신고·납부하면 된다.

2. 운영

사회보험 통합징수에 따라 전 사업에 대하여 월별 부과(부과고지)를 원칙으로 하나 건설업, 벌목업 등은 해당 공사의 중층적 하도급 구조 및 이동이 잦은 근로자의 업무 특성상 고용과 보수총액 등의 파악이 어려워 월별 부과하지 않고 기존의 자진신고 제도를 유지하고 있다. 따라서 건설, 벌목업의 보험료 고지, 수납은 근로복지공단에서 계속 수행한다. 단,

사업장의 보험료 체납 시 체납보험료 관리만 국민건강보험공단에서 수행하게 된다. 즉, 건설업과 벌목업의 경우 고용/산재보험만 자진신고를 하고 나머지는 모두 부과고지사업장으로서 보험료를 월별 부과한다.

구 분	부과고지		자진신고	
대상(사업종류)	고용/산재	• 국민연금 • 건강보험	–	
		• 전 사업(건설업, 벌목업 등 제외) • 중소기업 사업주 • 특수형태근로종사자 • 고용보험자영업자 (2012.1.22. 이후 신규 가입자)	고용/산재	• 건설업 • 임업 중 벌목업 • 해외파견(건설업) • 고용보험자영업자 (2012.1.21. 이전 가입자)
납부방법	매월보험료 산정 부과 (보수총액에 의한 정산)		연간 보험료 선납 및 정산 (개산/확정보험료)	

<고용/산재 부과고지 사업의 업무 처리 흐름>

보험관계 성립신고	− 보험관계 성립신고: 성립일로부터 14일 이내
근로자 고용정보 신고 (월평균보수신고)	−입사 시: 근로자 고용신고 → 다음 달 15일까지 −퇴사 시: 근로자 고용종료신고 → 다음 달 15일까지 −전근 시: 근로자 전근신고 → 전보일부터 14일 이내 −휴직 시: 근로자 휴직 등 신고 → 휴직일부터 14일 이내 −변경 시: 근로자 정보변경신고 → 변경일부터 14일 이내 ※ 월 60시간 미만인 자 등 대통령령이 정하는 자는 신고 면제
월별보험료산정 부과 · 고지 · 납부	−보험료 산정: 근로자별 월평균보수 합계액 × 보험료율 ※ 월평균보수: 근로자 개인별 전년도 보수총액을 개인별 근무 개월 수로 나눈 금액 −고지: 납부기한 10일 전(당해 월 말일)까지 도착 −납부: 해당 월의 다음 달 10일까지
월평균보수 변경	−변경신고: 월평균보수 변동(인상 · 인하)된 경우 −적용시점: 월평균보수 변동(인상 · 인하)을 신고한 다음 달부터
보수총액 등 신고	−전년도에 지급한 보수총액신고 안내(공단): 2월 중순 −전년도 보수총액신고(사업주): 3월 15일까지
연도 중 폐업 · 도산	−소멸신고: 소멸일로부터 14일 이내 −근로자에 지급한 보수총액신고: 소멸일로부터 14일 이내 −보험료 정산(반환 · 추가징수)
월평균보수 산정	−적용기간: 4월부터 다음 연도 3월. 다만, 10월 이후에 새로이 고용된 근로자의 월 평균보수는 다음다음 연도 3월까지
보험료 정산	−당해 연도 보수총액으로 정산(반환 · 추가징수) −공단 직권 정산: 보수총액 미신고, 신고가 사실과 다른 경우 −정산 차액은 정산을 실시한 달의 보험료에 합산 징수

산재 · 고용보험 실무편람.

40. 개산보험료와 확정보험료(고용/ 산재보험의 자진신고 사업장)

2011년부터 보험료 산정 기준이 임금에서 보수로 변경되면서 전사업장이 월별 부과고지로 바뀌었으나, 건설업과 벌목업 등의 경우는 종전과 같이 개산보험료와 확정보험료를 매년 3월 31일까지 신고하도록 하고 있다.

1. 개산보험료

(1) 의의

개산보험료라 함은 매 보험연도마다 그 1년간(보험연도 중에 보험관계가 성립한 경우에는 그 성립일로부터 그 보험연도의 말일까지의 기간)에 사용할 모든 근로자에게 지급할 보수총액 추정액에 보험료율을 곱하여 산정한 금액을 말한다.

(2) 개산보험료의 산정

① 산정원칙

보험가입자가 1년간 사용할 근로자에게 지급할 보수총액을 추정하여 그 보수총액에 해당 보험료율을 곱하여 산정한다. 다만, 추정액이 전년도 보수총액의 70/100 이상 130/100 이내인 경우에는 전년도 확정 보수총액을 당해 보험연도의 보수총액 추정액으로 한다.

개산보험료 = 당해 연도 추정보수총액 × 보험료율

---

② 노무비율에 의한 산정(건설공사에서 보수총액의 추정이 곤란한 경우)

보수총액 추정액을 결정하기 곤란한 경우에는 고용노동부장관이 고시하는 노무비율에 의하여 보수총액을 결정한다.

개산보험료 = 총공사금액 × 노무비율 × 보험료율

---

(3) 개산보험료의 신고와 납부

사업주는 당해 보험연도의 3월 31일까지(보험연도 중에 보험관계가 성립한 경우 그 성립일로부터 70일 이내에) 보험료신고서를 작성하여 공단에 제출하고 동 보험료에 대하여는 자진납부하여야 한다. 다만, 건설공사 등 기간의 정함이 있는 사업으로서 보험관계 성립일부터 70일 이내에 종료되는 사업의 경우 그 사업의 종료일 전일까지 신고·납부하여야 한다. 개산보험료는 선납주의로 자진신고, 자진납부를 원칙으로 한다.

계속사업장 또는 6월 말 이전에 성립된 사업장은 사업주의 신청(반드시 개산보험료 신고 시 신청)에 의해 분할납부가 가능하고 또한 분할납부할 수 있는 보험료를 법정납부기한 내(당해 보험연도 3월 31일까지, 연도 중 성립한 경우에는 성립일로부터 70일 이내)에 일시납부한 경우에는 3%를 경감받을 수 있다.

(4) 개산보험료 감액조정

보험연도 중에 사업의 규모를 축소하여 실제의 개산보험료 총액이 이미 신고한 개산보험료 총액보다 대통령령이 정하는 기준 이상으로 감소하게 된 경우에는 사업주의 신청에 의하여 그 초과액을 감액할 수 있도록 함으로써 보험가입자의 재정 부담을 완화해주는 제도이다. 감액요건은 개산보험료의 감액사유가 사업규모의 축소에 의할 것, 감액규모가 30/100을 초과할 것, 보험가입자가 감액조정신청을 하였을 것 등이 있다.

(5) 개산보험료 경정청구 제도

법정기한 내에 개산보험료를 신고한 사업주가 개산보험료를 초과하여 신고·납부한 경우에 이를 경정청구할 수 있도록 하여 보험료 납부 사업주에 대한 권익을 보호해주는 제도이다. 경정청구를 하려면 법정기한 내에 개산보험료를 신고하였을 것, 이미 신고한 개산보험료가 신고하여야 할 개산보험료를 초과할 것, 법정신고기한이 지난 후 1년 이내에 경정을 청구할 것 등이 있다.

2. 확정보험료

(1) 의의

확정보험료라 함은 매 보험연도의 초일(보험연도 중에 보험관계가 성립한 경우에는 성립일)부터 연도 말일 또는 보험관계가 소멸한 날의 전날까지 지급한 보수총액에 보험료율을 곱하여 산정한 금액을 말한다. 즉, 전년도 실제로 발생한 보수총액에 보험료율을 곱하여 산정한다.

(2) 확정보험료의 산정

① 산정원칙

당해보험연도 중 실제 지급한 보수총액(지급하기로 결정되었으나 미지급된 보수포함)에 보험료율을 곱하여 산정한다.

② 노무비율에 의한 산정

건설공사도 실제 지급된 보수총액에 보험료율을 곱하여 산정함이 원칙이나 보수총액을 결정하기 곤란한 경우에는 고용노동부장관이 정하여 고시한 노무비율로 보수총액을 결정하여 확정보험료를 산정할 수 있다. 이때 원수급인은 하도급을 준 공사(외주비)에서 하수급인 인정 승인된 공사금액은 제외한다.

확정보험료＝[직영인건비＋{하도급공사금액(외주비)×하도급노무비율}]×보험료율

---

③ 하수급인 사업주 인정 승인을 받은 공사

원수급인의 신청에 의해 하수급인 사업주 인정 승인을 받은 공사에 대해서는 하수급업체가 반드시 그 공사에 대한 보수총액을 포함하여 신고하고 보험료를 납부한다.

(3) 확정보험료의 신고와 납부

다음 보험연도의 3월 31일(보험관계가 보험연도 중에 소멸한 경우는 소멸한 날부터 30일 이내)까지 확정보험료를 신고·납부하여야 하는데 개산보험료를 확정보험료보다 초과 납부한 경우에는 초과금액을 반환받거나 충당 신청할 수 있다. 확정보험료를 신고하지 않거나 사실과 다르게 신고한 경우 가산금과 연체금이 부과될 수 있다.

(4) 확정보험료 경정청구

법정기한 내에 확정보험료를 신고한 사업주가 이미 신고한 확정보험료가 신고하여야 할 확정보험료를 초과하였을 경우 법정신고기한이 지난 후 1년 이내에 경정을 청구할 수 있다. 확정보험료의 경정청구를 하고자 하는 경우 '개산보험료(확정보험료) 경정청구서'를 작성하여 공단에 제출하고 공단은 경정청구를 받은 날로부터 2월 이내에 경정청구에 대한 결과를 청구인에게 통지하고, 확정보험료를 완납한 경우는 충당 또는 반환을 받고, 미납된 경우에는 납부할 보험료에 대하여 감액된 금액을 납부하게 된다.

(5) 확정보험료 수정신고

법정기한 내에 확정보험료를 신고한 사업주가 이미 신고한 확정보험료가 신고하여야 할 확정보험료에 미달할 경우에는 공단이 확정보험료

조사계획 통지를 하기 전까지 수정신고를 할 수 있다. 확정보험료 수정
신고를 하고자 하는 경우 '확정보험료 수정신고서'를 작성하여 공단에
제출하여야 하고 이에 따른 보험료 차액을 납부하면 되는데 법정기한 내
확정보험료를 신고한 사업주는 이미 신고한 확정보험료가 신고해야 할
확정보험료에 미달하는 경우 공단이 확정보험료 조사계획 통지 전까지
신고하는 경우 수정신고결과 추징금에 대한 가산금 50/100을 경감받을
수 있다.

신고서류

- 고용보험/산재보험(임금채권부담금 등) 보험료신고서
- 고용보험/산재보험 개산보험료/확정보험료 경정청구서

■ 고용보험 및 산업재해보상보험의 보험료징수 등에 관한 법률 시행규칙[별지 제23호서식] <개정 2010.12.22> 고용 · 산재보험 토탈서비스(http://total.kcomwel.or.kr)에서도 신고할 수 있습니다.

(　　　)년도 고용 · 산재보험(임금채권부담금 등) 보험료신고서

※ 뒷면의 유의사항과 작성방법을 읽고 작성하여 주시기 바라며, [　]에는 해당되는 곳에 "√" 표를 합니다.

(앞 쪽)

접수번호			접수일			처리기간 5일					
신고 사업장	사업장관리번호					대표자					
	사업장명칭					전화번호					
	공사명(건설공사)		소재지								

		구분	산정기간	① 보수총액	② 보험료율	③ 확정보험료액 (①×②)	④ 납부한 개산보험료액	⑤ 추가납부할액 (③-④)	⑥ 초과액(④-③)		
										충당액	반환액
(　　)년 확정 보험료	고용 보험	실업 급여	~		/1,000						
		고용안정 · 직업능력개발	~		/1,000						
		계	------	------	------						
	산재보험(임채권부담금 · 석 면피해구제분담금 포함)		~		/1,000						

		구분	산정기간	⑦ 보수 총액	⑧ 보험 료율	⑨ 개산보험료액 (⑦×⑧)	⑩분할납부 여부	(　　)년도 확정보험료 산정 기초 보수총액			
								구분	고용보험		산재보험
									인원	보수총액	인원	보수총액
(　　)년 개산 보험료 (추정 보험료)	고용 보험	실업급여	~		/1,000		[　]일시납부 [　]분할납부	1월	명	원	명	원
		고용안정 · 직업능력개발	~		/1,000			2월	명	원	명	원
		계	------	------	------			3월	명	원	명	원
	산재보험(임채권부담금 · 석 면피해구제분담금 포함)				/1,000		[　]일시납부 [　]분할납부	4월	명	원	명	원
								5월	명	원	명	원
								6월	명	원	명	원

※ 퇴직보험 등에 가입한 사업장은 별도로 부담금 경감신청서를 제출하여 임금채권부담금을 경감받으시기 바랍니다.	확정보험료 대비 개산보험료 보수 총액 감소(30% 초과) 사유 [　]근로자 감소 [　]휴업일 [　]그 밖의 사유:	※ 분할납부는 개산보험료로 한정하 며, 분할납부를 원하는 경우 뒷면 의 분할납부신청서 작성 ※ 일시납부를 하는 경우 3% 할인	7월 명 원 명 원 8월 명 원 명 원

「고용보험 및 산업재해보상보험의 보험료징수 등에 관한 법률 시행령」 제20조, 제26조 및 같은 법 시행규칙 제17조, 제22조제1항에 따라 위와 같이 신고합니다.

	9월 명 원 명 원
년　　　월　　　일	10월 명 원 명 원
신청인(보험가입자)	11월 명 원 명 원
(서명 또는 인)	12월 명 원 명 원
[　]보험사무대행기관 (서명 또는 인)	합계 명 원 명 원
근로복지공단 ○○지역본부(지사)장 귀하	월평균 명 원 명 원

210mm×297mm[일반용지 60g/㎡(재활용품)]

(뒤 쪽)

	건설공사					
공사명						
전체공사기간	년　월　일 ~ 년　월　일					
공사금액명세	총공사금액					
	당년도 시공예정액					
	익년도 이월예정액					

개산보험료의 분할납부신청서

「고용보험 및 산업재해보상보험의 보험료징수 등에 관한 법률」 제17조제3항(「임금채권보장법」 제16조)에 따라 개산보험료의 분할납부를 신청합니다.

※ 확정보험료(추가납부해야 할 금액)는 분할납부가 안 됨을 유의하세요.

	구분	개산보험료	제1기	제2기	제3기	제4기
고용보험	실업급여	원	원	원	원	원
	고용안정 · 직업능력개발	원	원	원	원	원
	계	원	원	원	원	원
산재보험 (임채권부담금 등 포함)		원	원	원	원	원

년　　월　　일

신청인(보험가입자 또는 보험사무대행기관)	(서명 또는 인)

근로복지공단 ○○지역본부(지사)장 귀하

과납보험료 충당신청서

「고용보험 및 산업재해보상보험의 보험료징수 등에 관한 법률」 시행령 제31조제2항(「임금채권보장법 시행령」 제21조)에 따라 과납보험료를 충당 신청합니다.

	구분	납부할 금액	충당 신청액	충당 후 납부액
고용보험	실업급여	원	원	원
	고용안정 · 직업능력개발	원	원	원
	계	원	원	원
산재보험 (임채권부담금 등 포함)		원	원	원

반환금 입금 계좌	（　）은행
계좌번호:	예금주:

년　　월　　일

신청인(보험가입자 또는 보험사무대행기관)	(서명 또는 인)

근로복지공단 ○○지역본부(지사)장 귀하

유의사항

임금채권부담금 경감대상 사업주분께서는 별도 임금채권부담금 경감신청서를 제출해야 합니다.

⑤번 항목의 추가납부해야 할 금액은 분납이 안 됩니다.

⑨번 개산보험료를 3월 31일까지 일시납부하는 경우에는 3% 할인 혜택이 있습니다(6개월 미만의 건설공사, 연도 중 7월 1일 이후 성립된 사업장의 경우 분할납부 불가).

연간 보험료를 분할 계산할 경우, 2기 이후 금액은 동일하게 하고 나머지는 제1기 금액에 합산합니다.

건설업자가 아닌 자가 시공하는 건설공사로서 해당 연도 이후 준공되는 공사의 경우, 뒷면 오른쪽 상단에 건설공사의 기간 및 금액 명세를 적어 주시기 바랍니다.

작성방법

①번 보수총액은 전년도 중 모든 근로자에게 지급하였거나 지급하기로 한 보수총액(대표자임금 제외, 보험료신고서 앞면의 '확정보험료 산정 기초 보수총액'의 합계액)을 적습니다.

③번은 표시된 계산방식에 따라 계산하여 주시기 바라며, 계산 결과 추가로 내야 할 금액이 나온 경우 그 금액을 ⑤번에 적고, 초과액이 나온 경우에는 ⑥번 항목의 충당액에 적습니다. ⑥번의 충당액이 ⑨번의 개산보험료액보다 많을 경우에는 충당 후 남은 금액을 반환액에 적습합니다.

⑦번은 해당 연도에 모든 근로자에게 지급할 것이 예상되는 보수추정액을 적습니다. 다만, 추정된 보수총액이 ①번의 전년도 확정보수총액 대비 70/100~ 130/100인 경우에는 ①번 항목의 보수총액과 동일하게 적어 주시기 바라며, 70/100 미만으로 추정되는 경우에는 ⑦번 아래 란에 그 사유를 체크하여 주시기 바랍니다.

⑩번은 ⑨번의 금액을 일시납부하실 것인지 분할납부하실 것인지 선택하는 사항입니다.

210mm×297mm[일반용지 60g/㎡(재활용품)]

<table>
<tr><td>[ ]고용보험
[ ]산재보험</td><td>(　　　)년도</td><td>[ ]개산보험료
[ ]확정보험료</td><td>경정청구서</td></tr>
</table>

※ 작성방법은 뒷면을 참고하여 주시기 바라며, 색상이 어두운 란은 신청인이 적지 않습니다.　　　　(앞면)

접수번호		접수일	처리기간 2일
사업장관리번호			
신고인	상호 · 법인명		
	소재지		전화번호
	대표자		
신고 내용	법정 신고일		
	최초 신고일		
	경정청구 이유		
경정청구 사항	구 분	최초신고(경정 전)	경정청구
	보험료 종류		
	보험료액		
	그밖에 필요한 사항		

「고용보험 및 산업재해보상보험의 보험료징수 등에 관한 법률 시행령」 제23조 · 제26조 및 같은 법 시행규칙 제19조에 따라 위와 같이 청구합니다.

년　　　월　　　일

신고(신청)인　　　　　　　　　　　　　　　　　　　　(서명 또는 인)

[　] 보험사무대행기관　　　　　　　　　　　　　　　(서명 또는 인)

근로복지공단 ○○○○지역본부(지사)장　귀하

210mm×297mm(일반용지 60g/㎡(재활용품))

첨부서류	1. 최초 보험료신고서 사본 2. 경정청구 사유 증명자료	수수료 없 음

작성방법

1. 고용보험, 산재보험 중 신청하려는 란에 "√" 표시를 하시기 바랍니다.
2. "법정 신고일"란에는 보험료신고의 법정신고기한을 적습니다.
3. "최초 신고일"란에는 실제로 보험료신고를 한 날을 적습니다.
4. "보험료 종류"란에는 개산 · 확정보험료 여부 및 해당연도를 적습니다.
5. "보험료액"란에는 경정청구 전 · 후의 보험료액을 적습니다.
6. "그 밖에 필요한 사항"란에는 경정청구에 참고할 사항이 있으면 이를 적습니다.

41. 보수총액신고(고용/산재)

1. 보수총액신고

사업주가 매월 납부하는 월별보험료는 근로자의 월평균보수에 기초하여 산정된 보험료이므로 실제 보험료 산정기간(매년 1.1.~12.31.) 동안 사업주가 근로자에게 지급한 보수총액에 따른 보험료와 정산이 필요하기 때문에 사업주는 매년 3월 15일까지 전년도 개인별 보수총액을 신고하여야 한다. 이를 기초로 하여 전년도 월별보험료의 정산과 동시에 당해 연도(당해 연도 4월부터 다음 연도 3월까지) 개인별 월평균보수의 기초자료로 활용된다. 매년 3월 15일까지 신고하여야 하며, 사업의 폐지 또는 종료 등으로 보험관계가 소멸한 때에도 보험관계가 소멸한 날부터 14일 이내에 제출하여야 한다.

2. 보수총액신고서의 신고방법

원칙은 정보통신망 또는 전자적 기록매체를 이용하여 신고하여야 하나 일정 규모에 해당하는 사업주(전년도 말일 현재 근로자 수가 10인 미만인 사업주)는 보수총액의 신고를 문서로서 할 수 있다. 정보통신망을 통한 신고는 공단의 토털서비스(total.kcomwel.or.kr)를 통한 신고를 말하고, 전자적 기록매체 등을 이용한 신고는 CD를 이용한 신고를 말하며, 라벨지 부착 후 보수총액신고서와 함께 공단에 신고하여야 한다.

<보수총액신고 일정>

일자	내용	대상
2월 10일	1월 보험료 납부일	부과고지 대상 사업장
2월 15일	2월 보험료 부과자료 구축일	부과고지 대상 사업장
3월 10일	2월 보험료 납부일	부과고지 대상 사업장
3월 15일	전년도 보수총액신고 마감일	부과고지 대상 사업장
	3월 보험료 부과자료 구축일	부과고지 대상 사업장
3월 31일	전년도 개산·확정보험료 신고·납부일	건설업 등 자진신고 사업장
5월 15일	2분기 개산보험료 납부일	건설업 등 자진신고 사업장

3. 보수총액신고서에 의한 고용정보 신고 대체 불가

공단에서 통보한 보수총액신고 대상 근로자 중 누락이 있거나 틀린 내용이 있는 경우는 별도로 '근로자 고용신고서' 또는 '근로자 고용정보 정정신청서'를 제출하여야 한다. 또한 공단에서 통보한 근로자 명단에 누락이 있는 경우에는 별도로 '근로자 고용신고서' 또는 '피보험 자격취득 신고서'를 제출하여 누락 근로자가 보수총액신고서에 반영된 후 보수총액신고를 작성하여야 한다. 근로자 고용신고 또는 고용정보 정정 없이 보수총액신고서상에 임의로 고용정보를 추가하거나 수정하는 경우 오류가 발생하며, 오류가 발생한 근로자의 보수총액은 보험료 정산 시 산입이 되지 않는다. 고용보험 피보험자격이 누락된 근로자도 고용센터에서 피보험자격취득 처리가 선행되어야만 보수총액신고 시 해당근로자의 보수가 산입된다.

4. 유의사항

2012년 8월부터 보험료 산정방식이 사업장 단위에서 개인 단위로 변경됨에 따라 2012년도부터 보수총액에 의한 정산 방식이 기존의 '근로자 개인별 보수총액의 합 × 보험료율'에서 '근로자 개인별 보수총액 × 보험료율의 합산액'으로 변경되었다.

2012년도 보수총액신고에 의한 정산결과(정산보험료의 부과·반환·추징)는 4월 보험료에 일괄 반영하고(연도 중 소멸사업장 제외) 연도 중 산재보험 업종변경 사업장의 경우 별도의 신고 란에 변경 전후의 보수총액을 구분하여 기재하며, 자활근로종사자 및 노동조합 등으로부터 금품을 지급받는 노조전임자의 보수총액은 신고서 뒷면에 별도 기재하며, 특수형태근로종사자는 보수총액신고서를 작성하지 않는다.

고용보험의 경우 휴업·휴직, 출산전후 휴가 중의 보수에 대해 월별보험료에는 부과되지 않고 보수총액신고 시에 지급받은 급여가 있는 경우 정산하여 납부하나, 산재보험은 월별보험료와 정산 보험료 모두 부과하지 않고 제외한다.

5. 보수총액신고서의 수정 신고(3월 15일 이후)

보수총액신고를 하였으나 신고한 보수총액이 실제로 신고하여야 하는 보수총액과 다를 경우, 보수총액신고서에 누락된 근로자가 확인될 경우 해당 근로자의 보수총액을 수정신고하는 경우, 일용근로자와 그 밖의 근로자의 신고한 보수총액이 실제로 신고하여야 하는 보수총액과 다를 경우 등에 대하여 수정신고를 할 수 있다. 보수총액수정신고는 전체 근로자에 대한 신고가 아닌 수정 사항이 발생한 근로자에 대하여만 수정신고를 하고 사업주가 보수총액을 과소 신고해 공단이 이를 조사하겠다는 사실을 사업주에게 알린 후에는 수정신고가 불가하다.

Q: 건강보험 보수총액신고서를 산재/고용보험 보수총액신고서로 같이 신고할 수 있나요?

A: 건강보험의 적용대상과 고용/산재보험의 적용대상이 서로 달라 보수총액신고서를 같
   이 사용할 수 없습니다. 예를 들어 건강보험의 경우 사업주도 보험가입자에 해당하여
   보수총액신고 시 사업주의 소득도 보수총액에 포함되나, 고용/산재보험에서는 사업주
   의 소득은 보수총액신고 대상에 해당하지 않으므로 건강보험의 보수총액신고서를 같
   이 사용할 수 없습니다.

6. 보험료의 정산

보수총액신고를 하면서 전년도 실제 납부한 월별보험료와 정산하여 그 결과 보험료가 부족한 경우에 사업주는 추가 보험료를 납부하여야 하고, 과납한 경우에는 충당 또는 반환받게 된다. 이때 보험료 부족액이 정산을 실시한 달의 보험료를 초과하는 경우에는 그 부족분을 이등분하여 정산을 실시한 달과 그다음 달의 월별보험료에 합산하여 근로복지공단이 사업주의 신청과 관계없이 2회 분할하여 부과하고 건강보험공단에서 이를 고지한다. 또 정산 결과 월별보험료의 합계보다 납부할 보험료가 적은 경우 과오납 처리되어 공단이 반환결정하고 반환금 지급은 국민건강보험공단에서 처리한다. 공단이 사업장의 보수총액신고서에 따른 월별보험료 정산 후 실제 국세청의 소득신고자료 또는 공단 자체 수집 자료와 비교하여 보험료를 확정 정산할 수 있다.

Q: 근로자의 퇴직 시 퇴직시점에 고용보험료를 정산하여 그 결과를 공단에서 사업장에
   통지하나요?

A: 근로자가 퇴직하여도 해당 근로자 개인별로 보험료를 정산하지 않습니다. 사업주는 근
   로자퇴직 시 고용보험료를 확정하여 원천징수하게 되고, 공단에서는 다음 해 보수총액
   신고서에 따라 사업장 전체에 대하여 보험료를 정산하게 됩니다.

<table>
<tr><td>신고서류</td></tr>
</table>

- 보수총액신고서

■ 고용보험 및 산업재해보상보험의 보험료징수 등에 관한 법률 시행규칙[별지 제22호의4서식] <개정 2013.2.13>

[ ]산재보험
[ ]고용보험 (   )년도 보수총액신고서

※ 신고방법은 고용·산재 토탈서비스(total.kcomwel.or.kr) 또는 전자매체(CD)를 이용하여 신고합니다(단, 10인 미만 사업장은 서면신고 가능).

※ [ ]에는 해당되는 곳에 "√"표시를 하시기 바라며, 색상이 어두운 란은 신고인이 적지 않습니다.

(앞쪽)

접수번호			접수일		처리기한 5일		
관리번호		사업장명		대표자		산재업종	(요율:)
사업장소재지				전화번호		팩스번호	

성명	주민(외국인)등록번호	① 보험료부과구분	산재보험				고용보험				
			취득일	상실일	② 연간보수총액(원)	③ 월 평균보수(원)	취득일	상실일	④ 연간보수총액(원)	⑤ 월 평균보수(원)	⑥ 근무지 우편번호
⑦ 일용근로자 보수총액(※뒤쪽 작성방법 5번 참조)					-	-			-		-
⑧ 그 밖의 근로자 보수총액(※뒤쪽 작성방법 6번 참조)					-	-			-		
⑨ 합계					-				-		-

※ "자활종사근로자" 및 노동조합 등으로부터 금품을 지급받는 "노조전임자"가 있는 경우에 해당근로자는 뒷면의 ⑫번란에 작성

⑩ 년도 중 산재보험 업종변경 사업장 기간별 보수총액
 (※ 년도 중 산재보험 업종변경이 있는 경우에만 기재)

⑪ 매월 말일 현재 일용근로자 및 그 밖의 근로자 수 (※ ⑦번 또는 ⑧번 해당근로자가 있는 경우에만 기재)

구분	업종변경 전 (. . ~ . .)	업종변경 후 (. . ~ . .)	구분	1월	2월	3월	4월	5월	6월	7월	8월	9월	10월	11월	12월
사업장보수총액(원)			일용근로자 및 그 밖의 근로자 수(명)												

「고용보험 및 산업재해보상보험의 보험료징수 등에 관한 법률」 제16조의10제1항·제2항, 같은 법 시행령 제19조의5제1항부터 제3항까지 및 같은 법 시행규칙 제16조의5에 따라 사업장 근로자의 보수총액 등을 위와 같이 신고합니다.

년   월   일

신고인(사업주)   (서명 또는 인)

[ ] 보험사무대행기관   (서명 또는 인)

근로복지공단 ○○지역본부(지사)장   귀하

297mm×210mm(백상지 80g/㎡)

(뒤쪽)

⑫'자활종사근로자' 및 노동조합 등으로부터 금품을 지급받는 "노조전임자" 보수총액신고서(※ 해당근로자가 있는 경우에만 기재)

관리번호				사업장명				사업장소재지			
성명	주민(외국인) 등록번호	① 보험료 부과구분	산재보험				고용보험				⑤ 월 평균보수(원)
			취득일	상실일	② 연간보수총액(원)	③ 월평균보수(원)	취득일	상실일	④ 연간보수총액(원)		
									실업급여	고용안정·직업능력개발	

※ 위 ⑫번란의 고용보험 연간보수총액(④번란)은 "실업급여"와 "고용안정·직업능력개발" 중 어느 한 부문만 적용될 수 있으므로 해당 부문을 구분하여 기재
※ "노조전임자"가 년도 중 노조에 일정기간만을 전임한 경우 비전임기간의 보수총액도 ⑫번란에 같이 기재

작성방법 안내

1.①번란의 "보험료부과구분" 부호의 내용

부과 구분 부호	부과범위				대상근로자
	산재보험		고용보험		
	산재	임채	실업급여	고안직능	
51	O	O	×	×	고용보험미가입 외국인근로자, 월 60시간 미만 근로자 항운노조원(임채부과대상)
52	O	×	×	×	항운노조원(임채소송승소), 현장실습생
54	O	×	O	O	자활근로종사자(급여특례·차상위계층)
55	×	×	O	O	국가기관에서 근무하는 청원경찰, 선원법 및 어선재해보상법적용자, 해외파견자
56	×	×	O	×	별정직·계약직공무원, 노동조합 등으로부터 금품을 지급받는 노조전임자
57	O	×	O	×	시간제계약직 공무원
58	O	×	×	O	자활근로종사자(국민기초생활보장수급권자)

2. ②, ④번란의 "연간보수총액"은 해당년도에 발생된 보수총액을 작성
 * 연간보수총액: 「소득세법」 제20조에 따른 근로소득에서 같은 법 제12조제3호에 따른 비과세 근로소득을 뺀 금액(연말정산에 따른 갑근세 원천징수 대상 근로소득과 동일)
 * 휴업·휴직 및 「근로기준법」 제74조에 따른 보호휴가(산전후 휴가 또는 유산·사산휴가) 중의 보수는 고용보험 보수총액에는 포함, 산재보험 보수총액에서는 제외

3. ③, ⑤번란의 "월평균보수"는 아래 계산식에 따라 산정하여 기재[이미 상실(고용종료)된 근로자는 기재하지 않음]
 * 9.30. 이전 입사자: 해당년도 보수총액 ÷ 해당년도 근무 개월 수
 * 10.1. 이후 입사자: 취득(고용)일부터 1년간(1년 이내의 근로계약기간을 정한 경우에는 그 기간) 지급하기로 정한 보수총액 ÷ 해당 근무 개월 수
 ※ 다만, 고용(취득)한 달의 근무일수가 20일 미만인 자는 월평균보수 산정 시 그달은(고용한 달)은 제외하고 산정
 (예시: 4.20에 입사한 근로자의 월평균보수는 5.1. 이후 발생한 보수총액 ÷ 8개월로 산정).
4. ⑥번란의 "근무지 우편번호"는 일괄적용 사업장만 적습니다.
5. ⑦번란의 "일용근로자 보수총액"은 일용근로자(1개월 미만 동안 고용된 근로자)들의 연간 보수총액 합계액을 적습니다.
6. ⑧번란의 "그 밖의 근로자 보수총액"은 월 60시간 미만 근로자 및 고용보험에 가입하지 않은 외국인근로자 중 산재보험 고용정보를 신고하지 아니한 근로자들의 연간 보수총액 합계액을 적습니다.
7. ⑩번란의 "년도 중 산재보험 업종변경 사업장의 기간별 보수총액"은 ⑧번의 합계금액을 업종변경 전과 후를 구분하여 기재(년도 중 산재보험 업종변경이 없는 경우에는 기재하지 않음)
8. ⑪번란의 "매월 말 현재 일용근로자 및 그 밖의 근로자 수"는 매월 말 현재 근무하는 일용근로자의 수 및 그 밖의 근로자의 수를 기재(해당자가 없는 경우에는 기재하지 않음).
9. 사업장 정보가 틀린 경우 "보험관계변경신고서", 산재보험 근로자 고용정보가 틀린 경우 "근로자고용정보정정요청서", 신고가 누락된 근로자를 추가 신고하는 경우 "근로자고용신고서" 또는 "피보험자격취득신고서"를 별도 제출
 ※ 변경 및 정정에 필요한 각종 서식은 근로복지공단홈페이지
 (www.kcomwel.or.kr)에서 다운로드하거나, 고용·산재 토탈서비스(total.kcomwel.or.kr)에서 전자신고 가능

과납 보험료 선납 충당 또는 반환 신청서

과납된 [ ]산재보험료, [ ]고용보험료가 있을 경우 내야 할 보험료와 그 밖의 징수금에 충당하여 주시기 바랍니다.

반환금 입금 계좌	( )은행	계좌번호:	예금주:

「고용보험 및 산업재해보상보험의 보험료징수 등에 관한 법률 시행령」 제31조제2항 및 「임금채권보장법 시행령」 제21조에 따라 아래와 같이 과납보험료를 선납 충당 신청합니다.

년   월   일

신고인(사업주)　　　　　　　　　　　　　　　(서명 또는 인)

[ ]보험사무대행기관　　　　　　　　　　　　(서명 또는 인)

근로복지공단　　　　　　　　장 귀하

42. 연말정산(국민/건강)

1. 국민연금

국민연금은 전년도 소득월액을 당해 연도 보험료 산정 기준으로 할 뿐 별도의 정산절차가 없다. 다만, 사업장이 「소득세법」에 따라 '근로소득지급명세서'를 국세청에 제출한 경우에는 공단에 신고한 것으로 간주하여, 별도의 소득총액신고 없이 공단은 국세청 과세자료를 활용하여 기준소득월액 정기결정을 한 후 사업장에 그 내용을 통지하므로 사업장에서는 기준소득월액 정기결정 통지서를 확인한 후 이상이 있을 경우에만 공단에 정정신고하면 된다.

국민연금 전년도 소득을 기준으로 당해 연도 7월부터 다음 연도 6월까지 보험료를 적용하는데 이를 위해서는 기준소득월액을 결정해야 한다. 기준소득월액을 결정하기 위하여 전년도 12월 1일 이전에 입사한 근로자 및 사용자로서 국세청에 근로소득 지급명세서 미제출자, 자료 착오자 및 개인사업자 사용자 등은 소득총액신고를 하여야 하고, 전년도 12월 2일 이후 입사자의 경우에는 기준소득월액을 결정하지 않고 취득 당시 결정된 기준소득월액을 다음다음 연도 6월까지 적용하므로 소득총액신고대상이 아니다. 소득총액신고는 5월 31일까지 공단에 제출하여야 한다. 개인 회사의 사업주는 당해 사업에서 얻은 실제 소득총액을 신고하되, 과세자료가 없을 때에는 당해 사업장에 종사하고 최고소득을 받은 근로자의 소득총액 이상으로 신고한다.

2. 건강보험

(1) 의의

직장가입자의 건강보험료는 당해 연도의 소득에 의해 부과되어야 하나, 연도 중에는 소득이 확정되지 않으므로 전년도 소득을 기준으로 우선 부과한 후, 다음 연도 2월 말일까지 사업장에서 확정된 소득으로 보험료를 다시 산정하여 기납부한 보험료와 정산하여 정산차액을 4월분 보험료에 부과(추과징수 또는 반환)하고 있다. 사업장에서는 매년 2월 말까지 국세청에 신고한 근로소득을 기준으로 공단에 보수총액통보서를 제출하고 공단은 이를 근거로 정산하게 된다(고용/산재보험의 보수총액신고서와 별도로 제출해야 함). 개인사업자의 사용자는 임금을 지급받지 않고 있으므로 해당 사업장의 사업소득과 부동산 임대 소득을 기준으로 보수월액을 산정하면 되는데, 보수월액이 해당 사업장 근로자 중 최고 등급을 적용받는 자보다 낮을 경우 당해 사업의 최고 등급에 해당하는 보수월액과 동등하게 결정하고 매년 6월 10일까지 신고하고 6월에 정산 반영한다.

(2) 정산 대상자

건강보험 연말정산 대상자는 매년 12월 말일 현재 직장가입자 자격유지자(12월 1일 이전 입사자)이고 정산제외 대상자는 퇴직자, 해당년도 12월 중 입사자(12월 보험료 면제자), 해당 연도 모든 기간 납입고지 유예

자, 휴직자, 시설수용자, 군입대자 등(휴직자, 시설수용자, 군입대자의 경우 연도 중 사유 발생자는 정산 대상자이다)이 있다.

(3) 정산 방법

① 근무월수 산정방법

1일이라도 근무하여 근로의 대가로 보수를 받은 경우는 근무월수에 산정하고, 휴직(산재로 인한 휴직 포함)·기타의 사유로 보수의 전부 또는 일부가 지급되지 않은 경우 해당 기간은 근무월수에서 제외하며(보수도 제외), 육아휴직기간에 고용보험에서 지급받은 보전적 급여는 보수에서 제외하고 근무월수에서도 제외한다. 휴직 발생 해당 연도의 휴직일이 속한 월과 종료월은 근무월수에 포함한다(단, 당해 연도 휴직일이 매월 1일인 경우 근무월수 산정에서 제외).

② 보수총액 산정방법

퇴직금, 현상금, 번역료 및 원고료,「소득세법」규정에 의한 비과세 근로소득은 보수에서 제외된다. 단, 비과세 근로소득 중 보수에 포함되는 것이 있는데「소득세법」제12조 제3호 차목, 파목 및 거목의 규정에 의한 국외근로소득과 직급보조비 또는 이와 유사한 성질의 금품은 보수총액에 포함하여 산정한다.

<근로자 연말정산 일정>

일정	구분
매년 1월 말일까지	직장가입자 보수총액 통보서 사업장 발송 (개인사업장 사용자: 매년 5월 15일까지)
매년 2월 말일까지	직장가입자 보수총액 통보서 작성 및 제출 (개인사업장 사용자: 매년 6월 10일까지)
매년 3월 말일까지	직장가입자 보험료 연말정산 산출내역서 통보 및 착오자 이의신청/분할납부 안내문 발송
매년 4월 15일까지	직장가입자 보험료 정산내역 착오자 변경신청서 제출 (개인사업장 사용자: 매년 6월 15일까지)
매년 4월 15일 기준	보수월액 결정(당해 연도 4월부터 다음 연도 3월까지 적용)
매년 4월 15일 기준	4월분 보험료 고지에 정산분 반영 (개인사업장 사용자: 6월분 보험료 고지에 정산분 반영)
매년 5월 10일까지	연말정산 정산보험료 고지 반영 납부마감일까지 분할납부 신청 (개인사업장 사용자: 매년 7월 10일까지)

신고서류

● 직장가입자 보수총액 통보서

(4) 퇴직정산

연도 중 퇴직할 경우 당해 연도 보수총액을 근무월수로 나눈 보수월액으로 기납부한 보험료와 당해 연도퇴직 시까지 납부하여야 할 보험료 간의 정산을 실시하여야 하는데 사유 발생일로부터 14일 이내에 신고하고 정산하여야 한다. 「국민건강보험법 시행령」 제39조 제2항의 규정에 의거 사용자는 근로자 퇴직 시 근로자와 보험료를 정산한 후 공단과 정산절차를 거쳐야 한다.

■ 국민건강보험법 시행규칙 [별지 제26호서식]

직장가입자 보수 총액 통보서

※ 작성방법은 뒤쪽을 참고하시기 바라며, 바탕색이 어두운 란은 통보인이 적지 않습니다.　　　　　(앞쪽)

접수번호		접수일		처리기간 즉시	
사업장	단위사업장명		회계		
	사업장 관리번호		명칭		
	전화번호	팩스번호		작성자 성명	

① 일련번호	② 건강보험증 번호	③ 성명	④ 주민등록번호(외국인등록번호)	⑤ 자격 취득일(변동일)	⑥ 전년도 보험료 납부 총액	⑦ 전년도 보수 총액	⑧ 근무 개월 수

「국민건강보험법 시행규칙」 제40조에 따라 위와 같이 직장가입자의 보수 총액 등을 통보합니다.

　　　　　　　　　　　　　　　　　　　　　　　　　　년　　월　　일

통보인(사용자)　　　　　　　　　　　　　　　　　　　(서명 또는 인)

국민건강보험공단 이사장 귀하

297㎜×210㎜[백상지 80g/㎡]

(뒤쪽)

작성방법

① ~ ⑥: 일련번호, 건강보험증 번호, 성명, 주민등록번호(외국인등록번호), 자격 취득일(변동일), 전년도 보험료 납부 총액은 공단에서 통보합니다.

    ※ 가입자가 외국인 또는 재외국민인 경우 ④란은 외국인등록번호, 국내거소신고번호가 기재됩니다.

    ※ 공무원 및 교직원 가입자는 사용자 부담금을 제외한 가입자 부담분만 기재되어 통보됩니다.

⑦ : 해당 사업장에서 해당 연도에 발생한 보수(소득)를 아래에 따라 적습니다.

    ▷ 근로자-직장가입자로서 근로의 대가로 받은 봉급, 급료, 보수, 세비(歲費), 임금, 상여, 수당, 그밖에 이와 유사한 성질의 금품

    ● 비과세 근로소득 중 보수 총액 포함 항목:「소득세법」제12조제4호자목 · 카목 및 파목에 따라 비과세되는 소득과 직급보조비 또는 이와 유사한 성질의 금품

    ● 보수 총액 제외 항목: 퇴직금, 현상금 · 번역료 및 원고료, 「소득세법」에 따른 비과세 근로소득 일부

    ●「소득세법 시행규칙」제100조제26호에 따른 근로소득원천징수 영수증의 ⑯ 계와 ⑰ 국외근로소득의 합계를 적습니다.

    (다만, 비과세 소득 ⑱ 야간근로수당과 ⑲ 기타 비과세 항목 등에 직급보조비 등 「국민건강보험법 시행령」제33조에 따른 보수가 포함되어 있을 경우 합산하여 적습니다)

    ▷ 개인사업장 사업주-해당 사업장 사업소득과 부동산임대소득의 합계(총수입금액에서 필요경비를 제외한 금액)를 적습니다.

⑧ : 직장가입자로서 전년도 보수 총액이 해당하는 개월 수를 적습니다. 다만, 개인사업장 사업주는 사업 시작일부터 적습니다.

    -1일이라도 근무하여 근로의 대가로 보수를 받은 경우 근무 개월 수 산정에 포함합니다.

    -휴직(산업재해 등으로 휴직할 경우 포함), 그밖의 사유로 보수의 전부 또는 일부가 지급되지 않은 기간은 근무 개월 수 산정에서 제외합니다.

    ※ 육아휴직기간 동안 고용보험에서 지급받는 보전적(補塡的) 급여는 보수에서 제외하며 근무 개월 수에서도 제외합니다.

처리 절차

통보서 작성	→	접수 및 확인	→	통보서 처리 및 통보	→	수령
통보인		국민건강보험공단				통보인

제6장

벌칙

43. 과태료

1. 고용/산재보험

(1) 300만 원 이하의 과태료 처분

① 보험관계의 신고, 보험관계의 변경신고, 보수총액 등의 신고, 개산
보험료의 신고 및 확정보험료의 신고를 하지 아니하거나 거짓 신고
를 한 자

② 요구에 불응하여 보고를 하지 아니하거나 거짓으로 보고한 자 또는
관련 서류를 제출하지 아니하거나 거짓으로 적은 관계서류를 제출
한 자

③ 질문에 거짓으로 답변한 자 또는 조사를 거부, 방해 또는 기피한 자

(2) 50만 원 이하의 과태료

장부 또는 그밖의 서류를 갖추어 두지 아니하거나 거짓으로 적은 자

(3) 과태료를 미납한 경우

과태료를 납부하지 아니하는 경우에는 국세체납처분의 예에 의하여 징수한다. 고용노동부장관은 과태료를 부과하고자 하는 때에는 10일 이상의 기간을 정하여 과태료 처분 대상자에게 구술 또는 서면에 의한 의견 진술의 기회를 주어야 하며 이 경우 지정된 기일까지 의견진술이 없는 때에는 의견이 없는 것으로 본다.

(4) 고용보험의 피보험자격신고와 이직확인 신고 위반 시

위반행위의 횟수에 따른 과태료의 부과기준은 최근 1년간 같은 행위로 과태료를 부과받은 경우에 적용한다. 이 경우 위반횟수는 위반행위에 대하여 과태료 처분을 한 날과 다시 같은 위반사항을 적발한 날을 각각 기준으로 하여 계산한다. 부과권자는 위반행위가 사소한 부주의나 오류로 인한 것, 위반 행위의 내용 정도가 경미하여 사회적 피해가 적다고 인정되는 경우 등에는 과태료 금액의 1/2의 범위에서 그 금액을 경감할 수 있고(과태료를 체납하고 있는 위반행위자의 경우는 안됨), 위반행위의 동기와 그 결과 등을 고려하여 가중할 필요가 있다고 인정되는 경우 과태료 금액의 1/2의 범위에서 그 금액을 가중할 수 있다(과태료 금액의 상한액을 초과 할 수 없음).

위반행위	근거 법조문	과태료 금액		
		1차 위반	2차 위반	3차 이상 위반
가. 법 제15조를 위반하여 신고하지 않거나 거짓으로 신고한 경우	법 제118조 제1항 제1호	피보험자 1명당 5만 원. 다만, 과태료 금액의 합산액은 100만 원을 초과할 수 없다.	피보험자 1명당 8만원. 다만, 과태료 금액의 합산액은 200만 원을 초과할 수 없다.	피보험자 1명당 10만 원. 다만, 과태료 금액의 합산액은 300만 원을 초과할 수 없다.
나. 법 제16조 제1항을 위반하여 이직확인서를 제출하지 않거나 거짓으로 작성하여 제출한 경우	법 제118조 제1항 제2호	100만 원	200만 원	300만 원
다. 법 제16조 제2항 후단을 위반하여 이직확인서를 내주지 않은 경우	법 제118조 제1항 제3호	100만 원	200만 원	300만 원

2. 국민연금

　사업장가입자의 사용자는 보건복지부령으로 정하는 바에 따라 당연적용사업장에 해당된 사실, 사업장의 내용 변경 및 휴업·폐업 등에 관한 사항과 가입자 자격의 취득·상실, 가입자의 소득월액 등에 관한 사항을 국민연금공단에 신고하여야 한다. 이를 위반하여 신고를 하지 아니하거나 거짓으로 신고한 사용자는 50만 원 이하의 과태료를 부과받는다.

3. 건강보험

　사업장의 사용자는 직장가입자가 되는 근로자·공무원 및 교직원을 사용하는 사업장(적용대상사업장)이 된 경우에 신고한 내용이 변경된 경우 등에는 그때부터 14일 이내에 보건복지부령으로 정하는 바에 따라 보험자에게 신고하여야 한다. 이를 위반하여 신고를 하지 아니하거나 거짓으로 신고한 사용자는 100만 원 이하의 과태료를 부과받는다.

44. 연체금과 가산금

1. 연체금

(1) 고용/산재보험

① 연체금 징수

사업주가 납부기한까지 보험료, 기타 징수금을 내지 아니한 경우에는
매월 12/1,000에 해당하는 연체금이 부과(최고 36월까지 징수)된다.

② 연체금 징수 면제
- 「채무자 회생 및 파산에 관한 법률」 제140조에 따른 징수의 유예가
  있는 경우
- 연체금, 가산금 및 법 제26조의 규정에 따라 징수하는 보험급여의
  금액이 체납된 경우
- 보험료 그 밖의 징수금의 체납이 천재지변, 그밖에 고용노동부장관
  이 인정하는 부득이한 사유에 의한 경우
- 연체금의 금액이 250원 미만의 소액인 경우

(2) 국민연금

연금보험료는 매월 10일까지 납부하여야 하는데 납부기한 내에 연금
보험료를 납부하지 아니한 때에는 연체금이 가산된 납기 후 금액을 납부
해야 한다. 연체금은 납부기한일 미납 시 최초부과 연체율은 미납보험료
의 3%, 이후 1개월 단위로 1%씩 추가가산 최고 9%를 적용한다.

(3) 건강보험

공단은 납부기한이 경과한 날부터 체납된 보험료의 3/100에 해당하는
연체금을 징수한다. 또한 공단은 보험료 등의 납부의무자가 체납된 보험
료를 납부하지 아니한 때에는 납부기한이 경과한 날부터 1개월이 경과할
때마다 체납된 보험료 등의 1/100에 해당하는 연체금을 추가 가산하여 징
수한다. 이 경우 연체금은 체납된 보험료 등의 9/100를 초과하지 못한다.
기존에는 각 관할 기관에서 연체금을 부과·관리하였으나 2011년 사
회보험 통합징수가 되면서 국민건강보험공단에서 연체금의 체납업무를
담당하고 있다.

(4) 연체금의 기준 비교

구분		고용/산재	국민연금	건강/장기요양보험
연체금	용어	연체금	연체금	연체금
	최초 가산율	1.2%	3%	3%
	추가 가산율	매월 1.2%	매월 1%	매월 1%
	최대 가산율	최대 43.2%	최대 9%	최대 9%

2. 가산금

　가산금은 고용/산재보험에서 자진신고 사업장에만 적용되는 제도로서 확정보험료를 법정기한 내에 신고·납부하지 않거나 그 보고가 사실과 다른 경우에는 징수하여야 할 보험료액의 10/100을 가산금으로 부과하는 제도이다. 다만, 가산금 징수액의 합계액이 3,000원 미만이거나, 확정보험료를 신고하지 아니한 것이 천재지변, 그밖에 고용노동부장관이 인정하는 부득이한 사유에 의한 경우에는 가산금 부담이 면제된다. 그리고 확정보험료 조사계획 통지 전에 확정보험료 수정신고를 하는 경우 추가 납부액에 대한 가산금의 50%를 경감한다.

45. 산재보험에서 보험급여액의 징수

1. 의의

보험급여액의 징수라 함은 보험가입자가 보험가입의 신고나 보험료의 납부를 태만히 한 기간 중에 발생한 재해에 대하여 보험급여를 지급한 때에 그 급여액의 전부 또는 일부를 보험가입자로부터 징수하는 것을 말한다.

2. 보험급여액 징수의 요건

(1) 산재보험 가입신고를 게을리 한 기간 중에 발생한 재해

보험급여액의 징수는 보험에의 가입신고를 하여야 할 기한이 만료된 날의 다음 날부터 보험가입신고를 한 날까지의 기간 중에 발생한 재해에 대한 요양급여·휴업급여·장해급여·간병급여·유족급여·상병보상연금에 대하여 하며, 징수할 금액은 가입신고를 게을리 한 기간 중에 발생한 재해에 대하여 지급 결정한 보험급여 금액의 100분의 50에 해당하는 금액을 보험가입자가 부담을 하여야 한다. 다만, 요양을 개시한 날(재해발생과 동시에 사망한 경우에는 그 재해발생일)부터 1년이 되는 날이 속하는 달의 말일까지의 기간 중에 급여청구사유가 발생한 보험급여에 한하여 책임을 진다.

(2) 산재보험료의 납부를 게을리 한 기간 중에 발생한 재해

월별보험료 또는 개산보험료의 납부기한(법 제17조 제3항에 따른 분할납부의 경우에는 각 분기의 납부기한)의 다음 날부터 당해 보험료를 낸 날의 전날까지의 기간 중에 발생한 재해에 대한 요양급여·휴업급여·장해급여·간병급여·유족급여·상병보상연금에 대하여 하며, 징수할 금액은 재해가 발생한 날부터 보험료를 납부한 날의 전날까지의 기간 중에 급여청구사유가 발생한 보험급여 금액의 100분의 10에 해당하는 금액을 보험가입자가 부담한다. 다만, 재해가 발생한 날까지 내야 할 해당 연도의 월별보험료에 대한 보험료 납부액의 비율이 100분의 50 이상인 경우는 징수하지 아니한다. 또한 해당 연도에 내야 할 개산보험료에 대한 보험료 납부액의 비율(분할납부의 경우에는 재해가 발생한 분기까지 내야 할 개산보험료에 대한 보험료 납부액의 비율)이 100분의 50 이상인 경우는 징수하지 아니한다.

3. 보험급여액의 징수

장해보상연금 또는 유족보상연금은 최초의 급여청구사유가 발생한 날에 장해보상일시금 또는 유족보상일시금이 지급결정된 것으로 보며, 보험급여액 징수 시에는 금액과 납부기한(통지를 받는 날부터 30일 이상)을 서면으로 통지하고, 징수사유 경합 시에는 보험급여액의 징수비율이 가장 높은 징수금만을 징수한다.

제**7**장

기타 제도

46. 이의신청(심사청구)

1. 고용보험

(1) 이의제기

고용보험과 관련된 행정처분에 대하여 피보험자 등에게 불이익한 처분이 내려졌을 경우 이를 구제해주기 위하여 별도의 심사, 재심사 제도를 운영하고 있다.

(2) 대상

피보험자격의 취득·상실에 대한 확인, 실업급여 및 육아휴직 급여와 출산전후 휴가급여 등에 관한 처분 등에 이의가 있을 경우 심사관에게 심사를 청구할 수 있고, 그 결정에 이의가 있는 자는 다시 심사위원회에 재심사를 청구할 수 있다. 심사 및 재심사의 청구는 처분을 당한 당사자 본인이 하거나, 공인노무사 또는 변호사를 대리인으로 선임할 수 있다.

(3) 청구기간

심사청구는 위 청구 대상이 되는 사실의 확인 또는 처분이 있음을 안 날부터 90일 이내에, 재심사의 청구는 심사청구에 대한 결정이 있음을 안 날부터 90일 이내에 각각 제기하여야 한다. 심사 및 재심사의 청구는 시효중단에 관하여 재판상의 청구로 본다.

(4) 심사기관과 재심사기관

청구인의 청구에 대한 심사를 위하여 시행령에서 정한 일정한 자격을 가진 고용보험심사관을 두고 심사청구에 대하여 30일 이내에 결정을 하여야 하며(1차에 한하여 10일 연장 가능), 심사결정에 대한 재심사를 하기 위하여 고용노동부에 15명 이내의 위원으로 구성된 별도의 고용보험심사위원회를 둔다(재심사는 50일 이내에 결정을 하여야 하며 1차에 한하여 10일 연장 가능하다).

2. 산재보험

(1) 이의제기

각종 보험급여 청구 등에 대한 공단의 결정에 불복이 있는 경우 신속한 권리 구제를 위해 특별행정 심판제도로서 심사 및 재심사 제도를 두고 있다.

(2) 대상

보험급여에 관한 결정, 진료비에 관한 결정, 약제비에 관한 결정, 진료계획 변경 조치 등, 보험급여의 일시지급에 관한 결정, 부당이득의 징수에 관한 결정, 수급권의 대위에 관한 결정 등에 대하여 심사청구를 할 수 있고, 그 결정에 대하여 불복하는 자는 재심사를 청구할 수 있다. 심사 및 재심사의 청구는 수급권자(피재근로자 또는 그 유족) 및 수급권자의 위임을 받은 공인노무사 또는 변호사를 대리인으로 선임할 수 있다.

(3) 청구기간

심사청구는 보험급여 결정 등이 있음을 안 날부터 90일 이내에 하여야 하고, 재심사청구는 심사청구에 대한 결정이 있음을 안 날부터 90일 이내에 제기하여야 한다. 심사 및 재심사의 청구는 시효중단에 관하여 재판상의 청구로 본다.

(4) 심사기관과 재심사기관

심사기관은 근로복지공단 내에 산재심사위원회에서 심의를 거쳐 결정을 하고, 재심사에 대하여는 고용노동부 내의 산업재해보상보험재심사위원회에서 재결을 한다. 재심사는 심사청구에 대한 불복 시에 하는 것이지만 업무상질병판정위원회의 심의를 거쳐 보험급여에 관한 결정 등에 불복이 있는 자는 심사청구를 하지 아니하고 재심사청구를 할 수 있다.

3. 국민연금

(1) 이의제기

「국민연금법」에 따른 자격, 징수, 급여에 관한 공단 또는 건강보험공단의 처분에 이의가 있는 경우, 국민연금심사위원회 또는 징수심사위원회에서 그 결정에 대하여 심사청구 및 재심사를 청구할 수 있는 절차로서 행정심판에 준하는 지위를 가진다.

(2) 대상

국민연금 공단이 행한 가입자의 자격 취득·상실 결정 통지, 연금보험료 부과, 급여지급결정 통지, 급여 수급권 미해당 통지 등과 건강보험공단이 행한 연금보험료 납입고지, 연체금 부과, 체납처분 등에 대하여 심사청구를 할 수 있고, 그 결정에 불복이 있는 경우 재심사청구를 할 수 있다.

(3) 청구기간

심사청구는 처분이 있음을 안 날부터 90일 이내(처분이 있는 날부터 180일을 경과하지 못함)에 하며, 재심사청구는 심사청구 결정 통지를 받은 날부터 90일 이내에 각각 제기하여야 한다.

(4) 심사기관과 재심사기관

심사청구에 대하여는 국민연금심사위원회(건강보험공단의 징수심사위원회)의 심사 의결을 거쳐 각 공단이 결정하고, 재심사에 대하여는 보건복지부 내의 국민연금재심사위원회에서 결정한다.

4. 건강보험

(1) 이의제기

가입자 및 피부양자의 자격 등에 대하여 공단의 처분에 이의가 있는 자는 공단에 이의 신청 및 심판청구를 할 수 있다.

(2) 대상

가입자 및 피부양자의 자격, 보험료·보험급여 및 보험급여 비용에 대한 공단의 처분에 대하여 이의신청할 수 있다. 요양급여비용 및 요양급여의 적정성 평가 등에 관한 건강보험심사평가원의 처분에 이의가 있는 건강보험공단, 요양기관 또는 그밖의 자는 건강보험심사평가원에 이의신청을 할 수 있다.

(3) 청구기간

이의 신청은 처분이 있음을 안 날부터 90일 이내에 하고, 심판청구는 이의 신청에 대한 결정이 있음을 안 날부터 90일 이내에 하여야 한다.

(4) 이의신청기관과 심사기관

이의 신청에 대하여는 건강보험공단 또는 건강보험심사평가원에서 이의신청을 받은 날부터 60일 이내에 결정(부득이한 경우 30일 연장 가능)하고, 심판청구는 보건복지부 내의 건강보험분쟁조정위원회에서 결정한다.

47. 과오납 보험료의 환급제도

1. 의의

보험료 납부자가 납부한 보험료 등이 이중납부나 착오납부가 되거나, 정상적으로 부과고지되었으나 자격의 소급상실 및 부과자료의 소급 감액 조정으로 인하여 발생되는 금액 등을 환급하여 주는 제도를 말한다.

2. 발생사유

자격취득 시 보수월액의 착오납부, 비과세를 보수에 산입, 보험료 이중납부, 보험료 면제·경감 등 착오로 인한 과오납부, 군입영자·휴/복직자 착오로 과오납부, 가입제외자 착오납부, 기타 보험료 반환사유가 발생한 경우 등이 있다.

3. 처리방법

국민연금공단과 근로복지공단은 과오납 환급금이 발생하면 해당 공단에서 충당이 완료된 환급 보험료를 반환결정한 후 공단으로 지급 의뢰하면 건강보험공단에서 지급하여 처리한다. 과오납 보험료의 환급금 안내 신청을 받으면(건강보험은 안내 전이라도 이미 납부한 보험료에 대한 반환청구 사유가 발생하였을 때) 그에 대한 '과오납 보험료 환급신청서'를 제출하면 되나, 과오납 보험료 환급 미신청을 하면 다음 달 보험료로 납부 대체가 된다. 사용자는 공단으로부터 환급받은 보험료 환급금을 반드시 해당 근로자와 정산하여야 한다.

4. 소멸시효

보험료 환급금을 반환받을 권리의 소멸시효는 건강보험과 고용/산재보험은 3년으로 동일하나 국민연금은 5년이다.

신고서류

- 과오납 보험료 환급 신청서

<table>
<tr><td rowspan="3">사업장 과오납 보험료 환급 신청서
(국민건강보험료, 국민연금보험료)</td><td colspan="4">※ 공단기재사항</td></tr>
<tr><td rowspan="2">결재</td><td>담당</td><td colspan="2">접수 및 입력대사</td></tr>
<tr><td>전결</td><td colspan="2"></td></tr>
</table>

통합납부자번호		사업장명	
사업자등록번호		사용자명	
사업장주소	(-)		

연락처	일반전화	휴대전화	전자우편주소(e-mail)

<table>
<tr><td rowspan="16">※
공
단
기
재</td><td colspan="8">〈국민건강 · 장기요양보험 환급내역〉</td></tr>
<tr><td rowspan="2">대상월
(개월)</td><td rowspan="2">환급금액</td><td colspan="2">보험료</td><td colspan="2">연체금</td><td colspan="2">이자</td><td rowspan="2">발생사유</td></tr>
<tr><td>건강</td><td>요양</td><td>건강</td><td>요양</td><td>건강</td><td>요양</td></tr>
<tr><td></td><td></td><td></td><td></td><td></td><td></td><td></td><td></td><td></td></tr>
<tr><td colspan="8">〈국민연금보험 환급내역〉</td></tr>
<tr><td>대상월
(개월)</td><td>환급금액</td><td colspan="2">원금
(보험료＋연체금)</td><td colspan="2">이자</td><td colspan="2">발생사유</td></tr>
<tr><td></td><td></td><td colspan="2"></td><td colspan="2"></td><td colspan="2"></td></tr>
</table>

<table>
<tr><td rowspan="5">신
고
사
항</td><td colspan="4">〈국민건강(장기요양) · 국민연금보험〉</td></tr>
<tr><td>금융기관명
(은행명)</td><td></td><td>계좌번호</td><td></td></tr>
<tr><td>예금주명</td><td></td><td>사용자와의 관계</td><td></td></tr>
</table>

[개인정보(고유식별정보) 수집 및 이용동의]

▶ 수집 및 이용목적: 건강(장기요양)보험료 환급금 지급

▶ 수집항목: 성명, 주민등록번호, 계좌번호, 전화번호 등

▶ 보유 및 이용기간: 3년(건강), 5년(연금)

* 신청고객은 개인정보(고유식별정보) 수집 및 이용을 거부 하실 수 있으며, 이 경우 환급금 지급이 제한될 수 있습니다.

> 본인은 개인정보보호법 제15조 및 제24조의 법령에 따른 각 호 사항에 대하여 안내 받고 이용하는 것에 동의합니다.
> 개인(고유식별)정보 동의함☐ 동의안함☐

〈정산(기여금)지불이행서〉

■ 상기 신청인은 개인정보보호법에 따른 개인정보(고유식별정보 포함)수집 및 이용에 동의합니다.

■ 국민건강보험법 시행령 제39조 제1항 및 제3항의 규정에 따라 과오납 보험료 등 환급액에 대하여 해당 가입자 에게 정산 지급함은 물론 추후 정산에 따른 문제가 발생할 경우 본인이 책임질 것을 서약하며 (건강, 연금)보험 환급금 지급 신청서를 제출 하오니 처리하여 주시기 바랍니다.

20   .   .   .

◉ 과오납 보험료 등 환급금 수령액:

◉ 주민등록(법인)번호:

◉ 대표자(신청인)명: (인) (법인은 법인인감 날인).

◉ 사용자와의 관계: (☎   )

국민건강보험공단   지사장 귀하

※ 국민건강보험법 제13조, 국민연금법 제88조에 의하여 환급금 신청서를 국민건강보험공단에서 접수 및 지급 합니다.

※ 기타 작성 시 의문사항은 관할지사 또는 1577－1000번으로 문의하십시오.

첨부서류	◉ 개인사업장: 사업주명의의 통장사본, 법인사업장: 법인통장사본, 신분증사본(확인) ※ 폐업(자격상실)사업장: 신청서, 법인통장, 법인인감증명서, 법인등기부등본, 채권양도증명서 등

48. 육아휴직

1. 의의

육아를 이유로 근로자의 이직을 방지하고 고용유지를 지원하여 근로자의 복지증진을 도모하기 위하여 만든 제도로서, 특징은 만 6세 이하의 초등학교 취학 전 자녀(입양한 자녀 포함)를 양육하기 위하여 일정 기간 휴직을 하고 근로자의 생활을 보조하기 위하여 일정액의 육아휴직급여를 제공하고 있다. 출산전후 휴가와 더불어 대표적인 재직자 급부제도이다.

2. 수급요건

① 육아휴직을 30일(출산전후 휴가와 중복되는 기간은 제외) 이상 부여받을 것
② 육아휴직개시일 이전 피보험 단위기간이 통산하여 180일 이상일 것
③ 같은 자녀에 대하여 피보험자인 배우자가 30일 이상의 육아휴직을 부여받지 아니하거나, 육아기 근로시간 단축을 30일 이상 실시하지 아니하고 있을 것

3. 육아휴직급여의 신청

육아휴직이 시작한 날 이후 1개월부터 육아휴직이 끝난 날 이후 12개월 이내에 신청하여야 한다. 다만, 위 해당 기간에 천재지변, 본인이나 배우자의 질병·부상, 본인이나 배우자의 직계존속 및 직계비속의 질병·부상,「병역법」에 따른 의무복무, 범죄혐의로 인한 구속이나 형의 집행 등으로 육아휴직급여를 신청할 수 없었던 경우에는 그 사유가 끝난 후 30일 이내에 신청하여야 한다.

4. 육아휴직급여

육아휴직은 월 통상임금의 40/100에 해당하는 금액을 월별로 지급한다. 단, 상한액(월 100만 원), 하한액(월 50만 원)의 범위 내에서 근로자의 임금에 따라 차이가 난다. 만약에 육아휴직 급여의 지급대상 기간이 1개월을 채우지 못하는 경우에는 해당 월의 지급액에서 일할 계산하여 지급한다. 육아휴직 급여의 일부는 지급을 유예하는데 육아휴직 급여의 15/100에 해당하는 금액은 육아휴직 종료 후 해당 사업장에 복직하여 6개월 이상 계속 근무한 경우에 합산하여 일시불로 지급한다(유보금 15/100을 제하고 남은 금액이 50만 원 미만인 경우에는 월 50만 원을 육아휴직 급여로 지급하고, 지급대상 기간이 1개월 미만인 경우는 일할 계산하여 지급한다).

5. 육아휴직급여의 지급제한

피보험자가 육아휴직급여 기간 중에 이직하거나 새로 취업한 경우, 사업주로부터 육아휴직을 이유로 금품을 지급받은 경우(이때는 육아휴직 급여 금액을 감액할 수 있다), 거짓이나 그밖의 부정한 방법으로 육아휴직급여를 받았거나 받으려 한 자에게는 육아휴직급여를 지급하지 않는다.

6. 육아기 근로시간 단축 급여

(1) 의의

만 6세 이하의 영유아가 있는 근로자가 주당 근로시간을 15~30시간으로 단축하는 제도를 말하는데 기존에는 육아휴직만을 활용하는 근로자만 육아휴직급여를 받을 수 있었으나, 육아기 근로시간을 단축하는 근로자도 육아기 근로시간 단축급여를 받을 수 있다. 종전에는 근로자가 근로시간 단축을 신청하는 경우 사업주가 임의적으로 허용할 수 있었으나 법의 개정으로 허용을 의무화하였다. 다만, 대체인력의 채용이 불가능한 경우, 정상적인 사업 운영에 중대한 지장을 초래하는 경우 등에는 근로시간 단축을 허용하지 않을 수 있다.

(2) 지원방법

육아기 근로시간 단축 급여는 근로시간을 30일 이상 단축한 근로자를 대상으로 육아휴직급여에 해당하는 금액을 기준으로 단축한 근로시간에 비례하여 지원받게 된다.

(3) 육아휴직과 육아기 근로시간 단축의 사용형태

① 육아휴직의 1회 사용

② 육아기 근로시간 단축의 1회 사용

③ 육아휴직의 분할 사용(1회만 할 수 있다)

④ 육아기 근로시간 단축의 분할 사용(1회만 할 수 있다)

⑤ 육아휴직의 1회 사용과 육아기 근로시간 단축의 1회 사용

단, 어느 방법을 사용하든지 총 기간은 1년을 넘을 수 없다.

7. 사용자의 의무

사업주는 육아휴직(육아기 근로시간 단축)을 이유로 해고나 그밖의 불리한 처우를 하여서는 아니 되며 육아휴직기간에는 그 근로자를 해고하지 못한다. 다만, 사업을 계속할 수 없는 경우에는 그러하지 아니하다. 또한 사업주는 육아휴직을 마친 후에는 휴직 전과 같은 업무나 같은 수준의 임금을 지급하는 직무에 복귀시켜야 한다. 참고로 육아휴직기간은 근속기간에 포함한다. 최근에는 법 개정으로 기간제/파견 근로자의 육아휴직기간을 기간제 사용기간(파견기간)에서 제외하여 비정규 근로자의 육아휴직 활용을 촉진하고 있다.

■ **고용안정지원금**

1. 유아휴직 등

근로자에게 30일(출산전후 휴가 90일과 중복되는 부분은 제외) 이상의 육아휴직 등(육아기 근로시간 단축 포함)을 부여하고, 육아휴직 등이 끝난 후 그 근로자를 30일 이상 계속 고용하는 사업주에게는 육아휴직 등 기간 동안 고용노동부장관이 매년 사업규모별로 고시하는 금액에 근로자가 사용한 육아휴직 등의 개월 수를 곱하여 산정한 금액을 지급한다. 이 경우 지원금의 100분의 50은 육아휴직 등이 끝난 후 6개월 이상 그 근로자를 피보험자로 계속 고용하는 경우에 지급한다. 2013년 1월 1일 기준으로 1인당 월 20만 원 지급한다.

2. 대체인력 채용

육아휴직 등(육아기 근로시간 단축 포함)의 시작일 전 30일이 되는 날(출산전후 휴가에 이어 사용할 경우 출산전후 휴가 전 30일이 되는 날)부터 신규로 대체인력을 채용하여 30일 이상 고용하고, 육아휴직 등이 끝난 후 육아휴직 등을 사용한 근로자를 30일 이상 계속 고용한 경우에 육아휴직 등 시작일(출산전후 휴가에 연이어 육아휴직 등 사용 시 출산전후 휴가 시작일을 말한다)부터 육아휴직 종료일까지 기간 중 대체인력을 사용한 개월 수에 고용노동부장관이 고시하는 금액을 곱하여 산정한 금액을 지원한다. 단, 고용 전 3개월부터 고용 후 6개월까지 고용조정으로 근로자(대체인력보다 나중에 고용된 자는 제외)를 이직시키지 않아야 한다. 2013년 1월 1일 기준으로 1인당 월 20만 원(우선지원 대상기업인 경우 월 40만 원)을 지원한다.

Q 대체인력채용 장려금을 지원 받은 대체인력은 반드시 같은 업무를 해야 하나요?

A 육아휴직에 대한 대체인력이므로 같은 업무를 하는 것이 원칙이지만, 현실적으로 새로운 인력이 같은 업무를 하기 어려운 경우는 기존 인력이 육아휴직자를 대체하고, 대체인력이 그 빈자리를 채우는 방식도 가능합니다.

신고서류

- 육아휴직/육아기 근로시간 단축 급여 신청서
- 출산육아기 고용안정지원금 신청서
- 육아휴직/육아기 근로시간 단축 확인서

■ 고용보험법 시행규칙[별지 제100호서식] <개정 2011.9.16>

☐ 육아휴직
☐ 육아기 근로시간 단축 급여 신청서

(앞쪽)

접수번호	접수일자	처리기간 : 14일

신청인	①성 명	②주민등록번호
	③주 소 　(전화번호:　　　　　　　　　　) 　(휴대전화번호:　　　　　　　　　　　)	

④영아의 주민등록번호	

⑤육아휴직 또는 육아기 근로시간 단축 급여 신청기간 　(사업주로부터 부여받은 총 휴직기간 또는 근로시간 단축 기간 중 급여를 지급받으려는 기간)	년　　월　　일 ~ 　년　　월　　일

⑥육아휴직 또는 육아기 근로시간 단축 급여를 지급받을 계좌번호

　　　　은행명:　　　　　　　　계좌번호:　　　　　　　　예금주:

⑦육아휴직 또는 육아기 근로시간 단축 급여 신청 기간 동안 사업주로부터 급여를 받은 사실이 있습니까?
　　　　[ ]예 (기간:　　　　　　금액:　　　　　　　원),　　　　　[ ]아니오

⑧육아휴직 또는 육아기 근로시간 단축 급여 신청 기간 중에 조기복직, 창업, 다른 사업장에 취업 또는 이직(퇴사)한 사실이 있습니까?
　　　　[ ]예 (조기복직일, 취업·이직일:　　　　　　　),　　　　　[ ]아니오

⑨배우자가 그 영아와 관련된 육아휴직 또는 육아기 근로시간 단축을 동시에 부여받은 사실이 있습니까?
　　　　[ ]예 (휴직기간:　　　　　　부터　　　　　　까지),　　　　　[ ]아니오

⑩신청기간 연장 사유(육아휴직 또는 육아기 근로시간 단축 기간이 끝난 후 12개월이 지나 신청하는 신청자만 기재)

「고용보험법」 제70조 또는 제73조의2 및 같은 법 시행규칙 제116조제1항에 따라 위와 같이 신청합니다.

년　　월　　일

신청인

(서명 또는 인)

○○지방고용노동청(○○지청)장　귀하

신고(신청)인 제출서류	<육아휴직 급여 신청 시> 1. 「고용보험법 시행규칙 」제118조에 따른 육아휴직(육아기 근로시간 단축) 확인서 1 　(최초 1회로 한정합니다) 2. 통상임금을 확인할 수 있는 증명자료(임금대장 등) 사본 1부 3. 육아휴직기간 동안 사업주로부터 금품을 지급받은 경우 이를 확인할 수 있는 자료 <육아기 근로시간 단축 급여 신청 시> 1. 「고용보험법 시행규칙」 제118조에 따른 육아휴직(육아기 근로시간 단축) 확인서 1 　(최초 1회로 한정합니다) 2. 육아기 근로시간 단축전·후의 소정근로시간, 통상임금 등의 근로조건을 확인할 수 있는 증명자료(임금대장, 근로계약서 등) 사본 1부 3. 육아기 근로시간 단축기간 동안 사업주로부터 지급받은 금품을 확인할 수 있는 자 　(단축된 소정근로시간을 초과한 근로를 이유로 지급받은 금품은 별도로 확인할 수 있어야 함) 사본 1부	수수료 없음
담당 공무원 확인 사항	주민등록표 등본 1부	

행정정보 공동이용 동의서

본인은 이 건 업무처리와 관련하여 담당 공무원이 「전자정부법」 제36조제1항에 따른 행정정보의 공동이용을 통하여 위의 '담당 공무원 확인사항'을 확인하는 것에 동의합니다. *동의하지 않는 경우에는 신청(고)인이 직접 관련 서류를 제출하여야 합니다.

신청(고)인	(서명 또는 인)

210mm×297mm[일반용지 60g/㎡(재활용품)]

공지사항

본 민원의 처리결과에 대한 만족도 조사 및 관련 제도 개선에 필요한 의견조사를 위해 귀하의 전화번호(휴대전화)로 전화조사를 실시할 수 있습니다.

작성방법

1. 고용보험에서 지급하는 육아휴직(육아기 근로시간 단축) 급여는 육아휴직 시작일 이후 1개월부터 종료일 이후 12개월 이내에 신청하여야 합니다.
2. ⑤란 육아휴직(육아기 근로시간 단축) 급여 신청기간은 사업주로부터 부여받은 총 휴직기간(근로시간 단축 기간) 중 급여를 지급받으려는 기간을 적습니다.
3. ⑥란 계좌번호는 반드시 본인의 계좌번호를 적으셔야 합니다.
4. ⑦란은 육아휴직(육아기 근로시간 단축) 급여 신청기간 동안에 사업주로부터 급여를 일부 또는 전부를 지급받았을 경우(지급예정인 경우 포함) 그 기간 및 금액을 적습니다.
5. ⑧란은 육아휴직(육아기 근로시간 단축) 급여 신청기간 중 신고한 육아휴직기간(육아기 근로시간 단축기간)보다 조기 복직을 한 경우, 새로 취업 또는 이직하였을 경우에 적습니다.
6. ⑨란은 신청인이 육아휴직(육아기 근로시간 단축) 중인 영아에 대하여 배우자도 해당 사업주로부터 육아휴직(육아기 근로시간 단축)을 부여받은 경우에만 적습니다.
7. ⑦란, ⑧란, ⑨란을 사실대로 적지 아니하면 부정수급으로 결정되어 급여액의 2배에 해당하는 금액을 추징당하는 등의 불이익을 받을 수 있습니다.
8. ⑩란 작성 시 연장사유는 천재지변, 본인·배우자 또는 그 직계존·비속의 질병·부상, 「병역법」에 따른 의무복무, 범죄혐의로 인한 구속 또는 형의 집행 등이 발생한 경우를 말합니다.

처리절차

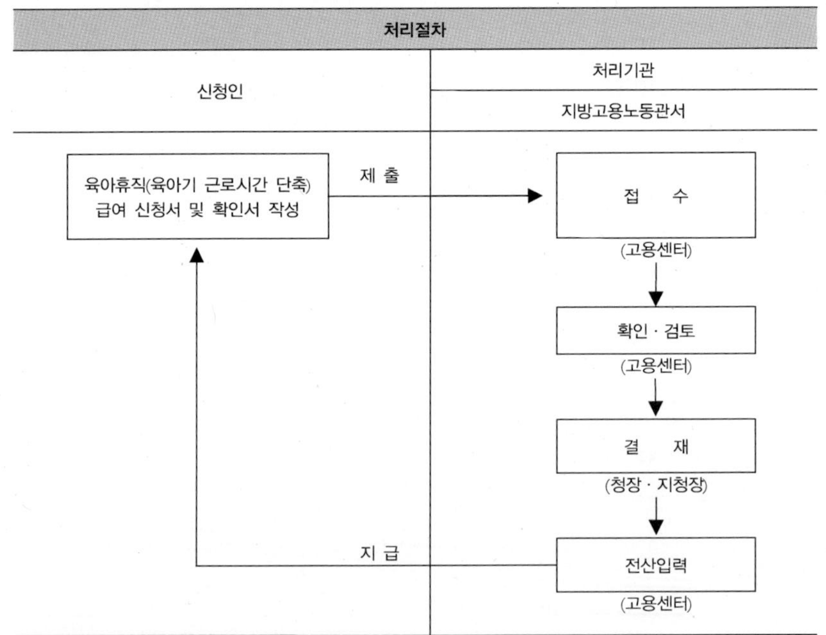

년   차 출산육아기 고용안정 지원금 신청서

※ 뒤쪽의 작성방법을 읽고 작성하시기 바라며, [   ]에는 해당되는 곳에 "√" 표시를 합니다.

※ 색상이 어두운 란은 신청인이 적지 않습니다.   (앞쪽)

접수번호	접수일	처리기간: 10일

사업장	①사업장관리번호		
	②명칭	③대규모기업	[ ] 해당 [ ] 비해당
	④소재지		
	(전화번호: 휴대전화번호: 담당자:)		

⑤신청 지원금 종류	1. 출산육아기 고용지원금(기간제 · 파견근로자 재고용)(시행령 제29조제1항제1호) - ⑥⑦⑮⑯ 작성 2. 출산육아기 고용지원금(육아휴직 등 부여)(시행령 제29조제1항제2호) - ⑧⑨⑩⑪⑮⑯ 작성 3. 출산육아기 대체인력지원금(시행령 제29조제1항제3호) - ⑫⑬⑭⑮⑯ 작성

신청 내용	⑥재고용된 기간제 · 파견근로자 수	명	⑦기간제 · 파견근로자의 재고용형태	상용직 명 계약직 명
	⑧육아휴직(육아기 근로시간 단축 포함)을 한 피보험자 수	명	⑨육아휴직 지원 총 개월 수	개월
			⑩육아기근로시간단축 지원 총 개월 수	개월
			⑪총월수(⑨＋⑩)	개월
	⑫신규대체근로자 수	명	⑬대체근로자 채용 총 개월 수	개월
	⑭대체인력 채용 전 3개월, 채용 후 6개월 고용조정에 따른 근로자 이직 여부			[ ]예 [ ]아니오
	⑮지원금 신청액			원
	※ 출산육아기 고용지원금(육아휴직 등 부여)의 50%는 육아휴직 등이 끝난 후 6개월 이상 그 근로자를 피보험자로 계속 고용하는 경우에 지급함			
	⑯계좌번호		은행	(예금주:)

「고용보험법 시행령」 제29조제1항 및 같은 법 시행규칙 제51조에 따라 위와 같이 신청합니다.

년   월   일

신청인   (서명 또는 인)

○○지방고용노동청(지청)장   귀하

첨부서류	1.「고용보험법 시행령」 제29조제1항제1호에 해당하는 경우: 다음 각 목의 서류. 다만 가목의 서류는 최초로 신청하는 경우에만 첨부한다. 　가. 최초의 근로계약서와 근로계약이 끝난 후 재고용에 대한 근로계약서(파견근로자인 경우에는 최초의 파견계약서와 파견기간이 끝난 후의 재고용에 대한 근로계약서를 말한다) 사본 각 1부 　나. 월별 임금대장 사본 1부 2.「고용보험법 시행령」 제29조제1항제2호 및 제3호에 해당하는 경우: 다음 각 목의 서류 　가. 피보험자의 영 제29조제1항제2호에 따른 육아휴직등 실시를 증명하는 서류 사본 1부 　나. 새로 고용한 대체인력의 근로계약서 사본과 월별 임금대장 사본 각 1부(「고용보험법 시행령」 제29조제1항제3호에 해당하는 경우만 제출한다)	수수료 없음

210mm×297mm[일반용지 60g/㎡(재활용품)]

(뒤쪽)

작성방법

1. ⑰재고용 직전 고용(파견)계약란은 지원금 신청대상 근로자와 재고용 직전 체결한 근로계약(파견계약)의 시작일자(파견일자) 및 만료일자를 적고(근로계약서 또는 파견계약서와 일치), ⑲재고용계약란도 이에 준하여 적습니다(란이 부족하면 별지를 사용할 수 있습니다).
2. ⑱출산일은 출산 후 1년 이내에 근로자와 근로계약기간을 1년 이상으로 하는 근로 계약을 체결하는 경우에 적습니다.
3. ⑳재고용형태는 기간의 정함이 없는 경우 상용직, 1년 이상 계약기간을 정한 경우 계약직으로 적습니다.
4. ㉑신청기간은 재고용 시 체결한 근로계약의 시작일부터 1개월 단위로 적습니다.
5. 신청대상 피보험자 명세는 앞면 ⑥ 및 ⑦란 지원대상자 수와 각각 일치해야 합니다.
   ※ 기간제·파견근로자 재고용에 대한 지원금은 재고용일부터 무기계약은 1년간, 유기계약은 6개월간 지급됩니다.
6. ㉓휴직(근로시간 단축)기간과 ㉔대체인력채용기간은 역월(曆月) 상의 기간을 적습니다.
7. ㉔휴직(근로시간 단축)개월 수: 육아휴직(근로시간 단축) 기간을 역월(曆月) 상의 기간으로 적고, 1개월에 이르지 못하고 남은 기간은 30으로 나누어 산정된 개월 수를 적습니다.
   <예시: 1. 1.부터 3. 15.까지 휴직(근로시간 단축)인 경우 2개월+0.5개월(15/30＝0.5)이므로 2.5개월로 기재>
8. ㉖대체인력채용개월수: 대체인력채용 기간을 역월(曆月)상의 기간으로 적고, 1개월에 이르지 못하고 남은 기간은 30으로 나누어 산정된 개월수를 적습니다.
   <예시: 3. 15.부터 6. 21.까지 대체인력으로 채용된 경우 3개월+0.2개월(6/30＝0.2)이므로 3.2개월로 기재>

⑪ 기간제·파견 근로자 재고용에 대한 지원금 신청 명세

성명	주민등록번호	⑰재고용 직전 고용(파견)계약		⑱출산일	⑲재고용계약		⑳재고용형태(상용직, 계약직)	㉑신청기간(신청회차)
		시작일자	만료일자		시작일자	만료일자		

㉒재고용자 수　　총　　　　명(상용직:　　　　　, 계약직:　　　　　　)

⑪ 육아휴직(육아기근로시간단축) 또는 대체인력채용 명세

연번	성명	주민등록번호	㉓휴직 등 기간	㉔휴직 등 개월수	대체인력		㉕대체인력채용기간	㉖대체인력채용개월수
					성명	주민등록번호		

㉗육아휴직(육아기근로시간단축)　　총　　개월　　㉘대체인력채용　　총　　개월

처리절차

신청서 작성	→	접수	→	확인·검토	→	결재	→	전산입력	→	지급
신청인		(고용센터)		(고용센터)		(청장·지청장)		(고용센터)		

<table>
<tr><td colspan="4">[   ] 육아휴직
[   ] 육아기 근로시간 단축   확인서</td></tr>
</table>

※ 뒤쪽의 작성방법을 읽고 작성하시기 바라며, [   ]에는 해당되는 곳에 "√" 표시를 합니다.   (앞쪽)

기 본 사 항	①사업장관리번호		②사업장명	
	③사업장소재지	□□□-□□□	(전자우편: 전화번호: 담당자:)	
	④피보험자성명		⑤피보험자 주민등록번호	
	⑥피보험자의 고용형태	[ ] 정규직 [ ] 비정규직 ([ ]기간제근로자, [ ]단시간 근로자, [ ]파견근로자, [ ]기타)		

⑦육아휴직 또는 육아기 근로시간 단축 기간	년 월 일 ~ 년 월 일		
⑧육아기 근로시간 단축에 따른 근로시간 변동	근로시간 단축 전 소정근로시간 총 시간		
	근로시간 단축 후 소정근로시간 총 시간		
⑨통상임금 (육아휴직 또는 육아기 근로시간 단축 시작일 기준)	산정기준: 시급, 일급, 주급, 월급, 기타 통상임금: 원		
⑩산정기준 단위기간 동안의 소정근로시간 (육아휴직 또는 육아기 근로시간 단축 시작일 기준)	총 시간		

⑪육아휴직 또는 육아기 근로시간 단축 기간 중 급여지급 내역		⑫피보험단위기간 산정대상기간 (휴직시작일 미포함)	⑬임금지급 기초일수
월	원	~	일
월	원	~	일
월	원	~	일
월	원	~	일
월	원	~	일
월	원	~	일
월	원	~	일
월	원	~	일
월	원	⑭통산피보험단위기간	일

확인서의 기재사항은 사실과 다르지 않습니다.

년   월   일

근로자   (서명 또는 인)

「고용보험법」 제71조 또는 제74조제2항 및 같은 법 시행규칙 제118조에 따라 위와 같이 육아휴직(육아기 근로시간 단축) 사실을 확인합니다.

확인자 사업장명
대표자   (서명 또는 인)

○○지방고용노동청(지청)장 귀하

210mm×297mm[일반용지 60g/㎡(재활용품)]

작성방법

◎ 사업주는 육아휴직(육아기 근로시간 단축) 확인서 작성·확인 등 모든 절차에 적극 협력하여야 합니다.

1. ①란 사업장관리번호는 고용보험가입번호를 적습니다.

2. ⑥란의 피보험자 고용형태 분류는 다음과 같습니다.

   ※ 기간제 근로자: 기간의 정함이 있는 근로계약을 체결한 근로자

   ※ 단시간 근로자: 1주 동안의 소정근로시간이 그 사업장에서 같은 종류의 업무에 종사하는 통상 근로자의 1주 동안의 소정근로시간에 비하여 짧은 근로자

   ※ 파견 근로자: 파견사업주가 고용한 근로자로서 근로자파견의 대상이 되는 자

3. ⑦란은 사업주가 근로자에게 부여한 육아휴직(육아기 근로시간 단축) 총 기간을 적습니다.

4. ⑧란의 육아기 근로시간 단축에 따른 근로시간 변동은 육아기 근로시간 단축 전 소정근로시간과 육아기 근로시간 단축 후 소정근로시간을 각각 적습니다.

5. ⑨란의 통상임금은 최초 육아휴직(육아기 근로시간 단축) 시작일 기준의 통상임금을 말합니다. 따라서 월급 근로자의 경우는 육아휴직(육아기 근로시간 단축) 시작일 현재의 월 통상임금을 적고, 주급, 일급, 시급 근로자의 경우 해당 급여지급기준에 "○" 표시하고 해당 통상임금(주급, 일급, 시급)을 적습니다.

   ※ 통상임금: 「근로기준법 시행령」 제6조와 「통상임금산정지침」(고용노동부예규) 참조.
   「통상임금산정지침」은 고용노동부홈페이지 <법령정보실·예규>에서 검색 가능합니다.

6. ⑩란의 소정근로시간은 육아휴직(육아기 근로시간 단축) 시작일을 기준으로 ⑨란의 통상임금 산정기준 단위기간(일급인 경우 일, 주급인 경우 주, 월급인 경우 월 등) 동안의 소정근로시간을 적되, 연장·야간·휴일근로시간 등은 소정근로시간이 아니므로 총 시간에서 제외하며,

   - 시급 또는 일급일 경우에는 1일의 소정근로시간을 적되, 일 소정근로시간 및 1주간의 근무일수가 불규칙할 경우에는 이전 4주간을 통산하여 1일 평균 근로시간을 적습니다.

7. ⑪란은 육아휴직(육아기 근로시간 단축) 기간 중에 급여를 사업주가 지급하였을(지급예정인 경우 포함) 경우 해당기간별 지급금액을 적습니다.

8. ⑫란의 피보험단위기간 산정대상기간이란 재직기간 중 사업주로부터 임금을 지급받은 기간을 말하므로 각 월별로 구분하여 적되, 육아휴직 시작일 전날부터 피보험단위기간이 180일이 되는 기간까지 소급하여 적습니다.

   - 근로자가 육아휴직(육아기 근로시간 단축) 시작일 전 「근로기준법」 제74조에 따른 출산전후 휴가를 부여받고, 이 휴가기간 중 사업주로부터 통상임금을 지급받은 기간은 피보험단위기간에 포함됩니다(예: 2002.11.30. 까지 출산전후 휴가를 사용하고, 2002.12.1.부터 육아휴직을 사용한 근로자에 대하여 사업주가 2002.10.31. 까지 임금을 지급한 경우 2002.10.1.~10.31., 2002.9.1.~9.30., 2002.8.1.~8.31., 2002.7.1.~7.31., …… 등으로 기재).

9. ⑬란의 임금지급기초일수는 ⑫피보험단위기간 산정대상기간 중 "임금지급의 기초가 된 일수"를 말하며, 이 경우 "임금지급의 기초가 된 일수"에는 주휴일 등 현실적으로 근로하지 아니한 날이 포함될 수 있습니다.

   ※ 정확한 통상임금 산정을 위하여 해당 근로자의 임금대장[육아휴직(육아기 근로시간 단축) 시작일 기준으로 전후 3개월분] 또는 근로계약서 사본, 급여지급규정 등을 첨부하여 주시기 바랍니다.

10. ⑭란 통산피보험단위기간은 임금지급기초일수를 모두 더한 일수가 180일이 넘어야 합니다.

49. 출산전후 휴가

1. 의의

여성의 경제활동 참가율을 향상시키기 위해 임신 중인 여성의 근로의무를 면제하고 출산을 장려하고자 보호휴가를 법으로 보장하도록 하는 제도이다. 출산전후를 합하여 총 90일의 보호휴가를 주고 그중에서 산후에 반드시 45일 이상 확보되어야 한다.

Q: 출산예정일에 맞추어 출산전후 휴가를 부여하였는데, 출산이 늦어져 출산 후 45일을 확보하지 못한 경우 어떻게 해야 하나요?

A: 임신한 근로자 신청에 의해 출산 전에 45일을 쓰고, 출산 후 45일을 부여했는데, 출산이 예정일보다 늦어져 출산 후 45일이 확보되지 못한 경우입니다. 이 경우에도 사업주는 출산 후 45일이 보장되도록 휴가를 더 부여해야 합니다. 다만 추가로 부여한 기간에 대하여 사업주가 임금을 지급할 의무는 없습니다.

---

2. 수급요건

출산 후 휴가종료일 이전에 피보험단위기간이 통산하여 180일 이상이어야 하고, 휴가를 시작한 날 이후 1개월부터 휴가가 끝난 날 이후 12개월 이내에 출산전후 휴가 급여를 신청하여야 한다. 다만, 위 해당 기간에 천재지변, 본인이나 배우자의 질병·부상, 본인이나 배우자의 직계존속 및 직계비속의 질병·부상, 「병역법」에 따른 의무복무, 범죄혐의로 인한 구속이나 형의 집행 등으로 육아휴직급여를 신청할 수 없었던 경우에는 그 사유가 끝난 후 30일 이내에 신청하여야 한다.

Q: 피보험단위기간이란 무엇인가요?

A: 피보험 단위기간은 피보험기간 중 보수 지급의 기초가 된 날을 의미합니다. 예를 들어 주 5일 근무를 하고 토요일은 무급 휴무일로 정한 사업장에서 2012.2.1.~2012.2.29.까지 고용보험에 가입된 근로자가 있다면, 이 근로자의 피보험기간은 29일이지만, 피보험단위기간은 보수 지급이 되지 않는 토요일(4일)을 제외한 25일이 됩니다.

---

3. 지급기간

우선지원 대상기업과 그 외의 기업에 따라 달라지는데 우선지원 대상기업은 90일 모두 지원되나 우선지원 대상기업이 아닌 경우에는 60일을 초과하는 30일을 한도로 지급한다.

Q: 우선지원대상 기업 근로자가 고용센터로부터 출산전후 휴가 급여를 받지 못한 경우(피보험단위기간이 180일이 되지 않은 경우 등)에 급여를 받을 수 없나요?

A: 출산전후 휴가 기간 중 최초 60일에 대하여는 사업주가 유급으로 해야 한다고 규정하고 있습니다. 따라서 근로자의 피보험단위기간이 부족하여 고용센터로부터 급여를 받지 못하는 경우에는 사업주가 임금을 지급해야 합니다.

---

4. 지급금액

출산전후 휴가급여액은 근로기준법상의 통상임금에 해당하는 금액으로 지급하는데 그 상한액과 하한액이 정해져 있다. 상한액은 월 135만 원이고 하한액은 최저임금을 기준으로 하고 있다. 우선지원 대상기업의 경우 최초 60일에 지원금액과 근로자의 월급여액과의 차액은 사업주가 보전해 주어야 하며, 60일을 초과하여 지급하는 30일에 대하여는 상한액과 하한액의 범위 내에서 지급하면 된다.

5. 수급권의 대위

사업주가 출산전후 휴가 급여 등의 지급사유와 같은 사유로 그에 상당하는 금품을 근로자에게 미리 지급한 경우로서 그 금품이 출산전후 휴가 급여 등에 대체하여 지급한 것으로 인정되면 그 사업주는 지급한 금액에 대하여 그 근로자의 출산전후 휴가 급여 등을 받을 권리를 대위한다.

6. 사업주의 의무

여성 근로자가 출산전후 휴가 급여 등을 받으려는 경우 사업주는 관계 서류의 작성·확인 등 모든 절차에 적극 협력하여야 한다. 임신 중의 여성 근로자에게 시간 외 근로를 하게 하여서는 아니 되며, 그 근로자의 요구가 있는 경우에는 쉬운 종류의 근로로 전환하여야 한다. 출산전후 휴가 종료 후에는 휴가 전과 동일한 업무 또는 동등한 수준의 임금을 지급하는 직무에 복귀시켜야 한다.

7. 출산전후 휴가의 분할사용

현행과 같이 출산전후 휴가는 이어서 쓰는 것을 원칙으로 하되, 예외적으로 임신 중의 여성이 과거에 유산 경험이 있거나, 진단 결과 의사 소견상 유산의 위험이 있어 안정이 필요한 경우 등에는 분할하여 사용할 수 있다. 분할 사용 시에도 산후 45일 이상의 휴가를 보장하여야 한다.

8. 배우자 출산휴가

　사업주는 근로자의 배우자가 출산을 이유로 휴가를 청구하는 경우에 5일의 범위에서 3일 이상을 주어야 한다. 이 경우 사용한 휴가기간 중 최초 3일은 유급으로 한다. 이때 배우자 출산휴가는 출산한 날부터 30일 이내에 청구하여야 한다.

Q: 근로자가 금요일부터 3일간 배우자 출산휴가를 청구하였을 경우 어떻게 부여하면 되는지?

A: 배우자 출산휴가는 월력상 일수를 의미하므로 휴일도 사용일수에 포함됩니다. 따라서 금요일에 3일을 신청하였다면, 금/토/일 3일을 부여하면 됩니다.

■ **고용안정 지원금**
여성근로자의 근로계약기간(근로계약기간이 1년 이하인 자 중에서)이나 파견계약기간이 출산전후 휴가기간이나 임신기간 중에 끝나는 경우 그 근로계약기간이나 파견계약기간이 끝나는 즉시 또는 출산 후 15개월 이내에 그 근로자와 근로기간을 1년 이상으로 하는 근로계약을 체결하는 사업주(파견근로자의 경우에는 사용사업주를 포함한다)에게 근로계약기간 1년 이상 체결하면 6개월 한도로, 기간을 정하지 아니하면 1년을 한도로 고용노동부장관이 고시한 금액을 지원한다. 2013년 1월 1일 기준으로 근로계약기간이 1년 이상이면 6개월간 매월 40만 원을, 기간을 정하지 아니한 근로계약을 체결하면 첫 6개월은 월 30만 원, 이후 6개월은 월 60만 원을 지원한다.

신고서류

- 출산육아기 고용안정지원금 신청서
- 출산전후(유산, 사산)휴가 급여 신청서
- 출산전후(유산, 사산)휴가 확인서

■ 고용보험법 시행규칙[별지 제105호서식] <개정 2013.1.25>

출산전후(유산ㆍ사산)휴가 급여 신청서(　회차)

※ 뒤쪽의 유의사항 및 작성방법을 읽고 작성하시기 바라며, [　]에는 해당되는 곳에 "√" 표시를 합니다.　　　(앞쪽)

접수번호	접수일	처리기간: 14일

급여신청 구분	[　] 출산전후 휴가　　　　　　　　[　] 유산ㆍ사산휴가		
신청인	①성명	②주민등록번호	
	③주소 및 연락처 　　　　　　(전화번호:　　　　　　) (휴대전화번호:　　　　　　)		

④출산일(출산예정일, 유산ㆍ사산일)	⑤영아의 주민등록번호

⑥이번 회차 신청기간	.　.　.　~　.　.　.

⑦출산전후 휴가 급여 등을 지급받을 계좌번호

　　　　　　은행명:　　　　　　계좌번호:　　　　　　예금주:

⑧출산전후 휴가 급여 등의 신청대상기간 중 통상임금에 해당하는 금품을 사업주로부터 받은 사실이 있습니까?

[　]예 (기간:　　　.　금액:　　　원),　　　　[　]아니오

⑨출산전후 휴가 급여등 신청기간 중 조기복직, 다른 사업장에 취업 또는 이직(퇴사)한 사실이 있습니까?

[　]예 (조기복직ㆍ취업ㆍ이직일:　　.　.　.),　　　　[　]아니오

⑩신청기간 연장사유(출산전후 휴가 기간등이 종료된 후 12월이 경과하여 신청하는 신청자만 기재)

「고용보험법」 제75조 및 같은 법 시행규칙 제121조에 따라 위와 같이 신청합니다.

년　　　월　　　일

신청인　　　　　　　　　　　　　　　　　　　(서명 또는 인)

○○지방고용노동청(지청)장　귀하

신청인 제출서류	1. 「고용보험법 시행규칙」 제123조에 따른 출산전후(유산ㆍ사산)휴가 확인서 1부(최초 1회만 해당한다) 2. 통상임금을 확인할 수 있는 자료(임금대장 등) 사본 1부 3. 휴가기간 동안 사업주로부터 금품을 지급받은 경우 이를 확인할 수 있는 자료 4. 유산 또는 사산을 하였음을 증명할 수 있는 의료기관(「의료법」에 따른 의료기관을 말합니다)의 진단서(임신기간이 적혀 있어야 합니다) 1부(유산ㆍ사산휴가만 해당합니다)	수수료 없음
담당 공무원 확인사항	주민등록표 등본	

행정정보 공동이용 동의서

본인은 이 건 업무처리와 관련하여 담당 공무원이 「전자정부법」 제36조제1항에 따른 행정정보의 공동이용을 통하여 위의 '담당 공무원 확인사항'을 확인하는 것에 동의합니다.　*동의하지 않는 경우에는 신청인이 직접 관련 서류를 제출하여야 합니다.

신청인　　　　　　　　　　　　　　　　　　　(서명 또는 인)

210mm×297mm[일반용지 60g/㎡(재활용품)]

(뒤쪽)

작성방법

◎ 고용보험에서 지급하는 출산전후 휴가 급여 등은 출산전후 휴가(유산 · 사산휴가 포함) 종료일부터 12개월 이내에 신청하여야 합니다.

1. 출산전후 휴가 급여등 신청은 회차별(1, 2, 3회차)로 구분하여 적습니다.
2. 출산전후 휴가등을 부여 받았으나 출산전후 휴가 급여등 신청일 현재 아직 출산하지 아니하였을 경우에는 ④란은 출산예정일을 적고, ⑤주민등록번호를 111111 – 1111111로 적습니다.
   (유산 또는 사산, 외국인인 경우에도 ⑤주민등록번호를 111111 – 1111111로 기재)
3. ⑥란은 사업주로부터 부여 받은 총 휴가기간 중 금회 급여신청 해당기간 및 일수만 적습니다.
4. ⑦란 계좌번호는 신청인 계좌번호를 적어야 합니다.
5. ⑧란은 출산전후 휴가 등 기간 중 급여를 신청하는 기간(우선지원 대상기업은 급여신청대상인 30일 단위, 그 외 기업은 무급휴가기간인 마지막 30일) 중 사업주로부터 통상임금에 해당하는 금품을 지급 받았을 경우(지급 예정인 경우 포함) 그 기간과 금액을 적습니다.
6. ⑨란은 조기 출근, 취업 또는 이직하였을 경우만 적습니다.
   ※ ⑧란, ⑨란을 사실대로 적지 아니하면 부정수급으로 결정되어 급여액을 반환하고 그 급여액에 해당하는 금액의 추가징수를 당하는 불이익을 받을 수 있습니다.
7. ⑩란의 신청기간 연장사유는 천재지변, 본인 · 배우자 또는 그 직계존 · 비속의 질병 · 부상, 「병역법」에 따른 의무복무, 범죄혐의로 인한 구속 또는 형의 집행 등이 발생한 경우를 말합니다.

처리절차

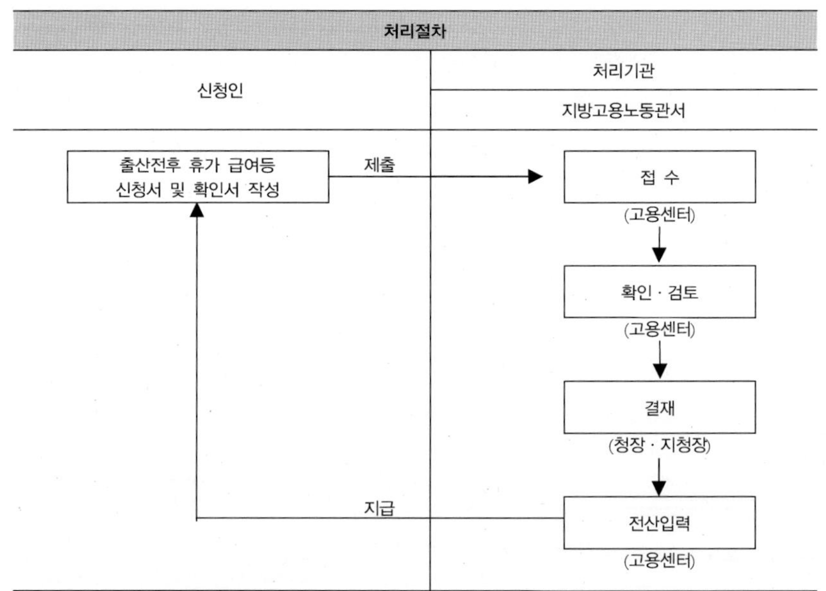

출산전후(유산·사산)휴가 확인서

※ 뒤쪽의 작성방법을 읽고 작성하시기 바라며, [ ]에는 해당되는 곳에 "√" 표시를 합니다.　　　　　　　　(앞쪽)

<table>
<tr><td rowspan="7">기
본
사
항</td><td>① 사업장관리번호</td><td colspan="3"></td></tr>
<tr><td>② 우선지원 대상기업</td><td colspan="3">[　]해당
[　]비해당　　（「고용보험법 시행령」제12조에 따름）</td></tr>
<tr><td>③ 사업장명칭</td><td colspan="3"></td></tr>
<tr><td>④ 사업장소재지</td><td colspan="3">(담당자　　　　　)
(전자우편:　　　　　　　, 전화번호:　　　　　　　)</td></tr>
<tr><td>⑤ 피보험자성명</td><td></td><td>⑥피보험자
주민등록번호</td><td></td></tr>
<tr><td>⑦ 피보험자의 고용형태</td><td colspan="3">[ ] 정규직
[ ] 비정규직([ ]기간제근로자, [ ]단시간 근로자, [ ]파견근로자, [ ]기타)</td></tr>
</table>

<table>
<tr><td rowspan="4">⑧출산(예정)일</td><td rowspan="4">년　월　일</td><td rowspan="3">⑨출산전후(유산·사산)
휴가부여기간</td><td>년　월　일 ~
년　월　일(　일)</td></tr>
<tr><td>년　월　일 ~
년　월　일(　일)</td></tr>
<tr><td>년　월　일 ~
년　월　일(　일)</td></tr>
<tr><td>분할사용 여부
[ ]아니오　[ ]예</td></tr>
<tr><td colspan="2">⑩임신기간(유산·사산휴가의 경우)</td><td colspan="2">1. 11주 이내　　2. 12주~15주　　3. 16주~21주
4. 22주~27주　　5. 28주 이상</td></tr>
<tr><td colspan="2">⑪통상임금
(출산전후 휴가 등 시작일 기준)</td><td colspan="2">산정기준: 시급, 일급, 주급, 월급(기타　　)
통상임금:　　　　원</td></tr>
<tr><td colspan="2">⑫산정기준 기간 동안의 소정근로시간
(휴가시작일 기준)</td><td colspan="2">총　　　　　시간</td></tr>
</table>

<table>
<tr><td rowspan="2">⑬출산전후(유·사산)휴가기간 중 통상임금지급명세
[우선지원 대상기업이 아닌 경우 60일을 초과한
무급휴가기간(30일) 중 지급 급여]</td><td>휴가기간</td><td>첫 번째
30일</td><td>두 번째
30일</td><td>세 번째
30일</td></tr>
<tr><td>급여지급액
(없으면 "없음")</td><td>원</td><td>원</td><td>원</td></tr>
</table>

<table>
<tr><td>⑭피보험단위기간
산정대상기간</td><td colspan="2">⑮임금지급
기초일수</td><td>본 확인서의 기재사항은 사실과 다르지 않습니다.</td></tr>
<tr><td>~</td><td></td><td>일</td><td>　　　　　　년　　　월　　　일</td></tr>
<tr><td>~</td><td></td><td>일</td><td>근로자　　　　　(서명 또는 인)</td></tr>
<tr><td>~</td><td></td><td>일</td><td rowspan="2">「고용보험법」제77조 및 같은 법 시행규칙 제123조에 따라
위와 같이 출산전후(유산·사산)휴가 사실을 확인합니다.</td></tr>
<tr><td>~</td><td></td><td>일</td></tr>
<tr><td>~</td><td></td><td>일</td><td rowspan="2">확인자 사업장명
　　대표자　　　　　(서명 또는 인)</td></tr>
<tr><td rowspan="2">⑯통산피보험단위기간</td><td colspan="2" rowspan="2">일</td></tr>
<tr><td>○○지방고용노동청(지청)장 귀하</td></tr>
</table>

210mm×297mm[일반용지 60g/㎡(재활용품)]

작성방법

◎ 사업주는 출산전후(유산 · 사산)휴가 확인서 작성 · 확인 등 모든 절차에 적극 협력하여야 합니다.
1. ①란 사업장관리번호는 고용보험가입번호를 적습니다.
2. ②우선지원 대상기업 해당 여부는 「고용보험법 시행령」 제12조에 해당하는 기업을 의미합니다.
   ※ 자세한 사항은 「고용보험법 시행령」 제12조를 참조하십시오.
3. ⑦란의 피보험자 고용형태 분류는 다음과 같습니다.
   ※ 기간제 근로자: 기간의 정함이 있는 근로계약을 체결한 근로자
   ※ 단시간 근로자: 1주 동안의 소정근로시간이 그 사업장에서 같은 종류의 업무에 종사하는 통상 근로자의 1주 동안의 소정근로시간에 비하여 짧은 근로자
   ※ 파견 근로자: 파견사업주가 고용한 근로자로서 근로자파견의 대상이 되는 자
4. ⑨란의 휴가부여기간은 출산전후 휴가를 분할하여 사용한 경우 각각의 기간을 모두 기재합니다. 출산전후 휴가를 분할하여 사용한 경우 분할사용 여부에 반드시 "예"라고 체크해야 합니다.
5. ⑩란의 임신기간은 유산 또는 사산휴가를 부여받은 경우(정상 분만의 경우 기재 불필요) 임신기간(의료기관에서 발행한 진단서상 임신기간)을 적습니다.
6. ⑪란의 통상임금은 최초 출산전후 휴가등 시작일 기준의 통상임금을 말합니다. 따라서 월급 근로자의 경우는 출산전후 휴가 시작일 현재의 월 통상임금을 적고, 주급, 일급, 시급 근로자의 경우 해당 급여지급기준에 ○표시하고 해당 통상임금(주급, 일급, 시급)을 적습니다.
   ※통상임금: 「근로기준법 시행령」 제6조와 「통상임금산정지침」(고용노동부예규) 참조.
   　　　　「통상임금산정지침」은 고용노동부홈페이지 <법령정보실－예규>에서 검색 가능
7. ⑫란의 소정근로시간은 출산전후 휴가 등 시작일을 기준으로 ⑪란의 통상임금 산정기준 단위기간(일급인 경우 일, 주급인 경우 주, 월급인 경우 월 등) 동안의 소정근로시간을 적되, 연장 · 야간 · 휴일근로시간 등은 소정근로시간이 아니므로 총시간에서 제외하며,
   －시급 또는 일급일 경우에는 1일의 소정근로시간을 적되, 일 소정근로시간 및 1주간의 근무일수가 불규칙할 경우에는 이전 4주간을 통산하여 1일 평균 근로시간을 적습니다.
8. ⑬란은 출산전후 휴가 등의 기간 중에 통상임금에 해당하는 금품을 사업주가 지급하였을(지급예정인 경우 포함) 경우 해당기간별 지급금액을 적고, 없으면 "없음"이라고 적습니다. 다만, 우선지원 대상기업이 아닌 경우 60일을 초과한 무급휴가기간(세 번째 30일) 중 급여지급액이 있는 경우에 적습니다.
9. ⑭란의 피보험단위기간 산정대상기간이란 재직기간 중 사업주로부터 임금을 지급받은 기간을 말하며 ⑭란은 각 월별로 구분하여 적되, 출산전후 휴가 종료일부터 소급하여 피보험단위기간이 180일(⑯란의 합계일수)이 되는 기간까지 적습니다.
   －출산전후 휴가기간 중 무급휴가기간(90일 중 마지막 30일)은 피보험단위기간에서 제외하고,
   　무급휴가기간이라도 사업주가 임금을 지급하였으면 피보험단위기간에 포함하여야 합니다.
   (예: '02.9.1.부터 11.30.까지 출산전후 휴가를 부여하고 최초 2개월만 임금을 지급한 경우 '02.10.1.~10.31., '02.9.1.~9.30., '02.8.1~8.31., …… 등으로 기재)
10. ⑮란의 임금지급기초일수는 ⑭피보험단위기간 산정대상기간 중 "임금지급의 기초가 된 일수"를 말하며, 이 경우 "임금지급의 기초가 된 일수"에는 주휴일 등 현실적으로 근로하지 아니한 날이 포함될 수 있습니다.
    ※ 정확한 통상임금 산정을 위하여 해당 근로자의 임금대장(출산전후 휴가 등 시작일 기준으로 전후 3개월분) 또는 근로계약서 사본, 급여지급규정 등을 첨부하여 주시기 바랍니다.

50. 실업급여

1. 의의

실업급여는 근로자가 실직을 하였을 때 일정기간 생계안정을 도모하고, 실직자에게 구인·구직 정보를 제공하여 재취업을 촉진함과 동시에 인력이동 상황을 통계적으로 파악함으로써 실효성 있는 고용정책을 수립하는 데 그 목적이 있다. 실업급여는 구직급여와 취업촉진수당으로 구분되며, 취업촉진수당은 다시 조기재취업수당, 직업능력개발수당, 광역구직활동비, 이주비로 구분된다(보통 구직급여를 실업급여라고 부르고 있는데 여기서는 구직급여에 대해서 알아보기로 한다).

2. 수급요건

(1) 이직일 이전 18월간(기준기간) 피보험단위 기간이 통산하여 180일 이상일 것(즉, 이전 18개월 동안 고용보험법이 적용되는 사업장에서 180일 이상 근무하여야 함)

(2) 근로의 의사와 능력이 있음에도 불구하고 취업하지 못한 상태에 있을 것(학업, 결혼을 이유로 그만둔 경우와 같이 근로의 의사가 없거나, 사고로 인하여 노동력을 상실하여 더는 근로능력이 없는

경우에는 수급자격이 인정되지 않는다)

(3) 이직사유가 수급자격의 제한 사유, 즉 자기의 중대한 귀책사유로
    해고되거나, 정당한 사유 없는 자기 사정으로 이직한 경우에는 수
    급자격이 없다.

<근로자의 중대한 귀책사유와 자기 사정으로 이직한 경우>

중대한 귀책사유	자기 사정으로 이직
1. 형법 또는 직무와 관련된 법률을 위반하여 금고 이상의 형을 선고받은 경우	1. 전직 또는 자영업을 하기 위하여 이직한 경우
2. 사업에 막대한 지장을 초래하거나 재산상 손해를 끼친 경우	2. 중대한 귀책사유가 있는 자가 해고되지 아니하고 사업주의 권고로 이직한 경우
3. 정당한 사유 없이 근로계약 또는 취업규칙 등을 위반하여 장기간 무단결근한 경우	3. 그밖에 고용노동부령으로 정하는 정당한 사유에 해당하지 아니하는 사유로 이직한 경우

■ 사업에 막대한 지장을 초래하거나 재산상 손해를 끼친 경우(고용보험법 시행령 별표 1의2)
1. 납품업체로부터 금품이나 향응을 받고 불량품을 납품받아 생산에 차질을 가져온 경우
2. 사업의 기밀이나 그밖의 정보를 경쟁관계에 있는 다른 사업자 등에게 제공한 경우
3. 거짓 사실을 날조·유포하거나 불법 집단행동을 주도하여 사업에 막대한 지장을 초래하거나 재산상 손해를 끼친 경우
4. 직책을 이용하여 공금을 착복·장기유용·횡령하거나 배임한 경우
5. 제품이나 원료 등을 절취하거나 불법 반출한 경우
6. 인사·경리·회계담당 직원이 근로자의 근무상황 실적을 조작하거나 거짓 서류 등을 작성하여 사업에 막대한 지장을 초래하거나 재산상 손해를 끼친 경우
7. 사업장의 기물을 고의로 파손하여 사업에 막대한 지장을 초래하거나 재산상 손해를 끼친 경우
8. 영업용 차량을 사업주의 위임이나 동의 없이 다른 사람에게 대리운전하게 하여 교통사고를 일으킨 경우

■ 수급자격이 제한되지 아니하는 정당한 이직 사유(고용보험법 시행령 별표 2)
1. 다음의 어느 하나에 해당하는 사유가 이직일 전 1년 이내에 2개월 이상 발생한 경우
   ① 실제 근로조건이 채용 시 제시된 근로조건이나 채용 후 일반적으로 적용받던 근로조건보다 낮아지게 된 경우
   ② 임금체불이 있는 경우

③ 소정근로에 대하여 지급받은 임금이 「최저임금법」에 따른 최저임금에 미달하게 된
경우

④ 「근로기준법」 제53조에 따른 연장 근로의 제한을 위반한 경우

⑤ 사업장의 휴업으로 휴업 전 평균임금의 70퍼센트 미만을 지급받은 경우

2. 사업장에서 종교, 성별, 신체장애, 노조활동 등을 이유로 불합리한 차별대우를 받은 경우

3. 사업장에서 본인의 의사에 반하여 성희롱, 성폭력, 그밖의 성적인 괴롭힘을 당한 경우

4. 사업장의 도산·폐업이 확실하거나 대량의 감원이 예정되어 있는 경우

5. 다음의 어느 하나에 해당하는 사정으로 사업주로부터 퇴직을 권고받거나, 인원 감축이
불가피하여 고용조정계획에 따라 실시하는 퇴직 희망자의 모집으로 이직하는 경우

① 사업의 양도·인수·합병

② 일부 사업의 폐지나 업종전환

③ 직제개편에 따른 조직의 폐지·축소

④ 신기술의 도입, 기술혁신 등에 따른 작업형태의 변경

⑤ 경영의 악화, 인사 적체, 그밖에 이에 준하는 사유가 발생한 경우

6. 다음의 어느 하나에 해당하는 사유로 통근이 곤란(통근 시 이용할 수 있는 통상의 교통수
단으로는 사업장으로의 왕복에 드는 시간이 3시간 이상인 경우를 말한다)하게 된 경우

① 사업장의 이전

② 지역을 달리하는 사업장으로의 전근

③ 배우자나 부양하여야 할 친족과의 동거를 위한 거소 이전

④ 그밖에 피할 수 없는 사유로 통근이 곤란한 경우

7. 부모나 동거 친족의 질병·부상 등으로 30일 이상 본인이 간호해야 하는 기간에 기업
의 사정상 휴가나 휴직이 허용되지 않아 이직한 경우

8. 「산업안전보건법」 제2조 제7호에 따른 '중대재해'가 발생한 사업장으로서 그 재해와
관련된 고용노동부장관의 안전보건상의 시정명령을 받고도 시정기간까지 시정하지 아
니하여 같은 재해 위험에 노출된 경우

9. 체력의 부족, 심신장애, 질병, 부상, 시력·청력·촉각의 감퇴 등으로 피보험자가 주어
진 업무를 수행하는 것이 곤란하고, 기업의 사정상 업무종류의 전환이나 휴직이 허용
되지 않아 이직한 것이 의사의 소견서, 사업주 의견 등에 근거하여 객관적으로 인정되
는 경우

10. 임신, 출산, 만 6세 이하의 초등학교 취학 전 자녀(2008년 1월 1일 이후 출생한 자만
해당한다)의 육아, 「병역법」에 따른 의무복무 등으로 업무를 계속적으로 수행하기 어
려운 경우로서 사업주가 휴가나 휴직을 허용하지 않아 이직한 경우

11. 사업주의 사업 내용이 법령의 제정·개정으로 위법하게 되거나 취업 당시와는 달리
법령에서 금지하는 재화 또는 용역을 제조하거나 판매하게 된 경우

12. 정년의 도래나 계약기간의 만료로 회사를 계속 다닐 수 없게 된 경우

13. 그 밖에 피보험자와 사업장 등의 사정에 비추어 그러한 여건에서는 통상의 다른 근로
자도 이직했을 것이라는 사실이 객관적으로 인정되는 경우

(4) 적극적인 구직노력을 할 것

(5) 일용근로자에게 추가로 요구되는 수급자격 요건
- 수급자격 인정신청일 이전 1개월 동안의 근로일수가 10일 미만일 것
- 최종 이직일 이전 기준기간의 피보험 단위 기간 180일 중 다른 사업
  에서 수급 자격의 제한 사유에 해당하는 사유로 이직한 사실이 있는
  경우에는 그 피보험 단위기간 중 90일 이상을 일용근로자로 근무하
  였을 것

3. 수급기간과 소정급여일수

(1) 수급기간

이직일의 다음 날부터 기산하여 12개월 이내 지급한다. 즉, 12개월이
지나면 소정급여일수가 남아 있다고 하더라도 지급되지 아니하므로 실직
시에는 지체 없이 거주지 관할 고용지원센터를 방문하여 수급자격 인정
신청 및 구직 등록을 하여야 한다. 단, 임신, 출산, 육아, 본인의 질병, 배
우자의 질병 등 대통령령으로 정하는 사유로 30일 이상 취업할 수 없는
경우에는 그 기간을 합산한 기간(최고 4년) 이내에 지급한다.

(2) 소정급여 일수

구분	피보험기간				
	1년 미만	1년 이상 3년 미만	3년 이상 5년 미만	5년 이상 10년 미만	10년 이상
30세 미만	90일	90일	120일	150일	180일
30세 이상 50세 미만	90일	120일	150일	180일	210일
50세 이상 및 장애인	90일	150일	180일	210일	240일

4. 구직급여일액

  구직급여일액은 근로기준법의 평균임금을 기준으로 산정하는데 그 상한액과 하한액이 정해져 있다. 기본적으로는 급여기초임금일액(평균임금)의 50%를 구직급여로 지급한다. 여기서 급여기초임금일액이 8만 원을 초과하는 경우에는 8만 원을 해당 기초일액으로 산정하고, 최저기초일액은 최저임금의 90%로 정하여 수급액이 최저기초일액보다 낮은 경우에는 최저기초일액을 당해 수급자격의 구직급여일액으로 한다(즉, 1일 구직급여 최고액은 4만 원이고, 최저액은 최저임금법상 최저임금의 90%까지 받을 수 있다).

5. 수급신청

  실업을 신고하려는 자는 자신의 거주지 직업안정기관에 「직업안정법」에 따른 구직신청과 '수급자격인정신청서'를 제출하여야 한다. 이때 사업주로부터 이직확인서를 발급받은 경우에는 이를 같이 제출한다. 직업안정기관의 장은 수급자격 인정신청서를 받은 경우에 그 신청인이 구직급여의 수급자격이 인정되면 최초의 실업 인정일에 고용보험 수급자격증을 내주어야 한다.

신고서류

- 수급자격 인정신청서

6. 자영업자의 실업급여(제3장 특수한 경우의 4대보험 – 자영업자의 고용보험 임의가입 참조)

■ 고용보험법 시행규칙[별지 제75호서식] <개정 2012.1.20>

수급자격 인정 신청서

※ 뒤쪽의 작성방법을 읽고 작성하시기 바라며, [ ]에는 해당되는 곳에 ✓표를 합니다.　　　　　　　　(앞쪽)

접수번호		접수일	처리기간 : 14일

신청인 (이직자)	①성명		②주민등록번호	
	③주소	(전화번호:　　　　　　　) 전자우편주소:	(휴대전화번호:　　　　　　　)	

최종이직 사업장	④명칭	
	⑤소재지　(전화번호:　　　　　　　)	
	⑥자격취득일 (입사일)　　년　　월　　일	⑦이직일 (근로제공 마지막 날)　　년　　월　　일
	⑧구체적 이직사유	

⑨다른 사업장근무기간(있을 경우에만 기재)	구분	명칭	소재지	근무기간	※ 확인
				.　.　. ~ .　.　.	

⑩현재 사업자등록증이 있거나, 자영업 (보험모집인, 채권추심원 등 포함)을 하고 있는지·여부	[ ] 있음(사업 등의 종류:　　　　　) [ ] 없음
⑪현재취업상태여부	[ ] 취업　　　　[ ] 미취업
⑫수급자격신청일 이전 1월간 주휴, 월차 등을 포함한 근로일수가 10일 미만 여부(※ 최종 이직 당시 일용근로자이었던 경우에만 기재)	[ ] 10일 미만　　　[ ] 10일 이상
⑬「국민기초생활 보장법」상 자활급여 수급자로 이직한 자 중 소득액 등 변경으로 신분 변동(기초수급자↔급여특례·차상위계층)이 있었는지 여부	[ ] 있음(변경일자:　　　　　) [ ] 없음

「고용보험법 시행령」 제61조 및 같은 법 시행규칙 제82조에 따라 위와 같이 수급자격 인정을 신청합니다.

　　　　　　　　　　　　　　　　　　　　　　　　　　　　년　　　　월　　　　일

　　　　　　　신청인　　　　　　　　　　　　　　　　　　　　　　(서명 또는 인)

○○지방고용노동청(○○지청)장　귀하

첨부서류	없음	수수료 없음

※ 아래 란은 적지 아니합니다.

처 리	수급자격불인정사유						
결 재	담당		팀장	과장		청장· 지청장	결재 연월일 .　.　.

공지사항

본 민원의 처리결과에 대한 만족도 조사 및 관련 제도 개선에 필요한 의견조사를 위해 귀하의 전화번호(휴대전화)로 전화조사를 실시할 수 있습니다.

수급자격 확인란

① 본인께서 직접 출석하셨습니까?　　　　　　　[ ] 예　　　[ ] 아니오
② 현재 취업하신 상태입니까?　　　　　　　　　[ ] 예　　　[ ] 아니오
　　• 취업내용(상용직·임시직 또는 일용직, 공공근로참여 여부, 자영업 등을 구체적으로 기재):
③ 앞으로 새로운 직장에 취업이 가능한 상황입니까?(자영업이나 부동산업, 농업, 사회봉사활동, 가사 등에 종사하거나 임신·출산, 육아, 질병·부상 등으로 취업이 곤란한 상태인지 여부 확인)
　　[ ]　　[ ] 아니오(취업이 곤란한 사유:　　　　　　　　　　　　　　　　　　　　　)
④ 이직사유와 관련하여 왜 이직하게 되었는지 구체적인 배경을 말씀하여 주십시오.
　　• 이직배경:
⑤ 퇴직금, 퇴직위로금 등으로 받았거나 받기로 한 금액은 얼마입니까?
　　• 수령일(예정일):　　　　　　　　　• 수령액(예정액):
⑥ 산재휴업급여를 받고 있거나 받을 예정입니까?　[ ] 예　　　[ ] 아니오
⑦ 장애인의 경우 소정급여일수 산정 시 우대하고 있습니다. 장애인이십니까?　[ ] 예(장애인등록증, 국가유공자증 등 확인)　[ ] 아니오
⑧ 인터넷으로 구직신청을 하셨습니까?　[ ] 예(구직신청일자 확인)　　　[ ] 아니오
⑨ 부당해고구제신청을 하셨습니까?(해고당한 경우)　[ ] 예　　　[ ] 아니오
⑩ (일용근로자로 이직한 자)수급자격신청일(금일) 이전 1개월간(　　. . .～　　. . .까지)의 주휴, 월차 등을 포함한 근로일수가 10일 미만입니까?　[ ] 예(10일 미만)　　　[ ] 아니오(10일 이상)
⑪ (「국민기초생활 보장법」에 따라 자활급여를 받다가 이직한 자) 자활사업에 참여하여 급여를 받는 도중 소득액 등의 변경으로 신분 변동(기초수급자↔급여특례.차상위계층)이 있었습니까?　[ ] 예(변동일자 확인)　[ ] 아니오
※ 수급자격신청서의 내용에 거짓이 있을 경우에는 실업급여의 지급이 중단되고 지급받은 실업급여액에 상당하는 금액 이하의 금액을 추가로 반환하여야 하며, 경우에 따라 형사처벌도 받을 수 있습니다.

위 내용이 사실임을 확인합니다.　　　　　　　　　　　　년　　　　월　　　　일

　　　　수급자격 신청인　　　　　　　　　　　　　　　　　　(서명 또는 인)

　　　　수급자격 담당자　　　　　　　　　　　　　　　　　　(서명 또는 인)

○○지방고용노동청(○○지청)장

처리절차

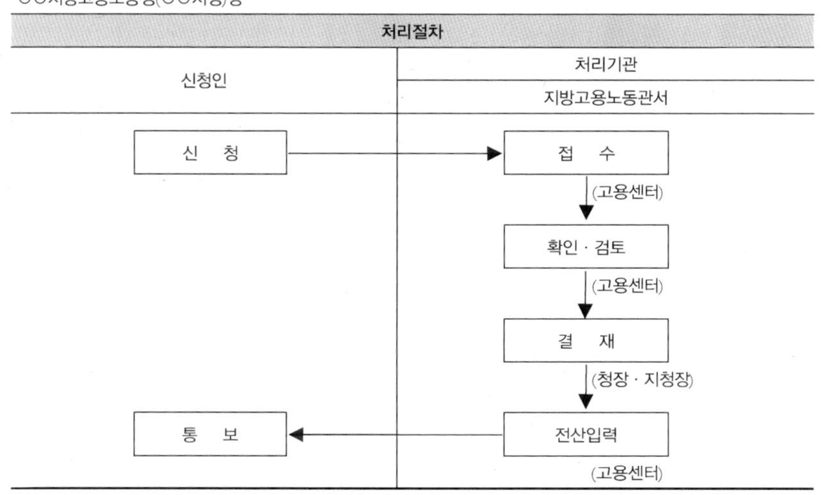

51. 산재보험급여

1. 의의

산재보험급여는 산재보험법의 적용을 받는 사업 또는 사업장 소속 근로자가 업무상 사유로 인하여 부상·질병·장해 또는 사망한 경우에 이를 회복시키거나 소득을 보장하고 그 가족의 생활보호를 위하여 지급하는 급여이다.

2. 업무상 재해

업무상 재해를 인정받기 위해서 업무수행성과 업무기인성이 판단 기준이 된다. 업무수행성이란 근로자가 사용자의 지휘, 감독 아래 업무를 수행하는 과정에서 재해가 발생한 것이고, 업무기인성이란 재해와 업무가 인과관계가 있어야 함을 의미하며 그 인과관계란 업무상 재해를 구성하는 요소라는 의미를 내포하고 있어야 한다. 업무수행성은 반드시 근로자가 현실적으로 업무를 수행하는 동안만 인정할 수 있는 것이 아니라 그 업무수행에 이르기 전후의 행위나 휴직도 필연적으로 수반하기 마련이므로 이러한 경우에 발생한 재해도 업무상 재해로 봄이 상당하다. 업무상 재해에는 업무상 사고와 업무상 질병으로 나누어져 있다.

3. 산재보험급여

(1) 요양급여

업무상 재해로 부상을 당하거나 질병에 걸린 경우에 지급하는 것으로 현물급여를 원칙으로 하고 4일 이상의 요양이 필요한 경우에만 지급한다.

(2) 휴업급여

휴업급여는 업무상 재해를 당하거나 업무상 질병에 걸린 근로자가 요양으로 인하여 취업하지 못한 기간에 대하여 피재근로자와 그 가족의 생활보호를 위하여 지급하는 보험급여이다. 4일 이상의 취업이 불가능하여야 하고 급여는 1일 평균임금의 70%를 지급한다.

(3) 장해급여

업무상 재해를 당한 근로자가 요양 후 치유되었으나 정신적 또는 신체적 결손이 남게 되는 경우 그 장해로 인한 노동력 손실 전보를 위하여 지급되는 보험급여이다. 장해 상태에 따라서 일시금과 연금을 지급받을 수 있다.

(4) 간병급여

요양을 종결한 산재근로자가 치유 후 의학적으로 상시 또는 수시로 간병이 필요하여 실제로 간병을 받는 자에게 지급하는 보험급여이다. 등급에 따라 상시간병급여와 수시간병급여로 나누어져 있다.

(5) 유족급여

근로자가 업무상 사유로 사망 또는 사망으로 추정되는 경우 그에 의하여 부양되고 있던 유족들의 생활보장을 위하여 지급되는 보험급여이다.
연금으로 지급하는 것을 원칙으로 하고 일정한 사유가 되면 일시금으로
지급 가능하다.

(6) 상병보상연금

요양개시 후 2년이 경과하여도 치유되지 아니하고 요양이 장기화됨에
따라 해당 피재근로자와 그 가족의 생활안정을 도모하기 위하여 휴업급
여 대신에 지급하는 보험급여이다. 대통령령으로 정하는 폐질등급 기준
에 해당하여야 하고 상병보상연금이 지급되면 휴업급여는 중단된다.

(7) 장의비

근로자가 사망한 경우 그 장제에 소요되는 비용으로 실비의 성질을 가
지고 있으며 평균임금의 120일분 상당액을 지급한다.

(8) 직업재활급여

장해등급이 제1급부터 제12급에 해당하는 경우에는 직업훈련비용 및
직업훈련수당을 지급하고, 고용을 유지하는 사업주에게는 직장복귀지원
금, 직장적응훈련비 및 재활운동비를 지급한다.

(9) 진폐증에 대한 보상

진폐란 분진을 흡입함으로써 폐에 생기는 섬유증식성 변화를 주 증상
으로 하는 질병으로, 진폐보상연금과 진폐유족연금으로 나누어져 있다.

52. 국민연금급여

1. 개요

국민연금은 나이가 들거나 장애 또는 사망으로 인해 소득이 감소할 경우 일정한 급여를 지급하여 소득을 보장하는 사회보험으로서 급여의 종류에는 노령연금, 장애연금, 유족연금, 반환일시금, 사망일시금 등이 있다.

2. 노령연금

가입기간(연금보험료 납부기간)이 10년 이상이면 60세 이후부터 평생 동안 매월 지급받을 수 있으며 국민연금의 기초가 되는 급여이다. 가입기간, 연령, 소득활동 유무에 따라 노령연금, 재직자 노령연금, 조기노령연금, 분할연금으로 나누어져 있다. 노령연금, 반환일시금 등을 받을 수 있는 연령은 현재 60세이나 2013년부터 5년마다 단계적으로 1세씩 연장되어 2033년에는 65세가 된다.

3. 장애연금

가입 중에 발생한 질병 또는 부상으로 인해 완치된 후에도 장애가 남았을 때 장애정도(1~4급)에 따라 급여를 지급한다.

4. 유족연금

국민연금 가입자 또는 연금을 지급받던 사람이 사망할 경우 그에 의해 생계를 유지하던 유족에게 급여를 지급하여 안정된 삶을 살아갈 수 있도록 하기 위한 급여이다. 유족은 사망자에 의하여 생계를 유지하고 있던 가족으로 배우자, 19세 미만 (손)자녀, 60세 이상 (조)부모가 있다. 장애등급이 2급 이상인 경우에는 연령제한이 없다.

5. 반환일시금

60세(2033년까지 65세)가 되었을 때, 연금급여를 받을 수 있는 요건을 충족하지 못하였거나 국외이주 등으로 더는 국민연금 가입대상이 아닌 경우 납부한 연금 보험료에 이자를 더해 일시에 지급하는 급여이다. 반환일시금을 지급받은 경우 가입기간이 소멸되므로 다른 연금을 받을 수 없으나 다시 국민연금가입자가 된 경우 일정한 이자를 더하여 반납함으로써 가입기간이 복원될 수 있다.

6. 사망일시금

가입자 또는 가입자이었던 사람이 사망하였으나 유족연금 또는 반환일시금을 지급받을 수 있는 유족 범위에 해당하는 자가 없는 경우에 배우자, 자녀, 부모, 손자녀, 조부모, 형제자매에게 장제 보조적·보상적 성격으로 지급하는 급여이다.

53. 건강보험급여

1. 보험급여

가입자 및 피부양자의 질병·부상에 대한 예방·진단·치료·재활과 출산·사망 및 건강증진에 대하여 법령이 정하는 바에 의하여 공단이 현물 또는 현금급여를 제공하는 것을 말한다.

급여 종류		수급권자
현물급여	요양급여	가입자 및 피부양자
	건강검진	가입자 및 피부양자
현금급여	요양비	가입자 및 피부양자
	장제비	장제를 행한 자
	본인부담상한제	가입자 및 피부양자
	장애인보장구급여비	장애인복지법에 의해 등록한 장애인 가입자 및 피부양자

2. 현물급여

(1) 요양급여

요양급여란 가입자 및 피부양자의 질병·부상·출산 등에 대하여 진찰, 검사, 약재·치료재료의 지급, 처치·수술 기타의 치료, 예방, 재활, 입원, 간호, 이송 등의 행위 시 발생하는 비용을 말한다.

(2) 건강검진

공단은 가입자와 피부양자에 대하여 질병의 조기 발견과 그에 따른 요양급여를 하기 위하여 건강검진을 실시한다. 건강검진은 일반건강검진, 암검진 및 영유아건강검진으로 구분하여 실시한다.
① 일반건강검진: 직장가입자, 세대주인 지역가입자, 40세 이상인 지역가입자 및 40세 이상인 피부양자
② 암검진: 암의 종류별 특성을 고려하여 검진이 필요하다고 보건복지부장관이 정하여 고시하는 사람
③ 영유아건강검진: 6세 미만의 가입자 및 피부양자

건강검진은 2년마다 1회 이상 실시하되, 사무직에 종사하지 아니하는 직장가입자에 대해서는 1년에 1회 실시한다. 다만, 암검진과 영유아건강검진은 암의 종류별 특성과 영유아의 나이 등을 고려하여 보건복지부장관이 정하여 고시하는 바에 따라 검진주기와 검진횟수를 다르게 할 수 있다. 건강검진은 지정된 건강검진기관에서 실시하여야 한다.

3. 현금급여

(1) 요양비

요양비는 가입자 및 피부양자가 요양기관을 이용할 수 없거나 요양기관이 없는 경우, (만성신부전증 환자가 의사의 처방전에 따라 복막관류액 또는 자동복막투석에 사용되는 소모성 재료를 요양기관 외의 의약품 판

매 업소에서 구입·사용한 경우, 산소치료를 필요로 하는 환자가 의사의 산소치료 처방전에 따라 보건복지부장관이 정하여 고시하는 방법으로 가정에서 산소치료를 받는 경우, 제1형 당뇨병 환자가 의사의 처방전에 따라 혈당검사에 사용되는 소모성 재료를 요양기관 외의 의료기기 판매 업소에서 구입·사용한 경우 등으로) 긴급하거나 그밖의 부득이한 사유로 요양기관과 비슷한 기능을 하는 기관으로서 보건복지부령이 정하는 기관에서 질병·부상·출산 등에 대하여 요양을 받거나 요양기관이 아닌 장소에서 출산한 경우에는 그 요양급여에 상당하는 금액을 보건복지부령으로 정하는 바에 따라 가입자나 피부양자에게 요양비로 지급한다.

(2) 본인부담상한제

과다한 의료비로 인한 가계의 경제적 부담을 덜어주기 위하여 본인부담액의 연간 총액이 개인별 상한액을 넘는 경우 그 초과액을 공단이 부담하는 제도로 사전급여와 사후환급급이 있다. 연평균 보험료 부담 수준이 하위 50% 이하인 경우 200만 원, 중위 30%인 경우 300만 원, 상위 20%인 경우 400만 원이다.

(3) 장애인 보장구 급여비

장애인복지법에 의하여 등록한 장애인인 가입자 및 피부양자가 지체장애인용, 뇌병변장애인용, 시각장애인용, 청각장애인용, 언어장애인용 보장구를 구입할 경우 구입금액의 일부를 현금급여비로 지급한다. 보장구 지급 유형은 팔·다리 의지 및 보조기, 휠체어, 보청기 등 78종이 있다(보장구의 소모품 비용과 수리비용은 본인이 전액 부담한다). 지급금액은 구입금액이 유형별 기준액 이내의 경우에는 실구입가의 80%에 해당하는 금액, 유형별 기준액을 초과하는 경우에는 유형별 기준액의 80%에 해당하는 금액으로 한다.

(4) 임신 · 출산 진료비

임산부의 진료비 지원을 통한 출산의욕 고취 및 건강한 태아분만을 위해 임신 · 출산 진료비의 본인부담금 일부를 지원하는 제도로서 임신한 가입자 또는 피부양자가 지정된 요양기관에서 받는 임신과 출산에 관련된 진료(출산전후 산모의 건강관리와 관련된 진료를 포함한다)에 드는 비용으로 하고, 그 지급액은 임신 1회 50만 원(둘 이상의 태아를 임신한 경우는 70만 원) 범위에서 임신한 가입자 또는 피부양자가 실제 부담한 금액으로 한다.

4. 업무상 재해와 건강보험

업무상 재해가 발생하여 근로자가 부상, 질병 등이 발생한 경우에는 「근로기준법」이나 산업재해보상보호법에 따른 사용자 또는 근로복지공단에서 요양보상에 대한 부담을 하여야 한다. 만약 업무상 재해를 건강보험으로 적용하고 산재신청을 하지 않아 건강보험공단이 사용자에게 부당이득금으로 환수한 내역은 고용노동부로 통보되어 「산업안전보건법」 위반 여부 조사 자료로 제공됨에 따라 각종 불이익이 발생할 수 있다. 또한 근로자가 거부 또는 기피하거나 사용자의 방해 또는 은폐가 있는 경우 근로자와 사용자에게 각각 부담한 요양급여 비용을 환수하고 있으며 산재를 은폐하고 건강보험으로 진료하는 건에 대해서는 조사가 강화되고 있다.

54. 상시근로자 수와 우선지원 대상기업

1. 상시근로자 수

(1) 법 적용을 위한 상시근로자 수

산재보험법에서는 상시 1인 이상의 근로자를 사용하는 사업의 경우 당연적용사업장이라고 규정하고 있는데 상시근로자 수는 사업을 시작한 후 최초로 근로자를 사용한 날부터 그 사업의 가동 일수 14일 동안 사용한 근로자 전체인원(연인원)을 14로 나누어 산정한다. 이 경우 상시근로자 수가 1명 미만이면 최초로 근로자를 사용한 날부터 하루씩 순차적으로 미루어 가동기간 14일 동안 사용한 근로자 연인원을 14로 나누어 산정한다. 위 방법에도 불구하고 최초로 근로자를 사용한 날부터 14일 이내에 사업이 종료되거나 업무상 재해가 발생한 경우에는 그때까지 사용한 연인원을 그 가동 일수로 나누어 산정하면 된다. 이때 상시근로자 수가 최초로 1명 이상이 되는 해당 기간의 첫날에 상시근로자 수가 1명 이상이 되는 사업이 성립한 것으로 본다. 상시근로자는 상용, 일용 등 고용형태를 불문하고 사실상 고용된 모든 근로자를 말한다. 고용보험도 위 방법을 준용하고 있다.

(2) 보험료율 적용을 위한 상시근로자 수

고용보험에서 고용안정·직업능력개발사업의 보험료율은 상시근로자 수에 따라 보험료율이 달라지고 산재보험에서 개별실적요율 적용 시에도 상시근로자 수에 따라 보험료율이 달라질 수 있다. 이때의 상시근로자 수 산정 방법은 전년도 매월 말일 현재 사용하는 근로자 수의 합계를 전년도 조업 개월 수로 나눈 수로 한다. 해당 보험연도 중에 사업이 시작된 경우에는 보험관계 성립일 현재 사용하는 근로자 수로 한다. 다만, 건설업의 경우 근로자 수를 확인하기 곤란하면 다음의 계산식에 따라 산출한 수를 말한다.

■ 건설업의 상시근로자 수 산식 방법

(전년도 공사실적액 × 전년도 노무비율) ÷ (전년도 건설업 월평균보수 × 조업개월수)

- 공사실적액이란 총공사실적액(해당 보험연도 건설공사의 총기성공사금액을 말한다)에서 건설산업기본법, 그밖의 관계 법령에 따라 적법하게 하도급된 부분의 공사금액을 제외한 금액을 말한다.
- 건설업 월평균보수란 통계법 제3조에 따른 지정통계 중 고용노동부장관이 작성하는 사업체 임금근로시간 조사상의 건설업 임금을 기준으로 하여 고용노동부장관이 산정·고시하는 평균보수를 말한다(2013년 건설업 월평균보수: 2,784,717원).
- 노무비율(2012년, 2013년): 일반공사(28%), 하도급공사(32%)

---

2. 우선지원 대상기업

(1) 의의

고용노동부장관은 피보험자의 실업의 예방, 취업의 촉진, 고용기회의 확대, 직업능력개발 향상과 그밖에 고용안정 및 사업주에 대한 인력 확보를 지원하기 위하여 고용안정·직업능력개발 사업을 실시하면서 고용안정·직업능력개발을 위한 조치 및 실적 등 대통령령이 정하는 기준에

해당하는 기업을 우선적으로 고려해야 하는데 이 기업을 우선지원 대상
기업이라고 한다.

(2) 범위

① 상시근로자 수에 따른 범위

아래 표의 산업분류에 따라 상시근로자 수를 적용한다. 이때 우선지원
대상기업에 해당하는지를 판단하는 경우 그 기준이 되는 사항은 다음과
같다.

㉠ 상시 사용하는 근로자 수는 그 사업주가 하는 모든 사업에서 전년
도 매월 말일 현재의 근로자 수(건설업에서는 일용근로자의 수는 제외한
다)의 합계를 전년도의 조업 개월 수로 나누어 산정한 수로 하되, 「주택
법」에 따른 공동주택을 관리하는 사업의 경우에는 각 사업별로 상시 사
용하는 근로자의 수를 산정한다. 이 경우 상시 사용하는 근로자 수를 산
정할 때 1개월 동안 소정근로시간이 60시간 이상인 단시간 근로자는 0.5
명으로 하여 산정하고, 60시간 미만인 단시간 근로자는 상시 사용하는
근로자 수 산정에서 제외한다.

㉡ 하나의 사업주가 둘 이상의 산업의 사업을 경영하는 경우에는 상시
사용하는 근로자의 수가 많은 산업을 기준으로 하며, 상시 사용하는 근로
자의 수가 같은 경우에는 임금총액, 매출액 순으로 그 기준을 적용한다.

만약 보험연도 중에 보험관계가 성립된 사업주에 대하여는 보험관계
성립일 현재를 기준으로 우선지원 대상기업에 해당하는지를 판단하여야
한다. 그리고 우선지원 대상기업이 그 규모의 확대 등으로 우선지원 대
상기업에 해당하지 아니하게 된 경우 그 사유가 발생한 연도의 다음 연
도부터 5년간 우선지원 대상기업으로 본다.

<우선지원 대상기업의 상시 사용하는 근로자 기준>

산업분류	분류기호	상시 사용하는 근로자 수
1. 제조업	C	500명 이하
2. 광업	B	300명 이하
3. 건설업	F	
4. 운수업	H	
5. 출판, 영상, 방송통신 및 정보서비스업	J	
6. 사업시설관리 및 사업지원 서비스업	N	
7. 전문, 과학 및 기술 서비스업	M	
8. 보건업 및 사회복지 서비스업	Q	
9. 도매 및 소매업	G	200명 이하
10. 숙박 및 음식점업	I	
11. 금융 및 보험업	K	
12. 예술, 스포츠 및 여가관련 서비스업	R	
13. 그밖의 업종		100명 이하

* 업종의 구분 및 분류기호는 통계청장이 고시한 한국표준산업분류에 따른다.

② 위 표에 해당하지 아니하는 기업으로서 「중소기업기본법」 제2조 제1항 및 제3항의 기준에 해당하는 기업은 제1항에도 불구하고 우선지원 대상기업으로 본다.

<중소기업의 업종별 상시근로자 수, 자본금 또는 매출액의 규모 기준>

해당 업종	분류기호	규모 기준
제조업	C	상시근로자 수 300명 미만 또는 자본금 80억 원 이하
광업	B	상시근로자 수 300명 미만 또는 자본금 30억 원 이하
건설업	F	
운수업	H	
출판, 영상, 방송통신 및 정보서비스업	J	상시근로자 수 300명 미만 또는 매출액 300억 원 이하
사업시설관리 및 사업지원 서비스업	N	
전문, 과학 및 기술 서비스업	M	
보건업 및 사회복지 서비스업	Q	
농업, 임업 및 어업	A	상시근로자 수 200명 미만 또는 매출액 200억 원 이하
전기, 가스, 증기 및 수도사업	D	
도매 및 소매업	G	
숙박 및 음식점업	I	
금융 및 보험업	K	
예술, 스포츠 및 여가관련 서비스업	R	
하수·폐기물 처리, 원료재생 및 환경복원업	E	상시근로자 수 100명 미만 또는 매출액 100억 원 이하
교육 서비스업	P	
수리 및 기타 개인 서비스업	S	
부동산업 및 임대업	L	상시근로자 수 50명 미만 또는 매출액 50억 원 이하

해당 업종의 분류 및 분류부호는 통계청장이 고시한 한국표준산업분류에 따른다.

③ 상기 두 가지 규정에도 불구하고 「독점규제 및 공정거래에 관한 법률」 제14조 제1항에 따라 지정된 상호출자제한기업집단 중 자산 총액이 5조 원 이상인 기업집단에 속하는 회사로 통지된 회사는 그 통지를 받은 날이 속하는 보험연도의 다음 보험연도부터 우선지원 대상기업으로 보지 아니한다.

신고서류

● 우선지원 대상기업 신고서

■ 고용보험 및 산업재해보상보험의 보험료징수 등에 관한 법률 시행규칙[별지 제14호서식] <개정 2010.12.22>

우선지원 대상기업 신고서

※ 유의사항 및 작성방법은 뒷면을 참고하여 주시기 바라며, 색상이 어두운 란은 신청인이 적지 않습니다. (제1쪽 앞면)

접수번호		접수일	처리기간: 5일
사업주	상호·법인명칭		
	소재지		전화번호
	대표자	주민등록번호	
주된 사업장	사업장관리번호	사업장명	
	소재지		전화번호
	보험사무대행기관 명칭	보험사무대행기관 번호	

변경 내용	항목	변경 전	변경 후
	사업의 종류 및 업종코드		
	총 상시근로자 수(전년도)	명	명
	「중소기업법」에 따른 중소기업 여부	[ ]해당 [ ]비해당	[ ]해당 [ ]비해당
	상호출자제한기업집단 중 자산총액이 5조 원 이상인 기업집단 해당 여부	[ ]해당 [ ]비해당	[ ]해당 [ ]비해당

변경사유발생일		총사업장 수	
변경 사유			

「고용보험 및 산업재해보상보험의 보험료징수 등에 관한 법률 시행령」 제9조 및 같은 법 시행규칙 제10조제2항에 따라 위와 같이 신고합니다.

년　　　월　　　일

신청인(원수급인)　　　　　　　　　　　　　　　　(서명 또는 인)

□ 보험사무대행기관　　　　　　　　　　　　　(서명 또는 인)

근로복지공단 ○○ 지역본부(지사)장　귀하

※ 처리 사항(아래 사항은 민원인이 적지 않습니다)

변경 후 기업규모	[ ]우선지원 대상기업 [ ]대규모기업	변경적용 개시일	
변경 사유			

210mm×297mm(일반용지 60g/㎡(재활용품))

첨부서류	없음	수수료 없음

유의사항

1. 우선지원 대상기업 해당·비해당 여부 확인을 위해 별도의 증빙서류가 필요할 수 있습니다.

작성방법

1. "사업의 종류 및 업종코드"란에는 한국표준산업분류표상의 세세분류 코드(숫자 5자리)를 적습니다.
2. "「중소기업기본법」에 따른 중소기업 여부"란에는 「중소기업기본법」 제2조제1항 및 제3항에 따른 중소기업의 해당 여부를 적습니다.
3. "상호출자제한기업집단 중 자산총액이 5조 원 이상인 기업집단 해당 여부"란에는 「독점규제 및 공정거래에 관한 법률」 제14조제1항의 규정에 따라 상호출자제한기업 집단중 자산총액이 5조 원 이상인 기업집단에 해당여부를 표시합니다.
4. "변경사유발생일"과 "변경사유"란에는 우선지원 대상기업에서 우선지원 대상기업에 해당되지 않게 되거나 또는 그 반대의 경우 그 변경 사유 발생일 및 변경 사유를 적습니다.
5. 보험관계성립사업장이 둘 이상인 경우에는 제2쪽(별지)에 계속 적기 바랍니다.

사업장(2)	사업장관리번			
	명칭			
	소재지			
	보험사무대행기관 명칭		보험사무대행기관 번호	
사업장(3)	사업장관리번			
	명칭			
	소재지			
	보험사무대행기관 명칭		보험사무대행기관 번호	
사업장(4)	사업장관리번			
	명칭			
	소재지			
	보험사무대행기관 명칭		보험사무대행기관 번호	
사업장(5)	사업장관리번			
	명칭			
	소재지			
	보험사무대행기관 명칭		보험사무대행기관 번호	
사업장(6)	사업장관리번			
	명칭			
	소재지			
	보험사무대행기관 명칭		보험사무대행기관 번호	
사업장(7)	사업장관리번			
	명칭			
	소재지			
	보험사무대행기관 명칭		보험사무대행기관 번호	
사업장(8)	사업장관리번			
	명칭			
	소재지			
	보험사무대행기관 명칭		보험사무대행기관 번호	
사업장(9)	사업장관리번			
	명칭			
	소재지			
	보험사무대행기관 명칭		보험사무대행기관 번호	

210mm×297mm[일반용지 60g/㎡(재활용품)]

■ 참고문헌

『산재·고용보험 실무편람』(2013)
『국민연금 사업장 실무안내』(2013)
『사업장 업무편람』(2013)
『사회보험법』(2012)
『사회보험법』(2010)
『사회보장법 1』(2011)
각 공단 관련 홈페이지와 업무지침 참조

권태훈 ─────────────────────────────

명지대학교 법학과 졸업
공인노무사
호안 노무법인

이메일: innosa@naver.com

4대보험
반만 알자

초판인쇄 | 2013년 11월 11일
초판발행 | 2013년 11월 11일

지 은 이 | 권태훈
펴 낸 이 | 채종준
펴 낸 곳 | 한국학술정보㈜
주   소 | 경기도 파주시 문발동 파주출판문화정보산업단지 513-5
전   화 | 031) 908-3181(대표)
팩   스 | 031) 908-3189
홈페이지 | http://ebook.kstudy.com
E-mail | 출판사업부 publish@kstudy.com
등   록 | 제일산-115호(2000. 6. 19)

ISBN   978-89-268-5284-2 03330

이담 Books 는 한국학술정보(주)의 지식실용서 브랜드입니다.